基层司法中的
律师角色及其重构

——以Q县执业律师为主要样本

黄薇 著

人民出版社

目 录

导　论 ………………………………………………………… 001

第一章　律师所处的社会场域 ………………………………… 044

　　第一节　自然地理及民俗文化特征 …………………………… 045
　　第二节　社会变迁状况 ………………………………………… 051
　　第三节　地方司法环境 ………………………………………… 074
　　本章小结 ………………………………………………………… 095

第二章　司法准备阶段律师两重角色间的现实距离呈现 ……… 097

　　第一节　律师在基层进行司法准备工作的"后台"
　　　　　　及其任务 ……………………………………………… 098
　　第二节　司法准备阶段制度设定所寄予律师的
　　　　　　"期望角色"概述 …………………………………… 108
　　第三节　司法准备阶段律师真实的"实践角色"呈现 ……… 116

本章小结 ··· 151

第三章 司法实战阶段律师两重角色间的现实距离呈现 ········ 154

第一节 律师在基层进行司法"表演"的前台及其任务 ······ 155

第二节 司法实战阶段制度设定所寄予律师的"期望角色"
概述 ··· 170

第三节 司法实战阶段律师真实的"实践角色"呈现 ········ 176

本章小结 ··· 218

第四章 庭审博弈过程中律师两重角色间的现实距离再审视 ······ 220

第一节 影响庭审结果的三类重要因素 ························ 221

第二节 庭审博弈过程中律师角色的断裂过程描述 ············ 225

第三节 庭审博弈过程中的"中庸"氛围及其对律师角色的
影响 ··· 251

本章小结 ··· 263

第五章 导致律师两重角色间产生现实距离的相关影响因素分析 ··· 265

第一节 相对落后的社会经济发展水平及其影响 ··············· 266

第二节 工具主义的基层民众法律意识及其影响 ··············· 273

第三节 根植于基层民众血脉之中的"乡土文化"
及其影响 ··· 282

第四节 深嵌在政策实施目标框架下的基层司法运行模式
及其影响 ··· 293

第五节 基层司法职业生态圈中特殊的权力配置结构
　　　　 及其影响 ································· 303

本章小结 ··· 314

第六章 基层司法中的律师角色重构路径探析 ············· 316

第一节 重构的前提：正确认识乡土文化与现代法治的
　　　　 关系 ··································· 317

第二节 宏观重构路径：基层"政、经、法"关系的梳理
　　　　 与重构 ································· 334

第三节 具体重构路径：个体、制度及社会层面的
　　　　 重构建议 ······························· 342

本章小结 ··· 370

结　语 ··· 372

主要参考文献 ······································· 381

后　记 ··· 410

导 论

一、研究的主题

现代律师制度起源于西方,最早在古罗马时代便已经诞生,带有明显的"西化"色彩。尽管我国古代讼师的行为形式上有些类似于现代的律师,但由于"他们没有合法的地位,不能直接参与诉讼,也缺乏基本的运作机制和统一的行规,因而不能与律师相提并论"。[①]同时,从中国近现代法的发展来看,"自从清末修律以来的一百年,也是中国学习、移植外国法的时代。中国法的近现代化,与外国法律的移植密不可分"[②]。学界通常认为,我国当前的律师制度正是在这百多年的法治现代化建设进程之中几经曲折,逐渐得以确立和完善的。可见,尽管有一定的历史传承,但本质上来说,新中国成立前的律师制度主要还是一种"法律移

[①] 马作武:《为讼师辩护——兼与梁治平先生商榷》,《比较法研究》1997年第3期。
[②] 何勤华:《法的移植与法的本土化》,《中国法学》2002年第3期。

植"的产物。法律移植有其积极意义,中国法制建设百废待兴的时代背景之下,通过法律移植的方式,中国进入了法制建设的快车道;但另一方面,法律移植的缺陷也较为明显。从理论层面上来说,这种大规模的法律移植在客观上为中国法学的发展框定了一个"现代化范式",而这种范式"不仅间接地为中国法制发展提供了一幅'西方法律理想图景',而且还使中国法学论者意识不到他们所提供的不是中国自己的'法律理想图景',并且,这种占支配地位的'现代化范式'终因无力解释和解决因其自身的作用而产生的各种问题……导致中国法学无力引领中国的法制发展"[①]。新中国成立以来,中国共产党在长期的实践探索中,开辟出一条中国特色社会主义法治道路。我国的律师制度也在改革中不断完善。从实践层面上来说,如果我们把"法治"视为一种相对较为正式的社会治理方式,那么,毫无疑问,从西方社会"移植"过来的法律与制度在其运行过程之中必然与中国传统社会中自然形成的各种非正式社会治理方式,亦即"本土资源"[②]之间产生各种或大或小的摩擦与冲突,形成紧张关系。特别是当这些移植过来的法律以一种"国家规划"的制度面貌出现,并且自上而

---

① 邓正来:《中国法学向何处去(上)——建构"中国法律理想图景"时代的论纲》,《政法论坛》2005年第1期。
② 1996年,苏力出版了《法治及其本土资源》一书,在学界引起了较大的反响。在该书中,苏力主张:"要从社会生活中的各种非正式制度中去寻找本土资源。"在本书中,笔者认为,不但许多非正式制度之中蕴含着本土资源,许多深具中国特色的乡土文化作为一种非正式的社会控制方式,也是本土资源的重要载体。参见苏力:《法治及其本土资源》,北京大学出版社2015年版,第15页。

下进行统一推广时，更是容易因为其高度的抽象性和符号化的特点而忽略了现实生活中真实的图景，从而出现了"纸面上的规划"与"行动中的法律"之间显著的断裂。应该说，上述两个层面的问题在我国法治建设的各个方面都有所体现，在律师角色构建方面也不例外。我国律师的业务种类繁多，依据业务职能和定位的不同，大致可以分为诉讼律师、非诉讼律师、公司律师、公职律师、涉外律师等等多种类别。[①] 对于身处滇西北地区边远县域的律师来说，其主要业务是诉讼业务，因而，其最主要的职业角色便体现为诉讼角色。[②] 尽管目前，我国的相关法律制度对于庭审结构、诉讼过程和司法中的律师角色都做出了较为明确的设计和规划，但笔者的调查显示，从最初的司法准备到最终的庭审抗辩全过程之中，律师实际呈现出来的角色都同制度设定和社会预期相去甚远，甚至可以说是大相径庭，即出现了较为明显的"实践与表达的背离"。这就需要我们将目光凝聚于真实的基层司法运行过程，高度重视正式制度设计与地方实践知识及其他非正式过程之间的互动关系。因为，正如斯科特所指出的："被设计或规划出来的社会秩序一定是简单地图解……正式的项目实际上寄生于非正式的过程。没有这些非正式的过程，正式项目既不能产

[①] 我国律师通常并不单纯从事某一方面的业务，因此上述分类只是为了表述的方便而进行的一种较为粗略的分类，现实中的律师有单纯只从事某一方面业务的，更多的则是兼顾多种类别的业务。
[②] 由于我国律师种类众多，"律师角色"在不同情境下也有着不同的外延和内涵。本书着眼于司法过程，因而本书所指称的"律师角色"是一种狭义的概念，专指"司法过程中的律师角色"。下文不再对这一问题逐一进行阐释。

生,也不能存在。然而正式的项目往往不承认,甚至压抑非正式过程,这就不仅破坏了项目目标人群的利益,也最终导致设计者的失败。"①

基于此,笔者选择了位于滇西北的 Q 县作为田野调查点,拟立足于中国本土的实际状况,通过对当地律师执业行为的直接参与和深度观察,重点围绕"司法中的律师角色"问题来展开研究,旨在以律师执业不同阶段的角色情境转换为线索,以各种不同司法情境之下的角色互动为中心来揭示律师"期望角色"与"实践角色"之间客观存在着的现实距离,并据此展示我国欠发达地区基层司法结构的特殊样貌,以及执业律师在此结构之中所面临着的角色困境。笔者选择 Q 县,首先是因为,尽管目前,我国东西部地区的律师行业发展仍然极不均衡,但调查显示,近年来,我国滇西北地区的律师行业得到了快速发展。②除了当地原有的,带有"过渡"和"帮扶"性质的国资所在积极进行市场化改革之外,另有部分优秀律师在那些偏远县域扎根下来,以"知识创业者"的姿态开设了律师事务所,广泛参与到了当地的诉讼实践过程之中,客观上为文本的研究提供了现实条件。此外,笔者选择 Q 县的原因还在于,随着经济的发展和社会的变迁,当我国的一线和二线城市逐渐演化

---

① [美]詹姆斯·C.斯科特:《国家的视角:那些试图改善人类状况的项目是如何失败的》,社会科学文献出版社 2012 年版,第 6 页。
② Q 县位于大理白族自治州的辖域范围之内。数据显示,近年来,大理州的律师业得到了快速发展。截至 2015 年 9 月 30 日,大理州的律师事务所发展到 41 家,注册律师达到 310 人;截至 2018 年底,大理州已经拥有了正式的律师事务所 53 家,并拥有了正规的执业律师 385 人。

为一种以陌生人为主的社会时，位处滇西北的 Q 县还保留着较为浓郁的熟人文化特征[①]，各种中国传统"礼俗"文化影响之下的非正式社会控制方式也仍然还在人们的现实生活之中潜移默化地发挥着重要作用。理所当然地，这种文化特征也无言地渗透在了律师执业的各个环节之中。例如，在调查过程中，笔者发现，律师和当事人之间往往是通过复杂的人际"关系"脉络联系在一起的，律师办案过程中会受到多重复杂"关系"圈子的影响，而当事人也往往极为重视律师的"关系"运作能力；又如，在实际的民事案件调解和庭审过程之中，笔者发现，律师和法官除了使用法律术语之外，还会自然而然地将"于情于理、合情合理、通情达理"等一整套来自生活之中的"情理标准"用作判别案件是非曲直的重要依据；再比如，调查显示，实际的刑事庭审过程中，控辩双方的对抗并不激烈，相反，整个庭审过程中，各种司法主体之间会彼此留面子，各自在自己的权力范围内进行一种留有余地的权衡和妥协，致使整个法庭都弥漫着一种具有显著中国特色的、世俗化的"中庸"文化氛围。笔者将上述这些特殊的文化现象凝练为一种"乡土文化"。笔者认为，上述"乡土文化"及其引导的社会秩序之中实际蕴藏着中国法治建

[①] 在《新乡土中国》一书中，贺雪峰认为，村庄还是一个熟人社会，而在行政村一级，则出现了半熟人社会的空间。参见贺雪峰：《新乡土中国——转型期乡村社会调查笔记》，北京大学出版社 2013 年版，第 4 页。在本书中，为了行文的方便，仍然采用"熟人社会"这一概念来进行现象描述。同时，需要说明的是，笔者所描述的"熟人社会"范围，也同贺教授所描述的不完全相同。贺教授主要是从农村社会结构的角度出发来研究问题，笔者更加强调熟人文化环境所引导的人际角色互动秩序，因而本书实际所涉"熟人社会"范围要比农村广阔。

设（包括律师角色构建）所面临着的特殊难题。因而，笔者认为，在类似 Q 县这样的偏远县域展开研究，不仅有利于我们客观地观察到欠发达地区社会经济发展水平、法治文化发展程度、基层政治权力结构及司法权力结构等多重结构性因素对律师角色构建所产生的综合性影响，同时也有利于我们依托于"律师角色"这一轴心，对那些深刻影响中国基层司法运行的特殊"本土资源"因素进行思考和凝练，并在此基础之上进一步探寻适合中国国情的法学发展道路。

二、中西方律师角色的演进脉络

每一个社会成员都有其对应的社会角色，"当他具备了充当某种角色的条件，去担任这一角色所要求的行为规范活动时，他就在扮演社会角色"[1]。因而，从广义上来说，律师一旦开始围绕具体的司法案件履行自己的各种工作职责，便开始了自己的诉讼角色扮演。任何角色都包含着特定的职责、权利及义务等内容，诉讼律师的角色呈现过程也就是律师在各种具体司法活动中行使其法定权利、履行其特定职责的过程。要完整理解我国基层司法中的律师角色相关规定，需要我们首先对西方主要代表性国家律师角色演进脉络以及近现代以来我国律师角色的演进脉络进行一个简要的梳理与回顾。

---

[1] 秦启文等：《角色学导论》，中国社会科学出版社 2011 年版，第 10 页。

1. 西方社会律师角色的演进脉络

尽管在古希腊和古雅典时期,"论辩技术"就已经开始在实际的诉讼过程之中产生积极影响,但当时的庭审模式主要表现为一种"广场式"审判模式,[①]诉讼过程中并没有居中进行裁决的法官,而是由人数众多的陪审团成员(普通人)以投票的方式来进行司法决断。在这种模式下,很难产生专业的法律职业阶层,因此,学界普遍认为,西方社会的律师职业诞生于古罗马时期。"公元3世纪,罗马皇帝以诏令的形式,确认了法学家为平民提供法律咨询和代理诉讼业务为一种合法职业。于是,从法学家中分化出一部分专门代理诉讼的法律'代言人'、'代理人',这些人被罗马人称为'律师'。"[②]可见,从诞生之初,律师的基本职业角色就被定位为"诉讼角色";此后,东罗马时期制定了律师出席特别法庭的许可制度,对律师的从业资格和人数均做出了限制,[③]律师由此逐渐成为一个专门的职业。

近现代以来,对全世界法律制度产生了广泛影响的法系主要是英美法系和大陆法系。我们首先来看英美法系代表性国家(英国和美国)律师角色演进的主要脉络。学界通常认为,英国是现代律师制度的发源地。12—13世纪,英国的司法审判开始走向专业化和正规化,形成了建立在理性基础之上的陪审团审判制度,"增

[①] 参见舒国滢:《从司法的广场化到司法的剧场化——一个符号学的视角》,《政法论坛》1999年第3期。
[②] 程汉大、李培锋:《英国司法制度史》,清华大学出版社2007年版,第180页脚注。
[③] 金敏:《古罗马的法庭辩护士》,《浙江社会科学》2006年第4期。

加了法庭辩论程序，要求诉讼双方于公堂之上互相质疑、即席答辩，这需要丰富的法律知识和相当的辩论技巧"①，专门为法庭提供服务的律师阶层由此应运而生。在此过程中，律师的角色有"陈述人（narrator）、代诉人（attorney）、法律顾问（counsellor）等多种称谓，其中代诉人一词使用最广"②。此后，围绕着法庭，律师的角色被划分为了法律辩护人和法律代理人两类。"法律辩护人"主要是协助当事人进行法庭陈述和论辩，如果当事人认为辩护人的意见代表了自己的利益，可以加以肯定和接纳；相反，如果当事人认为辩护人的意见有误，也可以反驳甚至否认辩护人的意见。"法律代理人"则是得到授权，在法庭上全权处理当事人的相关诉讼事务，并且其所代理的事务产生完全的法律效力。在这种情况下，当事人自己的权力让渡给了律师，如果律师的辩护出现失误，当事人也必须承受相应的不利后果。由于上述两种律师不同"角色"所蕴含的诉讼利益有异，"法律辩护人"这一角色广受欢迎。"后来，辩护人演变为出庭律师，垄断了出庭辩护权，代理人则与16世纪新兴的事务律师融合一起，组成了事务律师分支，从而形成了独具特色的二元律师结构"③。时至今日，尽管历经了多轮改革，英国律师角色仍然表现出了显著的二元结构色彩。接下来，我们简要回顾一下美国律师角色演进情况。作为英属的殖民地，美国的律师业一方面深

---

① 程汉大：《12—13世纪英国法律制度的革命性变化》，《世界历史》2000年第5期。
② 程汉大：《12—13世纪英国法律制度的革命性变化》，《世界历史》2000年第5期。
③ 程汉大：《英国二元律师制度的起源、演变与发展走向》，《甘肃社会科学》2005年第4期。

受英国相关制度的影响，另一方面又在发展过程中形成了自己的特色，总体而言，仍然经历了一个曲折的发展过程。在1690年前后，律师在殖民地有了立足之地。①此后，律师伴随着独立战争的爆发而日渐发展壮大，逐渐成为了美国政坛之上深具影响的重要力量。在1791年的《美国宪法修正案》第6条中规定："被告人在一切刑事诉讼中，享有法庭律师为其辩护的协助"②，从而从宪法层面上确立了律师的"辩护人"角色。总之，可以说，在美国，自独立战争爆发之后，律师的职业角色远远超越了司法程序的束缚，而产生了广泛的政治影响，反过来，这种政治影响又进一步推动了律师角色的建构和完善。总体而言，在英美法系的司法结构之中，逐渐形成了对抗式辩论的原则。在民事诉讼和行政诉讼的庭审结构之中，由双方的代理律师在法庭之上展开激烈对抗；而在刑事诉讼中则引入了陪审团制度，法官主要对法律问题负责，而陪审团则主要对事实问题表明态度。由于在该司法结构中，法官处于中立的状态，因此律师和检察官在法庭之上的"对抗"便显得至关重要，是法庭查明事实、辨明真相的重要途径。事实上，在该模式下，检察官已从法制"守护人"的角色走出来，与辩护律师处在了一种势均力敌的对抗关系之中。

再来看大陆法系的代表性国家法国和德国。作为欧陆的重要国

---

① 王进喜：《法律伦理50堂课：美国律师职业行为规范与实务》，五南图书出版有限公司2008年版，第25页。
② 参见［美］罗伯特·戈登：《律师独立论：律师独立于当事人》，周潞嘉等译，中国政法大学出版社1989年版，第47页。

家，法国律师业在中世纪时受到了严重压制，直至文艺复兴之后才又重新赢得了发展空间。到1573年，法国已经拥有了一个被称为律师或者辩护人的重要阶层。① 并且，从15世纪开始，法国诉讼"律师角色"同样具有了二元色彩，即：律师划分为"言词辩护人（avocat）"和"诉讼代理人（avou）"两种类型。言词辩护人主要是在庭审阶段代理当事人进行言词辩护，诉讼代理人则主要代理诉讼文书写作等方面的事务。此后的数百年间，法国律师两种角色分立的局面并没有实质的变化，直到1971年，法国律师法改革，两种职业的律师又合二为一，成为了统一的庭审辩护律师。从1972年的9月16日起，设在省级法庭的诉讼代理专职官员和设在商事法庭的诉讼代理人职务均被撤销，由此，新兴的专业律师取而代之并逐渐发展成为重要社会力量②；同邻近的法国相比，德国律师的社会地位较低。尽管在漫长的社会变迁过程之中，律师一直在积极争取自己的话语权，但律师始终在国家体系和民间话语体系中得到偏于贬义的评价。历史上，德国律师的角色也曾有过"二元"划分的传统，即律师被划分为"辩护律师"和"代理人"两个类别，其中的辩护律师主要代理当事人的诉讼业务，亦有较高的职业准入要求；代理人则主要从事诉讼支持工作，职业准入标准也相对较低。1878年，德国颁布了《国家律师法》，两种角色合二为一，终于实现"把律师从法院的管理中解放出来。从那时起他就可以自由地开

---

① See J.H.Franklin（ed）, *Constitutionalism and Resistance in the Sixteenth Century: Three Treatises by Hotman, Bean and Mornay*, New York: Pegasus, 1969, p.88.

② 宋远升：《律师论》，中国政法大学出版社2014年版，第22页。

展业务——独立地进行辩护了"①。纳粹德国时期,律师业遭到了严重的压制。二战之后,德国律师业逐渐复苏,律师的社会地位有所提升,但与前述的英、美、法等国家相比,德国律师的社会地位仍然不算很高,时至今日,律师仍然并非德国法学学生的首选职业。总体而言,大陆法系的庭审结构之中保留了较为浓郁的职权主义色彩,"由侦查阶段主张国家具有单方面侦查权的侦查职权主义,到审判阶段由法官直接调查积极审判的法官职权主义,都显示出一种国家主义倾向"②。在职权主义模式的庭审结构之中,律师的自由度相对较低,其与检察官之间的对抗关系并不显著,因而其角色也同英美法系律师的角色形成区别。

总之,现代律师制度最早可以追溯到古罗马时期,而近现代以来,尽管各个主要西方国家律师角色的演进脉络和具体角色形式有所区别,但总体而言,上述国家都确立了法庭之上,控、辩、审三方之间的"三角"式力量分布格局(尽管在不同模式下,三方之间的力量对比关系相异);均认可律师在法庭上扮演着"代理诉讼业务、展开庭审述辩"的重要角色。总体而言,英美法系的法庭之中更加强调"控辩式"的诉讼模式,因而律师的自由度更高,围绕律师角色而设定的相关制度也更加强调对律师辩护权的扩展和维护;而大陆法系的法庭则相对保守,因此控、辩、审三方之间的角色关系也体现出了更加浓郁的职权主义色彩。

---

① [法]色何勒—皮埃尔·拉格特、[英]帕特里克·拉登:《西欧国家的律师制度》,司法部法规司组织翻译,吉林人民出版社1991年版,第11页。
② 龙宗智:《相对合理主义》,中国政法大学出版社1999年版,第147页。

2. 我国近现代以来的律师角色演进脉络

我国历史上曾经出现过类似于律师的讼师，但由于讼师长期游离于正规体制边缘，并不具备现代律师的核心构成要件，长期以来被官府视为"讼棍"而遭到禁止和打压，因而从本质上来说，讼师与现代律师制度之间并没有明显的承继关系。相关研究显示，鸦片战争之后，英国率先在其租界内引入了其本国的司法审判制度，允许当事人在租界之内聘请律师代理相关的法律事务，出庭辩护；此后，其他国家也纷纷在自己的租界范围内引入了其本国的司法审判制度。因而，某种意义上，可以说，现代律师制度，以及司法中的律师角色相关设定均是伴随着西方列强的领事裁判权而强行"植入"我国的。

晚清时期，著名法学家伍廷芳曾到英国留学，并且成为了第一个取得英国律师资格的中国人。1906年，伍廷芳与沈家本共同主持修订了《刑事、民事诉讼法草案》，该部草案吸收了各西方主要国家（包括日本）的司法制度相关规定，在第199条明确规定："凡律师，俱准在各公堂为人辩案"，首次以法律的形式明确了律师的"辩护人"角色；同时，对于律师所负有的职责，该草案也明确为："尽分内之责务，代受托人辩护"。1912年9月16日，民国政府公布实施《律师暂行章程》，标志着律师制度在中国正式建立。该章程首次肯定了律师的"自由职业者"身份，并且主要参照大陆法系国家的相关制度，设定了律师的相关权利和义务。1941年，国民政府颁布《律师法》，在这部法律中，明确了律师负有"相对公诉机关及其他机关，站在维护当事人立场，为保护当事人的合法权益而防止其他机关不法侵害的使命"①，同时，对于律师的准入资格、权利义务等方面均做出了较为详尽的规定。由于从晚清到民国的数十年间，中国长期处于战乱之中，民族危亡，政权更迭，社会动荡，因而，尽管在这一时期，现代律师制度已经进入中国，并且律师的"辩护人"角色亦得以确立，但总体而言，律师作为一种社会力量还较为薄弱，对整个社会的影响力和改造力都较为有限。

新中国成立前夕，即1949年2月，中共中央发布了《废除国民党的六法全书与确立解放区的司法原则的指示》，由此拉开了新中国的司法建设序幕。1950年12月，中央人民政府司法部发出《关于取缔黑律师及讼棍事件的通报》，明令取缔了国民党的旧律师制度，解散了旧的律师组织；1950年7月，中央人民政府政务院公布的《人民法庭组织通则》中规定："应保障被告有辩护和请人辩护的权利"；1954年，我国《宪法》第76条明确规定："刑事被告人享有辩护权。"上述规定从法律上确立了我国律师的"辩护人"角色。1954年7月，司法部颁布了《关于试验法院组织制度中几个问题的通知》，决定在部分城市设立"法律顾问处"，开展律师业务，同时，司法部于1957年上半年完成起草《律师暂行条例（草案）》，"到1957年6月，全国已建立19个律师协会，817个法律顾问处，有2500多名专职律师和300多名兼职律师"②。此后，在

---

① 徐家力：《民国律师制度源流研究》，中国政法大学博士学位论文，2000年，第66页。
② 蔡定剑：《中国法制建设50年回顾》，《人民检察》1999年第10期。

1957年的反"右"运动到"文化大革命"期间，整个国家的司法机构遭到严重破坏，司法职能近乎瘫痪，律师这种职业也再度销声匿迹了。

党的十一届三中全会之后，国家实行改革开放政策，律师职业也由此赢来了新的发展机遇。1979年7月1日，在第五届全国人民代表大会上通过的《刑事诉讼法》中肯定了我国刑事律师的"辩护人"角色，并且考虑到我国古代的"父母官诉讼"传统，该部法律主要参考了大陆法系国家的相关诉讼设定，庭审结构及律师角色均体现出了显著的职权主义色彩；1980年8月26日，全国人大常委会颁布了《律师暂行条例》，将律师的执业机构界定为法律顾问处，该机构在性质上属于司法行政机关下辖的事业单位。同时，该部条例将律师的身份界定为国家法律工作者；从1984年开始，一些地方陆续将法律顾问处改为律师事务所，1987年司法部要求全国的法律顾问处统一改称律师事务所；[①] 1989年，我国通过了《行政诉讼法》；1991年，我国通过了《民事诉讼法》，上述两部法律中将律师的角色界定为"诉讼代理人"。从职能上看，诉讼代理人主要的功能定位表现为在授权范围内代为提出诉讼请求，或者代为承认、放弃、变更诉讼请求，进行和解，提起反诉或者上诉等等。

1996年，我国颁布了《律师法》，重新将律师的身份界定为："依法取得执业证书，为社会提供法律服务的执业人员。"通过上

[①] 熊秋红：《新中国律师制度的发展历程及展望》，《中国法学》1999年第5期。

述规定，该部法律一方面明确了律师执业的准入资格，另一方面，重新将律师的身份定位为"自由职业者"，并且由此拉开了对于原有"国资律所"的市场化改革步伐。同时，在1996年修订的《刑事诉讼法》中，我国除进一步强调了律师的"辩护人"身份之外，还借鉴了英美法系的刑事诉讼制度，确立了"抗辩式的审判方式"，强化了疑罪从无原则，加强了对被告人、被害人的权利保障，大大提高了律师的诉讼地位，扩展了律师的相关诉讼权利；自2007年以后，我国《律师法》进一步将律师的职业定位调整为"为当事人提供法律服务的执业人员"。通过两次《律师法》的修改，律师的身份从"国家服务工作者"变成了"社会服务工作者"，再进一步变成了"法律服务工作者"。

通过上述分析，我们发现，由于从我国古代形成的"父母官诉讼"模式到1996年之前的刑事诉讼模式均带有浓重的职权主义色彩，在后续的改革之中又部分引进了英美法系的抗辩式诉讼原则，因而，可以说，我国的司法模式"兼具职权主义与当事人主义色彩，但它并非当事人主义和职权主义的简单相加，而是受到文化传统、司法体制、刑事政策、资源状况等多重因素限制，体现出明显的混合性、过渡性和变动性"[1]。上述特征也在客观上决定了我国诉讼律师在司法过程中所呈现出来的角色必然具有自身的独特性，需要我们结合具体的司法语境加以深入认识和剖析。此后，随着社会的发展，我国又多次修改了《宪法》《律师法》和"三

---

[1] 熊秋红：《刑事庭审实质化与审判方式改革》，《比较法研究》2016年第5期。

大诉讼法"。① 尽管在上述修法过程中，诉讼律师的基本角色设定均为"辩护人"②或"诉讼代理人"③，但律师的权利和义务边界却发生了显著变化，上述变化无疑对律师充分践行其角色产生了重要的影响。

三、研究文献回顾及评价

尽管自新中国成立以来，在经历了一个曲折复杂的发展历程之后，我国关于"司法中的律师角色"这一命题的相关法律规定已日臻完善，但当我们进一步将目光聚焦于欠发达地区的基层人民法院时却发现，这种法律上的规定与现实中的基层司法运行状况之间出现了明显的断裂。引起这种断裂的原因较为复杂，而其中一个最为关键的、较为尴尬的现实原因便是，伴随着我国律师职业市场化改革进程的持续推进，执业律师开始朝着发达地区集中，而在西部的欠发达地区，律师的数量却开始停滞甚至减少④，以至于"直

---

① 三大诉讼法指的是我国的《民事诉讼法》《刑事诉讼法》《行政诉讼法》。目前我国《民事诉讼法》为1991年通过，2017年第三次修正的版本；《刑事诉讼法》为1979年通过，2018年第三次修正的版本；《行政诉讼法》为1989年通过，2017年第二次修正的版本。后文所引三大诉讼法相关条款均为这一版本，后文不再逐一说明。
② 参见《刑事诉讼法》第33条和第34条相关规定。
③ 我国《民事诉讼法》第58条规定，当事人、法定代理人可以委托律师担任诉讼代理人。我国《行政诉讼法》第31条规定，当事人、法定代理人可以委托律师担任诉讼代理人。
④ 刘思达：《割据的逻辑：中国法律服务市场的生态分析》，译林出版社2017年版，第26页。

到2004年，我国仍然有206个县没有律师"①。由于现实之中律师缺位，为满足欠发达地区的基层法律服务需求，一种特殊的机构，即"法律服务所"应运而生。②2000年，司法部颁布了两个部委规章，肯定了法律服务所的相关法律地位，将法律服务所的工作人员界定为"基层法律服务工作者"。值得注意的是，上述基层法律服务工作者多数都没有取得相关的律师职业准入资格，却在基层司法实践之中行使着与律师类似或者相同的职责，也就是在基层人民法院的民商事案件和行政案件办理过程中实际扮演着"诉讼代理人"③的角色，并且这种角色在我国2012年修订的《民事诉讼法》中得到了明确的确认。与此同时，由于我国允许公民代理，因而事实上，基层司法实践之中还有部分"赤脚律师""土律师"乃至于"黑律师"的身影活跃于司法程序之中。④

上述情况便在客观上造成了一种理论研究上的断裂，一方面，我国学术界围绕着"司法中的律师角色"命题所进行的研究主要采

---

① 傅郁林：《中国基层法律服务状况的初步考察报告——以农村基层法律服务所为窗口》，《北大法律评论》2004年第6卷第1辑。
② 实际上，即使在发达地区的基层司法实践之中，法律服务所也扮演着重要的角色。
③ 按照我国2012年《民事诉讼法》的相关规定，基层法律服务工作者可以代理民事案件，但不得代理刑事案件，因而，可以说，基层法律服务工作者主要在基层人民法院中扮演着"诉讼代理人"的角色。
④ 基层的"赤脚律师""土律师""黑律师"相关问题，可参见应星：《"迎法入乡"与"接近正义"——对中国乡村"赤脚律师"的个案研究》，《政法论坛》2007年第1期；岳阳市中级人民法院平江县人民法院联合调查组：《农村"土律师"问题探讨》，《法学杂志》1987年第1期；李罡：《新〈民事诉讼法〉对普通公民代理案件作出限制，"黑律师"出招对抗，法院新规再封杀黑律师》，《中国律师》2015年第5期。

用了规范的分析方法，着重从学理层面展开讨论，并没有关照到欠发达地区基层人民法院律师缺位的现实状况，相关律师理论的进展因此很难对基层司法结构的改善产生良性的反哺效果；另一方面，以农村的纠纷解决作为主要关注点，我国的相关学者对基层法律服务情况展开了一些实证研究，但这些研究又多以"基层法律服务工作者"的生存状况作为其研究对象[①]，因而对于基层司法结构和律师角色相关理论的发展贡献有限。因此，尽管改革开放以来，我国学术界围绕"律师角色"这一命题而展开的研究极为丰富，但长久以来，却鲜少有文献能够对欠发达地区司法中的律师角色问题进行深入的描述、解释和反思。

值得注意的是，数据显示，近年来，我国滇西北欠发达地区律师缺位的状况开始得到明显扭转[②]，越来越多的正规执业律师出现在了基层人民法院的庭审过程之中，发挥着日益重要的作用。那么，这些律师在司法运作过程中所呈现出来的角色特征同发达地区的律师是否相同？在基层浓郁的熟人文化环境之中，这些执业律师究竟会遭遇哪些独特的困境，又会呈现出怎样独特的角色特征？律师两重角色间的断裂现象又能否给我国的法治建设道路提供一些富有价值的启示呢？本书正是在新的时代背景之下，围绕"司法中的律师角色"这一轴心，将"现代法治规划"与"地方实践经验"这

---

① 最早对农村纠纷解决问题进行了系统研究的是一些法学学者和人类学学者。代表性的有王铭铭、王斯福（1997）；赵晓力（1999）；强世功（2001）；赵旭东（2003）等。
② 笔者在大理白族自治州实际调查的数据显示，律师的增幅跃迁主要发生在2012年之后，也就是党的十八大之后。

两个理论命题连接起来进行深入探讨的一次尝试。为此，本书也将重点从"规范法学"和"实证法学"两个层面出发来对相关的研究文献进行回顾与评价。

1. 规范法学视域下"问题—对策"模式的相关研究成果回顾及评价

学界专门围绕"司法中的律师角色"这一命题而展开研究的文献不多，相关的研究成果主要散见于各种律师法学、诉讼法学和司法制度之中。同时，在诉讼法学之中，由于刑事诉讼法涉及的部门最多，律师在刑事诉讼中的"辩护权"问题也相对更为复杂，因而，尽管我国围绕着"三大诉讼法"而展开的相关研究文献之中均涉及律师角色的相关讨论，但尤以刑事诉讼法学领域之中的讨论为多。梳理相关研究文献，我们发现，规范法学视域下的研究范式主要呈现为一种"问题—对策"模式。多数文献都是针对司法领域的相关问题展开学理分析，提供应对策略，因而相关研究也同国家的修法历程，特别是同国家的司法体制改革历程互为因果、密切相关。

首先，改革开放初期，我国法制建设百废待兴，重新起航。因此，这一时期学术界对于律师角色的相关讨论也重点集中在了以下两个方向：第一个方向为律师制度的恢复和律师角色的界定。例如，武延平[1]提出要尽快恢复和健全人民律师制度，徐静村[2]、乔伟[3]、

---

[1] 武延平：《要尽快恢复和健全人民律师制度》，《北京政法学院学报》1979 年第 1 期。
[2] 徐静村：《怎样做好律师工作》，《现代法学》1980 年第 3 期。
[3] 乔伟：《律师制度的初步研究》，《吉林大学社会科学学报》1980 年第 3 期。

张辉[①]、林定国[②]等人肯定了律师在法庭中的积极作用，并且讨论了律师在刑事诉讼和民事诉讼中应有的角色定位。值得注意的是，这一时期的文章均将律师称为"人民律师"，并且认为，我国律师被定位为国家的法律工作者，法律顾问处被定位为事业单位均是对律师制度的突破，是社会主义律师制度的主要标志[③]，因而，律师充当辩护人"是站在庄严的国家和人民的立场上"[④]；第二个方向则是积极展开对域外相关律师制度的介绍，试图通过法律借鉴的方式来完善我国律师的角色定位。例如，朱文英等人在对美国诉讼制度规定的介绍中肯定了程序对于律师角色定位的价值，认为"用来保卫每一个公民的权利的，正是这些所谓的繁文缛节"[⑤]；E.C.费里森的文章详细介绍了律师在英国庭审中的角色[⑥]；В.Л.契尔特科夫等人介绍了苏联律师在民事诉讼中的法律地位[⑦]；康树华的文章介绍了日本律师法[⑧]；等等。此外，也有一些研究着重介绍了其他国家，例如南斯拉夫[⑨]、匈牙利[⑩]等国的诉讼制度和律师的角色定位。总体

[①] 张辉：《律师在刑事诉讼中的地位和作用》，《北京政法学院学报》1980年第2期。
[②] 林定国：《论律师的民事代理》，《北京政法学院学报》2008年第2期。
[③] 朱云：《论我国律师制度的特点》，《法学杂志》1982年第3期。
[④] 宋占生：《律师充当辩护人的庄严立场》，《法学研究》1982年第4期。
[⑤] 朱文英：《美国刑事、民事案件审理程序概述》，《环球法律评论》1981年第2期。
[⑥] E.C.费里森：《英国刑事诉讼程序：从逮捕到审判》，《环球法律评论》1979年第4期。
[⑦] В.Л.契尔特科夫等：《律师在民事诉讼中的法律地位》，《西北政法学院学报》1984年第3期。
[⑧] 康树华：《日本律师法与律师道德》，《法学杂志》1984年第3期。
[⑨] 参见特拉伊科·特拉伊科夫斯基等：《南斯拉夫的社会自治律师》，《环球法律评论》1979年第4期。
[⑩] 阿帕德·艾尔代等：《匈牙利刑事诉讼中的辩护权》，《国外法学》1981年第4期。

而言，这一时期的研究一方面体现出了浓郁的意识形态特征；另一方面又展现出了学术界渴望通过向域外学习来探寻中国律师制度发展道路的迫切心态。

20世纪80年代中叶到90年代中叶，我国学者逐渐展开了对律师制度的反思，并逐步开始探索律师制度的改革。其中，针对司法中的律师角色问题，主要形成了如下几个方面的重要议题：首先，关于律师的身份定位问题。许多学者认为，应当将律师定位为"自由职业者和社会工作者"[1]；第二个方面的议题是律师介入诉讼程序的时间问题，总体而言，学者都认为律师在审判阶段才能介入诉讼，不利于其辩护权的充分发挥，但对于究竟该在何时介入诉讼程序则存在争议。例如，王君臣等人主张赋予律师以侦查阶段的辩护权[2]，而汪钢翔则主张在起诉阶段即应当赋予律师辩护权[3]；第三个方面的议题是律师对被告人未被揭发的犯罪事实应否保守秘密。总体而言，学者们都认为律师应当说服被告人坦白交代，但对于说服无效后，律师应否主动揭发的问题，学界还存在一些争议[4]；第四个方面的议题是讨论法庭结构中，律师与公、检、法三机关之间的关系问题。例如，徐静村认为有必要明确规定，律师与三机关之间是一种"相互配合，相互制约"的关系[5]；第五个方面的议题是关

---

[1] 陈光中：《中国刑事诉讼法学四十年》，《政法论坛》1989年第4期。
[2] 王君臣等：《建议扩大律师参与刑事诉讼的活动范围》，《现代法学》1985年第3期。
[3] 汪钢翔：《我国辩护律师制度的改革刍议》，《法学研究》1986年第2期。
[4] 参见王佑民：《辩护律师不应当揭露被告》，《法学杂志》1987年第3期。
[5] 徐静村：《在刑事诉讼中如何发挥律师的配合制约作用》，《现代法学》1987年第1期。

于律师所享有的诉讼权利范围的讨论，相关讨论涉及了律师的会见权、阅卷权、调查取证权、举证权、上诉权、重审申请权等重要议题。[1]1988年，徐静村出版了《律师学》一书，对司法中的律师角色问题进行了系统性的研究和阐述，同时，诉讼法学界也有一批书籍和教材陆续问世。[2]总之，在这一阶段，学术界关于律师角色的讨论已经不再限于单纯的角色定位问题，而是更加看重保障律师角色有效实现的相关内部权利和外部关系问题，研究议题开始朝着专业化和精细化的方向发展。其中的许多重要议题在后续1996年的《律师法》修改和此后的"三大诉讼法"修改过程中均得到了充分体现，例如，将律师的身份由"国家工作者"修订为"社会工作者"；确立了律师在"对抗式辩护"庭审诉讼模式之中的角色定位；确立了法律援助制度，强化了罪疑从无的原则，并且，律师参与刑事诉讼的时间也提前到了审查起诉阶段。同时，律师在侦查阶段便可以为嫌疑人提供帮助。值得注意的是，在这一阶段，这种帮助并非以"辩护人"的身份来实施，而仅仅是一种程序上的指导和协助。

1996年之后，沿袭传统的规范分析方法，学术界关于律师角色的相关讨论仍在继续。对外方面，有学者开始对苏联移植法学所带来的影响进行反思，认为"最高权力机关产生法院和检察院，它们都不是像西方国家那样的司法独立机构，而要对权力机关负责并

---

[1] 参见韩力：《试论律师刑事辩护工作改革》，《中国法学》1989年第3期。
[2] 据统计，仅刑事诉讼法方面，在此期间，学界便已经出版80多本刑事诉讼法教科书、专著、普及读物和参考资料，发表了1000多篇文章。参见陈光中：《中国刑事诉讼法学四十年 上》，《政法论坛》1989年第4期。

报告工作"[1]，便是一种深受苏联影响而构建的司法模式，由此开启了学界对于政治制度与司法制度之间关系的探讨。无疑，在这种司法模式之下，包括律师在内的各种司法主体的角色定位均深受影响，而与西方世界的相关角色设定形成了分界；对内方面，面对当时严峻的刑讯逼供、超期羁押等问题，许多学者继续为律师的辩护权及其保障问题积极发声，主张应当确立"任何人不受强迫自证其罪"的原则，因而必须理顺公、检、法三机关之间的关系[2]；认为律师的辩护权应当扩展到侦查阶段[3]，明确主张保护和扩大律师的会见权、阅卷权和调查取证权，同时重点讨论了律师的安全保障问题[4]；此外，为了保证律师角色的有效践行，许多学者还在证据制度方面进行了一系列的重要探讨[5]；同时，在此阶段，许多学者开始深入探讨律师辩护权力的正当性问题，试图通过价值性的讨论来为律师的角色界定提供理论依据。比如陈兴良认为："刑事辩护正当性的价值论根据是人权保障，制度性根据是无罪推定，而其方法论根据是相对制度。"[6] 在此基础上，他开展了对律师执业豁免问题的探讨。在此期间，学者们的学术产出颇为丰富，冀祥德主编的

---

[1] 蔡定剑：《关于前苏联法对于中国法制建设的影响——建国以来法学界重大事件研究》，《法学》1999年第3期。
[2] 宋英辉等：《任何人不受强迫自证其罪原则及其程序保障》，《中国法学》1999年第2期。
[3] 陈光中等：《侦查阶段律师辩护问题研究——兼论修订后的〈律师法〉实施问题》，《中国法学》2010年第1期。
[4] 参见陈卫东：《程序正义之路》，法律出版社2005年版，第25—29页。
[5] 参见龙宗智：《刑事诉讼中的证据开示制度研究（上）》，《政法论坛》1998年第1期。
[6] 陈兴良：《为辩护权辩护——刑事法治视野中的辩护权》，《法学》2004年第1期。

《律师法学的新发展》一书对2000—2012年之间我国"律师法学"的相关研究成果进行了梳理与总结，此外，围绕着律师职业，卞建林[1]、陈卫东[2]、陈瑞华[3]、谭世贵[4]、何悦[5]、周赛军[6]、宋远升[7]等人的著作从不同的角度出发，均对当代中国律师的角色问题进行了研究与拓展，研究议题深入到了律师角色的定位、调整和保障的方方面面。同样，上述研究的许多重要成果均在2001年和2007年的两次《律师法》修改，以及2012年之后的"三大诉讼法"修改过程之中得到了体现和确认。例如，在律师行业的准入资格方面，明确了律师必须通过司法考试；律师的身份进一步由"社会工作者"变成了"法律工作者"；允许律师在侦查阶段即介入刑事诉讼程序；进一步规范了律师的阅卷权和调查取证权；扩大了法律援助的适用范围，进一步降低了律师的人身权利侵害等等。

党的十八大之后，中共中央将全面推进依法治国确定为国家的重要治国方略，并由此开启了改革开放以来最大力度的一次司法体制改革，改革的许多内容均对律师角色的定位及保障问题产生了深刻影响。首先，党的十八届四中全会确定了推进"以审判为中心"的诉讼制度改革，上述改革涉及各种司法主体之间关系的调整，以

---

[1] 卞建林等：《法治社会与律师职业》，中国人民公安大学出版社2010年版。
[2] 参见陈卫东：《中国律师学》，中国人民大学出版社2000年版。
[3] 参见陈瑞华：《刑事辩护的理念》，北京大学出版社2017年版；陈瑞华：《刑事辩护的艺术》，北京大学出版社2018年版。
[4] 参见谭世贵：《律师法学》，法律出版社2008年版。
[5] 参见何悦：《律师法学》，法律出版社2011年版。
[6] 参见周赛军：《律师制度管理与实践》，国家行政学院出版社2002年版。
[7] 宋远升：《律师论》，中国政法大学出版社2014年版。

及诉讼结构和证据制度的重大改良。对此,樊崇义[①]、陈卫东[②]、熊秋红[③]、张建伟[④]、龙宗智[⑤]、魏晓娜[⑥]等学者分别从不同的角度出发,对相关问题进行了深入探讨。总体而言,学者们均认为,庭审实质化改革面临着许多严峻挑战,但改革本身必然对律师司法地位的提升和相关角色的调整产生有利影响;其次,新一轮的司法改革中确立了"刑事辩护全覆盖"的指导思想,对律师刑事辩护法律援助的范围和规模产生了深刻影响。针对上述改革,学者们分别就推进刑事辩护法律援助全覆盖制度存在的问题和改进的措施[⑦]、刑事辩护全覆盖的具体实施路径[⑧]、值班律师的应然定位[⑨]等问题展开了研究和探讨。总体而言,学者们认为刑事辩护全覆盖制度使得我国刑事律师的法律援助面貌发生了显著变化,随着"值班律师"制度的推行,我国刑事律师的地位必将得到提升,这必然更加有利于律师对当事人诉讼权利的维护;再次,新一轮司法改革确立了认罪认罚从宽制度。总体而言,学者们都倾向于认为"认罪认罚从宽"制度

[①] 樊崇义:《"以审判为中心"与"分工负责、互相配合、互相制约"关系论》,《法学杂志》2015年第11期。

[②] 陈卫东:《以审判为中心:当代中国刑事司法改革的基点》,《法学家》2016年第4期。

[③] 熊秋红:《刑事庭审实质化与审判方式改革》,《比较法研究》2016年第5期。

[④] 张建伟:《审判中心主义的实质内涵与实现途径》,《中外法学》2015年第4期。

[⑤] 龙宗智:《庭审实质化的路径和方法》,《法学研究》2015年第5期。

[⑥] 魏晓娜:《以审判为中心的刑事诉讼制度改革》,《法学研究》2015年第4期。

[⑦] 陈光中等:《推进刑事辩护法律援助全覆盖问题之探讨》,《法学杂志》2018年第3期。

[⑧] 王迎龙:《论刑事法律援助的中国模式——刑事辩护"全覆盖"之实现径路》,《中国刑事法杂志》2018年第2期。

[⑨] 顾永忠:《追根溯源:再论值班律师的应然定位》,《法学杂志》2018年第9期。

明显有别于域外的"辩诉交易制度",是一种重要的制度突破,但对于在该程序之中,律师应否提供强制性的律师辩护帮助,学界还存在争议。例如,有学者认为"确保被告人获得律师的有效帮助,这是保证被告人自愿认罪的基本制度保障"[1];也有学者认为建立强制性的律师辩护制度,有违诉讼经济原则,不符合我国目前的国情[2]。最后,党的十八届四中全会之后,我国新设了监察委员会。为此,2018年,我国再次修订了《刑事诉讼法》,将监察法和刑事诉讼法的相关规定进行了衔接性调整。依照现行规定,在涉及八十多种罪名的案件的侦办过程之中,律师都无权介入,而只有当案件移送到检察机关审查起诉之后,犯罪嫌疑人和被告人才能够获得律师的帮助。上述规定在学界引发了较大争议,部分学者认为,上述规定将被调查人置于不利地位,理应通过立法确认尊重和保护人权的原则,"职务犯罪调查应准许律师进入,同时可参照我国刑事诉讼法作适当限制"[3]。

总之,回顾改革开放以来,我国学术界从规范分析视角所展开的相关讨论,我们发现,学术理论的发展与法治建设及司法体制改革之间关系密切,一方面,律师的角色犹如一面镜子,能够照见我国司法体制运行过程之中存在的问题,因而学界围绕相关问题所展开的讨论往往会成为后续改革的依据和修法的契机;另一

---

[1] 陈瑞华:《"认罪认罚"改革的理论反思——基于刑事速裁程序运行经验的考察》,《当代法学》2016年第4期。
[2] 陈卫东:《认罪认罚从宽制度研究》,《中国法学》2016年第2期。
[3] 龙宗智:《监察与司法协调衔接的法规范分析》,《政治与法律》2018年第1期。

方面，律师角色的定位与调整又必须依托于整体的法治建设进程，通过宪法、律师法、诉讼法等重要法律的修订和司法体制的改革得以完善和实现。与此同时，由于"发现问题"是后续"解决问题"的起点，因而，随着时间的推移，学界不仅继续关注问题的发现，也同时开始反思，学者们在研究过程之中所发现的问题，究竟是不是一个真实的问题？这个问题究竟是不是一个属于"中国"的问题？这种问题又是不是学者们坐在书斋里，通过单纯的学理分析就能够窥见真相的问题？伴随着质疑和追问，越来越多的学者认为，在司法研究领域之中，传统的规范法学分析范式有其局限性，主要表现为理论研究与司法实践之间的脱节。有学者认为，在这种分析范式之下，"研究人员与司法人员所使用的话语系统完全不同，仿佛生活在'两个世界'，以至于学者们对于部分法律规范的解释和分析变成了一种纯粹的'学术游戏'，而司法实践中则出现比较普遍的'程序失灵'现象"[1]。随着学界对"问题"起点的追溯，20世纪90年代中叶，法学研究界又兴起了一波主张建立在实际调查基础之上的实证研究思潮。

2. 实证法学视域下的"国家—社会"模式相关研究成果回顾及评价

20世纪90年代中叶，我国法学理论界，尤其是法社会学研究领域所兴起的法学"本土化"研究思潮，实际上是对承袭自西方社

---

[1] 孙长永：《刑事诉讼法学研究方法之反思》，《法学研究》2012年第5期。

会的、统一的"法治现代化"模式的一种反思与批判。这一思潮借鉴了人类学的研究进路，主张通过田野调查的方式来进行实地调查，深入描摹客观现状；同时也借鉴了社会学的分析方法，实际上是把相关法律制度规定视为一种国家权力的代表，而把法律的实践运作场景视为一种具体的社会现象。因而，对司法问题的关注便转化成了对"国家"与"社会"之间的关系的关注，从而表现出了一种理论研究上的"国家—社会"模式。苏力教授便是其中的代表性人物。

1996年，苏力出版了《法治及其本土资源》一书，认为许多法律实践之中出现的问题并非是一种我国暂时性落后的表现，因而也不宜强制性地使用一把统一的"现代化"的尺子来寻求解决问题的方法。[①] 此后，苏力进一步在湖北省的部分基层法院展开了实证研究，并在2000年出版了《送法下乡——中国基层司法制度研究》一书。[②] 此书综合运用了多种学科的方法来展现中国基层司法的实际面貌，并且指出，在中国的广大基层法院，法官重视纠纷解决的实效性远胜于相关规则的规范性，而法官和法律服务提供者在纠纷解决过程中也更加注重运用各种地方性知识，而非各种规范的法学理论。因此，他主张学术研究应当重视中国自身的本土性问题和地方性知识，并且必须善于发现和运用中国自己的"本土资源"来解决问题，从而在国家法治和地方经验之间找到融贯的道路。同时，

[①] 参见苏力：《法治及其本土资源》，北京大学出版社2015年版，第15页以下。
[②] 参见苏力：《送法下乡——中国基层司法制度研究》，中国政法大学出版社2006年版。

这本书也用实证数据阐明，中国的农村地区实际上罕有律师存在。此后，2001年，苏力撰写了《乡土社会中的法律人》一文，认为在现实的基层司法实践之中，实际是另外一个群体，即"基层法律服务工作者"充当着"律师"的角色。① 苏力的结论得到了后续一些学者实证调查的佐证。例如，2004年，傅郁林等人所组成的课题组对山西省C县展开了调查，结果显示，当地仅有1个国资的律师事务所，却有4个法律服务所。同时，由于2002年司法所与法律服务所分道扬镳，因此，就在这一年之中，C县法律服务所的工作人员便由30多人锐减到了12人，工作业务量也有所下滑。与此同时，当地唯一的一家律师事务所业务量则有所提升，足见两者在当地法律服务市场之中客观存在着的竞争关系。② 此外，2006年，王亚新在河南进行的一项实证调研结果也显示，在其抽取的样本中，当地代理案件的9个人中，仅有1人为律师，其余8人均为基层法律服务工作者。③ 同时，也有部分学者着眼于基层社会律师缺位的原因。例如，冉井富通过对国家统计数据的研究分析认为，基层法律服务市场之中律师缺位的主要原因是案源稀少和当地对于法律服务的购买力不足等。④

此后，通过实证考察的方式对基层法律服务市场之中的律师

---

① 参见苏力：《乡土社会中的法律人》，《法制与社会发展》2001年第2期。
② 傅郁林：《中国基层法律服务状况的初步考察报告——以农村基层法律服务所为窗口》，《北大法律评论》2004年第6卷第1辑，第112—117页。
③ 王亚新：《农村法律服务问题实证研究（一）》，《法制与社会发展》2006年第3期。
④ 冉井富：《律师地区分布的非均衡性——一个描述和解释》，《法哲学与法社会学论丛》2007年第1期。

问题进行了系统研究的代表性学者是来自美国的刘思达。2007年，刘思达出版了《割据的逻辑：中国法律服务市场的生态分析》一书。在书中，他将当前中国律师业的发展状况描述为一种"高度割据"的状态。同时，在此书的第二章中，他对边疆的法律服务市场状况进行了详细分析，具体描述道："中国农村地区的律师常常具有双重身份：他们不仅是律师事务所中的注册律师，而且还是当地司法局的国家工作人员。"[①]这一描述说明，在他广泛展开调研的2007年前后，他所调研的基层区域（含县城和农村）只有"国资所"这样一种国办性质的律所存在，而且律所的运营也还主要是依靠国家注资。当地尚未出现完全市场化运作的律师事务所。而在此书的第三章中，他进一步对基层法律服务市场之中，律师与基层法律服务工作者的对峙状况进行了描述和分析。与之前的相关学者相比，刘思达的主要贡献在于，其并没有停留于对基层法律服务市场一些现象的简单描述，而是引入了芝加哥学派的生态理论，着重考察不同权力主体之间定界与交换的互动过程及其对律师职业发展的影响。刘思达认为："在我国的法律边疆地区，包括律师、基层法律工作者、司法助理员、'赤脚律师'乃至乡镇干部和村干部在内的各种法律服务提供者构成了一个相互关联的，分化成县城、乡镇、村落三层的法律职业层级系统。这一层级系统内部的劳动分工与互动过程不仅构成了国家与乡土社会之间纠纷解决的传导机制，而且塑造了我国农村地区法律职业的基本样态，是律师业在法律边疆地区发展缓

---

① 刘思达：《割据的逻辑——中国法律服务市场的生态分析》，译林出版社2017年版，第46页。

慢的一个根本原因。"①

与此同时,值得注意的是,20世纪90年代兴起的法学研究"本土化"思潮不但在法社会学领域取得了丰硕的成果,同时也对传统的律师法学、诉讼法学与司法学界的相关学者产生了积极的影响,一批学者开始通过多样化的实证研究方式来反思相关的司法问题。其中比较有代表性的是陈卫东、宋英辉和左卫民等教授所带领的研究团队。上述团队主要采用了一种实地调查加数据统计分析的方法来围绕相关司法问题展开研究。例如,2005年,左卫民通过实证研究认为:"中国刑事辩护的程序性活动方式和实体性结果具有'中国特色'的基本特征,中国刑事辩护未来的改革走向可能在于强化律师发表辩护意见的方式,而不能简单沿着对抗化的思路推进改革。"②2014年,最高法院设立了"中国裁判文书网",统一公布各级人民法院的生效裁判文书,进一步开启了相关学者利用司法大数据来展开律师角色相关问题的量化研究道路。例如,左卫民团队基于对四川省2015—2016年五万余份上网刑事一审判决书的分析,研究了刑事辩护率的差异性问题,认为"辩护率在法院层级、地区、审理程序、犯罪类型等方面的差异。这些差异主要由特定的法律、经济、社会等因素所决定,但尤其值得关注的是经济因素"③。与上

---

① 刘思达:《割据的逻辑:中国法律服务市场的生态分析》,译林出版社2017年版,第40页。
② 左卫民:《效果与悖论:中国刑事辩护作用机制实证研究——以S省D县为例》,《政法论坛》2012年第2期。
③ 左卫民:《刑事辩护率:差异化及其经济因素分析——以四川省2015—2016年一审判决书为样本》,《法学研究》2019年第3期。

述教授不同的是，陈瑞华教授主张一种"从经验到理论"的研究进路，并且秉持着上述理念，围绕许多具体的案例，对刑事辩护的理念和刑事辩护的艺术进行了归纳和总结。① 总之，上述研究成果表明，无论是采用田野调查和个案分析方法，还是采用规模化的统计分析方法，甚或是采用一种从经验到理论的提炼升华方法，总之，当法学研究界围绕着律师角色相关问题具体展开实证研究时，都会有意或者无意地将司法问题置于特定的社会结构之中来进行考量，从而呈现出一种"国家—社会"模式的分析思路与分析视角。尽管上述研究并未专门着眼于欠发达地区基层司法中的律师角色问题，但相关研究思路和研究成果仍为本文的研究提供了重要的方法借鉴和理论支撑。

综上所述，梳理改革开放以来我国法学研究界围绕着"司法中的律师角色"这一命题所展开的研究，我们发现，总体上，可以将相关的研究成果划分为规范法学视域下的"问题—对策"模式和实证法学视域下的"国家—社会"模式两种类别。规范法学的分析成果对于我国改革开放以来的司法体制改革起到了积极的推动作用，同时又呈现出了其"移植性"和"非实践性"的特点和局限性。特别是对于许多欠发达地区的基层人民法院而言，学界的研究成果往往会由于现实条件的欠缺而在基层司法实践之中变成一种难以落地的"空中楼阁"；与此同时，实证法学的分析成果突出强调了研究的"实践性"特征，同时这种研究又高度依赖于对某种微观社会结

---

① 参见陈瑞华：《刑事辩护的理念》，北京大学出版社 2017 年版；参见陈瑞华：《刑事辩护的艺术》，北京大学出版社 2018 年版。

构的深入观察，因而，对于欠发达地区的基层人民法院而言，在相当长的一个历史时期内，律师缺位的客观现状又导致了实证视域之下的相关研究命题无法具体展开。本书正是在新的历史时期，通过对典型样本的深入分析来解决上述问题的一次尝试。调查表明，近年来，我国欠发达地区的律师行业得到了快速发展。笔者认为，在滇西北的偏远县域之中，完全市场化运作的律师事务所的出现与发展无疑是一个重要的标志。当这些欠发达地区的律师围绕着具体的案件而展开司法活动时，一方面，其个体角色行动必然受到日臻完善的相关法律规定的束缚；另一方面，其个体角色行动又会受到区域社会经济教育发展水平、基层熟人社会交往秩序、地方的政治权力结构和司法权力结构等多重"结构性"因素的综合影响，从而呈现出有别于发达地区执业律师群体的独特性。因而，笔者认为，在新的时代背景之下，这一律师群体是我们研究"现代法治规划"与"地方实践经验"之间相互关系的一个重要桥梁，为我们深入观察和思考相关问题提供了难得的样本。

四、研究思路与框架

1. 研究思路

本书借助社会角色理论中的相关概念和术语，围绕着基层司法中的律师角色问题，主要沿着横向和纵向两条重要的线索来谋篇布局，形成分析思路。首先，横向线索主要借鉴了"拟剧理论"之中的部分术语，沿着"司法后台—司法前台—庭审博弈表演"的时间与空间顺序来对律师的角色进行深度观察，形成分析思路。欧文·戈夫曼[①]深受 H. G. 布鲁默等符号互动论者的影响，在其重要著作《日常生活中的自我呈现》一书中[②]，通过大量的实例描述，构建了一个相对完整而具有独创学术价值的社会角色理论体系。该理论从舞台演出的艺术原理引申出了自己独特的戏剧分析视角，并且运用了"后台、前台、表演"等一系列戏剧语言来描述社会关系及社会心理。人们根据这种视角特点，将这本书所体现的学术思想凝练概括为"拟剧理论"。[③] 在戈夫曼的拟剧理论中，"表演的主体是作为角色的个人。一方面，角色是由社会、文化赋予某一社会位置上的个体一系列行为规范的总和，文化作为编剧书写了社会剧本，个体通过角色表演呈现出来的形象是社会、文化的塑造；另一方面，个体又是具体一次表演过程的导演及行动者，他通过在社会互动过程中做出有特色的行动和姿势来表达角色。因而，表演者在社会、文化与自我的共同作用下完成角色的表达"[④]。借助"拟剧理论"的相关术语，本书也主要沿着"司法后台—司法

[①] 学界通常认为，"首先把角色概念引进社会心理学的是 G.H. 米德"。此后，布鲁默（Blumer）、莫雷诺（J. L. Moreno, 1934）、林顿（R. Linton, 1936）、纽科姆（T. Newcomb, 1950）、萨宾（T. R. Sarbin, 1954）和戈夫曼（Erving Goffman）等人都对"社会角色"的概念和内涵进行过重要扩充。

[②] 欧文·戈夫曼：《日常生活中的自我实现》，冯钢译，北京大学出版社 2008 年版。

[③] 戈夫曼的其他相关主要著作有：《避难所》（1961）、《邂逅》（1961）、《公共场所行为》（1963）、《污点》（1963）、《互动仪式》（1967）、《框架分析》（1974）和《交谈方式》（1981）等。上述著作的部分观点亦对"拟剧理论"的内涵和外延有一定拓展。当然，学界对于戈夫曼的"拟剧理论"也持有一些不同观点。

[④] 左宁：《"表演"的跨学科比较——试析戈夫曼、特纳及鲍曼的表演观》，《贵州大学学报（社会科学版）》2010 年第 5 期。

前台—庭审博弈表演"的时间和空间顺序来审视律师在不同阶段和不同角色情境之中的不同角色任务和角色困境,意图通过"角色"这一媒介在律师的个体人格和社会控制之间架起桥梁,用一种富于逻辑的思路将许多零散的社会现象串联起来,形成内在合理的分析思路。①

其次,纵向线索方面,本书主要通过"期望角色"与"实践角色"之间的对照关系来呈现和解析律师两重角色之间的现实距离,并据此揭示"纸面上的规划"与"行动中的法律"之间的断裂现象。社会角色理论认为,根据对角色存在的形态不同,可以把角色分为期望角色和实践角色。期望角色是指社会或群体对处于特定地位角色所设定的理想的规范和公认的行为模式。它是个体角色行为与社会结构之间的桥梁,现实中,许多规章制度都体现了期望角色的本质及其要求。②据此可知,我国《律师法》、"三大诉讼法"和其他一些相关规章和条例之中对于律师角色的相关规定即为一种纸面设计上的"期待角色";实践角色则指的是"个体根据他自己对角色的理解而在执行角色规范过程中所表现出来的实际行为。即个人在社会互动过程中实际扮演的角色"③。在本书中,上述两重角色之间的对照关系既是引导我们有效认识律师角色的重要理论概念,也是支撑本书研究开展的重要逻辑进路。

---

① 需要说明的是,笔者虽然借鉴了"拟剧理论"的相关概念术语来展开分析,但这些术语的内涵不完全与戈夫曼的描述相同,而是根据本文的研究任务进行了适当的改良。
② 奚从清:《角色论——个人与社会的互动》,浙江大学出版社 2010 年版,第 15 页。
③ 喻安伦:《社会角色理论磋探》,《理论月刊》1998 年第 12 期。

沿着上述横向和纵向两条线索展开分析，本书首先在第一章中分析了Q县律师所处的社会场域和律师的基本构成概况，继而在第二、第三和第四章中围绕着"后台准备阶段、前台实战阶段、庭审博弈过程"三个既各具特色又紧密相连的角度出发来分析律师的角色，旨在以律师执业不同阶段的角色情境转换为线索，以各种不同司法情境之下的角色互动为中心来揭示律师"期望角色"与"实践角色"之间客观存在着的现实距离，并据此揭示"纸面上的规划"与"行动中的法律"之间的断裂现象。然后，文章围绕五个方面详细分析了导致律师两重角色之间产生现实距离的具体影响因素，并对这些影响因素的共性作用机理进行了分析与归纳。最后，在本书的第六章中，笔者从角色信任的基本路径出发，重点围绕"关系"这一特殊的文化现象展开分析，在深入认识其"建构性"与"破坏性"双重功能的基础之上来探寻和回答乡土文化与现代法治之间的关系这一重要命题，继而从"宏观方向层面"和"实践操作层面"等两个角度出发来探寻律师角色的重构路径。研究过程既注重挖掘区域性问题的独特性，又注重发现和提炼具有"普遍性"意义的问题和规律，以体现本书研究的"小地方，大视野"①

---

① 徐昕教授明确提出过"小叙事，大视野"的主张，认为做学问，应当善于"在边缘处发现意义，在无关中寻求关联，在细微点构建宏大"。参见徐昕：《论私力救济》，中国政法大学出版社2005年版，第40—41页。同时，挪威学者埃里克森也指出，依循人类学的研究进路来观察问题，重点的是要做到："你可以在人类学分析的一定程度上是一个恰当的相对主义者，同时提供理由说明某种特定的潜在模式对于所有社会或者人们来说是共同的。"参见［挪威］托马斯·许兰德·埃里克森：《小地方大论题——社会文化人类学导论》，董薇译，商务印书馆2008年版，第98页。

的方向与格局。

2. 研究框架

本书以"立足中国实际,服务司法实践"为主旨,沿着"提出问题—分析原因—解决问题"的思路来构建文章的基本框架。具体的框架结构如图 1 所示。

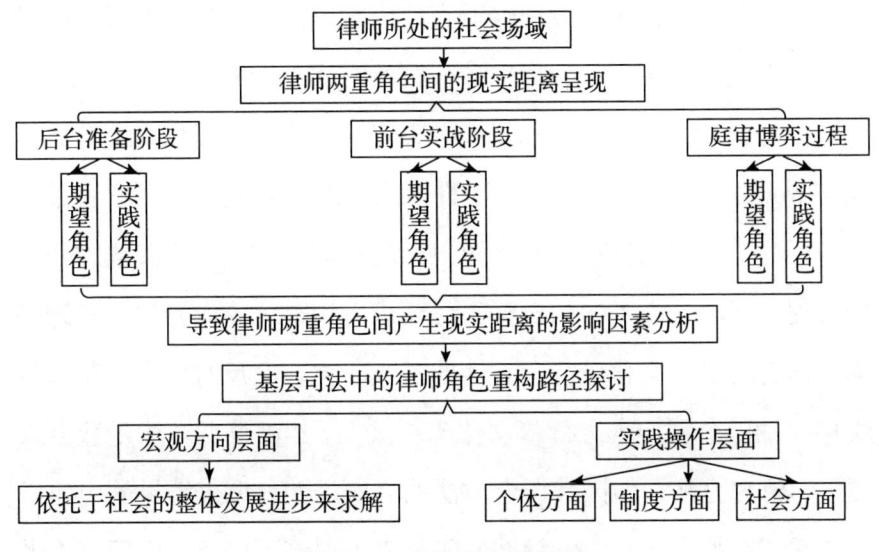

图 1　本书的研究框架图

五、研究方法与材料

1. 研究方法

第一,实证研究方法。

本书所采用的主要研究方法是实证研究法。"实证研究方法填补了理论与实践之间原本难以弥合的罅隙,使立足于现实的理论更具解释力和指导力。"[1] 因而，近年来，实证研究方法逐渐成为了法教义学之外新兴的、为法学研究者所广泛认可的研究方法。因研究对象和研究目的等方面存在差异性，实证研究方法在不同的学科领域又有着不同的形式和应用。例如，社会学和人类学多采用田野调查法；而经济学和管理学则更加侧重于借助各种数理模型和工具来进行各种数据的统计分析，展开量化研究，并从中观察趋势，得出答案。本书的实证研究以田野调查法为主，同时也在一些特定问题的分析之过程中采用了数据统计分析的方法来辅助研究。

首先，田野调查法是马林诺夫斯基开创的方法，其英文为"fieldwork"。田野工作作为一种具体的方法，表现为人类学者采用参与观察、深度访谈和直接体验三种实践活动方式获取民族志资料的过程。同时，人类学的田野工作要求运用整体论的方法，实地考察工作者对某一文化进行全貌性的深入研究，而反对从作为整体的文化中抽出个别要素进行跨文化比较。[2] 虽然田野调查法是社会人类学的研究方法，但因其调查方法的可应用性和调查结果的可信任性，逐渐在整个社会科学领域的研究之中得到了广泛的应用。本书将研究对象聚焦于我国滇西北地区偏远县域的执业律师群体。这些地区的律师人数偏少，相关研究资料稀缺，且当地律师的执业环境与执业行为相较于发达地区而言也具有自身的独特性。因而，为保证研究实效性，笔者重点采用了田野调查的研究方法，通过对当地律师执业群体和其他相关人员具体行为的参与观察和深度访谈来形

---

[1] 左卫民：《实证研究：正在兴起的法学新范式》，《中国法律评论》2019年第6期。
[2] 朱炳祥：《社会人类学》，武汉大学出版社2006年版，第239—243页。

成第一手的经验材料。

其次，数据的统计分析方法具有直观性和客观性的特征，相关数据的统计分析有助于我们掌握共性、发现规律、形成认知。2014年，最高法院设立了中国裁判文书网，统一公布各级人民法院的生效裁判文书。从这一年开始，Q县的裁判文书也陆续上网。在本书的研究中，涉及对Q县案件种类、构成状况和发展趋势的相关分析，涉及Q县律师在刑事案件之中的辩护率等相关问题的研究。根据不同的研究目的，笔者也分别提取了多组不同的裁判文书，并以此为基础来进行必要的数据统计分析，以展示问题、形成结论。

第二，规范研究方法。

"规范研究法"常常与"实证研究法"相对出现，主要是通过对某种现象和状态的描述与评价，推导出相关的结论，带有评判"是非曲直"的主观性色彩。从本质上来说，法律是由一系列规范组成的，对法的字词意的分析，对围绕法的相关社会现象的分析，都建立在一定的判断和评价基础之上，因此，法学研究必然离不开规范分析方法的应用。目前，我国法学研究界围绕司法问题所展开的规范分析"主要意图是通过对法律规范的文理解释和价值分析，对照立法背景、司法环境，结合法律规范的性质、层级以及与相关规范之间的关系，分析法律规范显在的或者潜在的含义以及相应的法律效果"[1]。本书基于田野调查来观察律师"期望角色"与"实践角色"之间的现实距离，同时辅以相应的数据分析来助力问题的凝

---

[1] 孙长永：《刑事诉讼法学研究方法之反思》，《法学研究》2012年第5期。

练。尽管调研主要建立在实证调查的基础之上，但对于部分法律规范的应用状况，特别是相关法律效果和具体原因的分析方面，仍然根据研究需求，采用了部分规范分析方法来阐释相关问题。

第三，比较研究方法。

比较研究方法是社会科学领域常用的方法。密尔在《逻辑学体系》中提出了"密尔五法"，指的是"求同法、求异法、求同求异并用法、共变法和剩余法"①，其中所提到的因果关系和控制变化的思路使得"比较"具有了独立的方法论意义。比较研究方法在社会科学研究中具有重要的价值，因为社会科学主要是观察社会现象，而社会现象常常是复杂和难以精确估量的。然而，正如许烺光所阐释的那样，比较研究虽然不能提供"精确的衡量尺度"，但是却建构了一个"相对的衡量尺度"。② 通过恰当参照系的构建，纷繁复杂的社会事实和社会现象被纳入了合理的分析框架，变得清晰而条理化，得以被定性和定位。将"比较"作为手段和方法，意味着即将展开的研究将致力于寻找差异的来源，即作出"解释"，从而促进事实的发现和理论的构建。③ 本书基于田野调查来观察律师"期望角色"与"实践角色"之间的现实距离，因而，上述两重角色之间的比较和对照关系贯穿全文，这是我们深入认识律师角色断裂问题

---

① [美] 欧文·M.柯匹、卡尔·科恩：《逻辑学导论》，张建军、潘天群等译，中国人民大学出版社 2007 年版。
② 转引自宋丽娜：《人情的社会基础研究》，华中科技大学博士学位论文，2011 年，第 24 页。
③ 刘浩然：《社会科学比较研究方法：发展、类型与争论》，《国外社会科学》2018 年第 1 期。

的重要逻辑进路。通过比较上述两重角色之间的现实距离，发现其"差异性"，并对此做出合理的解释，正是本书揭示问题并提出解决方法的基础。因此，在本书中，比较研究方法也是重要的分析研究方法。

2. 研究材料

本书的实证研究材料以笔者在 Q 县进行田野调查时所获得的"经验"材料为主，同时也涉及部分数据材料。首先，为了有效地呈现律师在基层司法过程中的实践角色，笔者选取了位于云南省大理白族自治州的 Q 县作为田野观察点，以当地的执业律师作为主要样本来展开调研。在调研期间，笔者也以"助手"的身份跟随 Q 县的律师一起接待当事人，进行调查取证，准备诉讼材料，共同参与代理诉讼。由于当地的律师主要从事诉讼业务，而总体上，诉讼业务可以分为"司法准备"和"司法实战"两个阶段，因此，笔者的调查视线也跟随着当地律师的脚步，从作为司法准备"后台"的律师事务所、饭馆酒桌、乡野村庄等区域逐渐扩展到了作为司法实战"前台"的派出所、拘留所、看守所、公安局、检察院、法院以及司法局等相关政府公职部门所在的区域。笔者的调查与访谈对象以当地的执业律师为主，同时，跟随着办案律师的脚步，在"后台"的司法准备阶段，笔者也对许多前来寻求律师帮助的当地居民、具体实施了委托的纠纷与案件当事人（含当事人的近亲属）、律师在取证过程之中广泛接触到的各种潜在证人或者见证人、相关领域的专家等共计 200 余人进行了必要的调查、访谈，并针对部分具体问题采集了问卷数据；在"前台"的司法实战阶段，笔者同样跟随着办案律师的脚步，对当地的法官、检察官、警察以及当地司法局、政法委等地方公职部门的党政工作人员等共计60余人进行了必要的调查、访谈，并针对部分具体问题采集了问卷数据。因此，构成文本研究材料核心内容的是笔者在Q县进行田野调查期间，对上述人员进行参与观察、深度访谈和直接体验所形成的第一手材料。由于研究的伦理需求，文中隐去了所有被访谈人的个人信息。访谈的编号体例为"IN16101"，其中，"IN"代表访谈（interview），"16"代表年份，"1"代表访谈对象的身份（1为律师，2为法官等司法工作人员，3为当事人、证人等其他对象），"01"代表访谈在该年度该领域中的编号。

其次，在一些具体问题的分析研究过程之中，笔者一方面从Q县的司法局和人民法院采集了部分数据材料；另一方面，通过"中国裁判文书网"采集了3000余份裁判文书，并提取其中的相关要素来进行统计分析，辅助研究。2014年1月1日，《最高人民法院关于人民法院在互联网公布裁判文书的规定》正式实施。该司法解释明确，最高法院在互联网设立"中国裁判文书网"[①]，统一公布各级人民法院的生效裁判文书。尽管最高人民法院规定中西部地区基层人民法院公布裁判文书的时间可以结合当地的实际情况来具体决定，但笔者的调查显示，Q县人民法院在2014年即已启动了裁判文书网上公开的工作。自2015年开始，除少数存在特殊情况的裁

---

① 中国裁判文书网的网址为http：//wenshu.court.gov.cn/。

判文书外[1]，Q县已基本做到了裁判文书全公开。根据不同的研究目的，笔者分别从中国裁判文书网上提取了两组裁判文书，并提取其中的相关要素来进行辅助分析：(1) 根据研究需求，笔者提取了Q县人民法院2017—2018年进入一审程序的2605份民事案件判决书，经过筛选，共计获得有效样本2480份[2]；(2) 根据研究需求，笔者提取了2017—2018年期间，Q县人民法院公布的刑事判决书共计380份。由于部分信息不够全面，经过筛选，共计获得有效判决书361份。[3] 对于上述裁判文书相关要素数据的分析归纳，有力地支撑了本书的相关观点。

---

[1] 调查表明，这些因涉及特殊情况而不予公开的裁判文书占比较低。具体没有公开的裁判文书情况，笔者在本书第一章的"地方司法环境"部分进行了详细说明。

[2] 调查数据显示，在这两年中，法院统计的民商事案件数量为2768件，实际上跟裁判文书网上公布的案件数量已经极为接近。

[3] 调查数据显示，这两年间法院统计的刑事案件数量为397件，实际上跟网上公布的判决书数量极为接近。

第一章 律师所处的社会场域

社会是由人的活动所形成的关系网络。人要进入社会,必须经过社会化的过程,而其中的中介就是"角色"。角色构成了个人与社会的连接器,同时,不同的角色又把整个社会结构起来,构成了社会系统。[1]具体到基层司法中的律师角色,我们发现,在特定社会场域"剧本"的框架束缚之下,每一位诉讼律师"演员"出场的时间和顺序、律师承办的案件类别、律师办案的方式与特点、律师从工作中获得的成就感以及难以破解的角色困境等诸多问题,看似与律师个人的选择和气质密切相关,其实却是诸多社会因素互融互斥、共同形塑的结果。与此同时,"社会化又是一个双方面的过程"[2],不仅律师能够通过进入特定社会环境和社会体系来掌握社会经验,反过来,律师的个体角色行动也能够对社会环境和社会结构产生积极的影响,从而促进社会关系体系的再现和改造。[3]故此,

---

[1] 秦启文等:《角色学导论》,中国社会科学出版社2011年版,第52页。
[2] 参见[俄]安德烈耶娃:《社会心理学》,上海译文出版社1984年版,第311页。
[3] 社会学家安东尼·吉登斯的社会结构理论重点关注社会结构与社会行动者之间的关系,认为"结构是人类行动的媒介,行动也是结构的媒介"。参见安东尼·吉登斯:《社会的构成》,李康等译,生活·读书·新知三联书店1998年版,第281页。

意欲深入理解律师在基层司法过程之中所实际扮演的角色，有必要首先对其所处的社会场域予以必要的描述。

提到"场域"一词，很容易让人联想到法国社会学家布迪厄所提出的场域理论[①]，然而在这里，笔者主要采用了"场域"的通俗意义，指的是律师置身于其中，并且会对律师的个体角色行动产生重要影响的社会空间。这个空间首先呈现出其自然地理方面的特征和意义，同时，正如列斐伏尔所指出的那样，"社会空间就是一种社会性的产品"[②]，因而，除了其自然属性之外，我们还需要重点关注在Q县这一特定的社会空间之中，与律师的个体角色行动及角色构建过程密切相关的其他社会属性。需要注意的是，同律师个体角色行动有所关联的社会性因素较为复杂，限于本书的研究中心和研究任务，笔者仅选择了其中的若干要素加以重点描述，因而，这里关于社会场域的概括也主要是一种裁选之后的勾勒，而并非是对整体社会空间的全景还原与呈现。

第一节　自然地理及民俗文化特征

Q县位于云南省西北部，地处滇西横断山脉南端、云岭山脉以

[①] 布迪厄的场域理论是一种研究社会现象的重要理论体系，同时带有方法论的性质。关于场域理论的相关解释与应用，可参见本书第四章的相关论述。

[②] Lefebvre, Henri, *The Production of Space*, Trans., Donald Nicholson-Smith, Cambridge, Massachusetts:Basil Blackwell, 1991, pp.26-45.

东,行政区划归属于大理白族自治州。县域东部有金沙江穿县而过,县内山峦起伏,地貌复杂,地势西北高、东南低,南北两端有两个狭长的小盆地,当地俗称为"坝子"。Q县辖域内的各乡镇之间海拔悬殊,地势低处仅为1300米左右,高处则有1700米左右。Q县属于冬干夏凉的高原季风气候,加之地貌悬殊,形成了独具特色的"一山分四季,十里不同天"的立体气候。史载当地的气候为"高山多雪,一雨即冬。每岁七八月间,在望之雪山辄被密云重重拥护,以故西风不甚凛冽而百谷用以告成"①。当地日照强烈,降雨充沛,且雨水多集中于夏季,而冬季则几乎无任何降雨,常常呈现出一个完整的"晴冬",因此,当地也形成了唯独在冬季举办婚礼的地方风俗。可见,自然环境与社会环境之间密切相关,其在一定程度上影响和决定着人们的文化和习俗。②

在自然资源方面,Q县拥有丰饶的森林资源、矿产资源和水资源。首先,Q县境内绝大部分面积为山区和半山区,森林资源丰富。一份当地林业部门在2006年进行调查后撰写的资料显示,林地面积占据了Q县土地总面积的72.11%。由于山区面积广阔,Q县的居民中,长期在山区定居的山民占据着相当的比例,这种状况也无疑对于当地律师的案件代理情况产生了一定的影响;其次,Q县矿产资源丰富,其矿产储备在整个民族自治州名列前茅,截止到2013年已发现矿种达21种,尤以富锰矿和岩金矿出名。2011年,

---

① 杨金凯:《民国Q县县志》,高金和点校,云南大学出版社2016年版,第27页。
② [英]弗思:《人文类型》,费孝通译,《费孝通译文集》上册,群言出版社2002年版,第338—340页。

岩金矿的发现甚至在某种程度上改变了当地的工业格局，成为了当地的重要经济支柱；最后，Q县的水资源也较为丰富，县域之内，10公里以上的河流便有五条，均为金沙江水系，同时，县城所在的坝子周围疏落地分布着10余个龙潭，使Q县成为了著名的"龙潭之乡"。这些龙潭生生不息地滋养着这片土地，使得当地能够"三年干旱吃白米"，并因此躲过了多次严重的自然灾害。由于龙潭众多，当地也流传着许多以龙潭和龙王为主角的民间传说。这些传说中既有善龙报恩的故事，也有恶龙祸害的故事，故事的总体思想是表达一种惩恶扬善的美好诉求。例如，关于Q县的开辟传说之中，便有一个相关故事做了如下记载：

> 赞陀倔多治理水患，水势不但不减，反而更加汹涌起来，黄土夹着泥沙，滚滚而来，水波中有一个似龙飞龙的怪物正在翻腾。原来这正是人人痛恨的恶魔——蝌蚪龙在兴风作浪……赞陀倔多把蝌蚪龙压在蒙统罗的西山脚下。至今还有栓蝌蚪龙的遗迹呢。它哀求地问赞陀倔多说："什么时候，才能给我重见天日？"赞陀倔多回答说："你要出来，除非铁树开花，扁担发芽，娃娃不哭，狗不叫。"以后，洪水就退了，一望无涯的海水变成了大坝子。①

据Q县的县志记载，Q县在汉代以前属昆明，嶲部落，是"西

---

① 黄治：《Q县民间故事集成》，云南人民出版社1989年版，第55—58页。

南夷"的一部分。西汉至唐初，Q县未单独建置，及至唐玄宗开元二十六年（738年），皮罗阁被唐册封为云南王，南诏政权建立之后，Q县始建郡，称为谋统郡。① 大理国时期，改为谋统府，为大理国八府之一。② 据此可知，Q县的民族构成情况深受古代南诏政权和大理国政权的影响。据相关学者考证，南诏政权是以大理地区的乌蛮（彝族）为统治者，白蛮（白族）为辅佐，集合境内各民族共同建立起来的奴隶制政权。南诏时期，大理地区的民族主要是白、彝、傈僳、阿昌、苦聪、拉祜、汉七种。③ 在南诏时期，白蛮的共同语言、宗教、风俗习惯及心理素质等逐步形成。④ 大理国时期，白族已经有了统一的族称，自称"白人"。此后，历经地方政权的更迭变迁，白人始终在当地生息繁衍，其独特的民族文化特征也随着时光的流逝而逐渐稳固。明代时，中央的汉文化政权在云南设卫屯田，广泛实行改土归流，大批汉族从江苏、浙江、安徽、江西、湖南、湖北、广东等省进入了云南，承担戍守和屯田任务。其中，进入大理地域的汉族官兵与当地的白族人民往来频繁，"军民错处、汉白相兼"。白族人民称汉族的军屯户为"军家"，汉族军民则称白族人民为"民家"。自此，"民家"一词成为了白族的称谓，而白族的语言也被称为"民家话"。与此同时，在改土归流的进程之中，汉族官兵也与当地原有的

---

① 云南省Q县志编撰委员会：《Q县县志》，云南人民出版社1991年版，第1页。
② 杨金凯：《民国Q县县志》，高金和点校，云南大学出版社2016年版，第1—2页。
③ 王丽珠：《南诏时期大理地区的民族和民族关系》，《西南民族学院学报（哲学社会科学版）》1991年第2期。
④ 杨镇圭：《白族文化史》，云南人民出版社2002年版，第8页。

"僰人"相互通婚,"僰人"不断融入到汉人之中变成了当地的汉族。[①] 时至今日,我们仍然能够在 Q 县看到这种改土归流政策所留下的痕迹。迄今为止,Q 县的许多村庄仍然以"屯"字命名,而凡是带"屯"字的村庄多属于当地的汉族聚居村,其余不带"屯"字的村庄则多为白族聚居村。这些汉族村庄和白族村庄之间地界毗邻、交错分布,村民之间团结协作、互融互助。1956 年 11 月,大理设立白族自治州,成为了全国最大规模的白族居民聚居区。同时,Q 县经过多次区划更迭之后,也在同年划归大理白族自治州管辖。2020 年,全国第七次人口普查的数据显示,全县总人口(常住人口)为 243031 人。9 个乡(镇)中,常住人口超过 30000 人的有 4 个,在 20000 人至 30000 人之间的有 3 个,在 10000 人至 20000 人之间的有 2 个。全县人口中,汉族人口为 83715 人,占总人口的 34.45%;各少数民族人口为 159316 人,占总人口的 65.55%。其中,白族 14.49 万人,占 56.76%,其余还包括彝族、傈僳族、苗族、纳西族、壮族等多个少数民族的居民。因此,可以说,目前,Q 县是一个位于滇西北,以白族人口居多的、多民族混居的区域。

据相关学者考证,在特定区域的民族演进过程之中,"汉化"与"夷化"之间是一种此消彼长的关系。自清代以来,云南的部分区域在板块上成为了汉文化的核心区,"即以昆明为中心,涵盖临

[①] 多数民族史学家认为白族的族源与僰人相关。例如马曜教授认为,明代之前是汉人融入"僰人",明代以后是"僰人"融入汉人。参见马曜:《白族异源同流说》,《大理文化论》,云南教育出版社 2001 年版,第 6 页以下。

安、大理、澄江、楚雄等府。这一区域'汉化'程度最高,'汉化'的历史进程基本完成"①。因而,尽管时至今日,Q县民间仍旧保留着较为浓郁的白族风情,但与此同时,白族又深受传统儒家文化的影响,是一个汉化程度较高的民族。在Q县的日常生活中,白族人民与其他各民族的人民之间相处融洽,几乎没有任何的民族"排外"现象。这种民族融合的状况在当地的节日庆祝之中也有所体现。每当遇到重要的节日,例如传统的白族"三月街"民族节、火把节、大型歌会、庙会等庆祝活动时,Q县的各族人民实际上鲜少会想起自己的民族属性,而往往是不分伯仲地全情投入到节日的欢庆气氛之中,同歌共舞,共庆佳节;此外,Q县的这种民族融合状况,还突出表现在当地居民关于婚恋的态度方面。同发达都市中人一样,Q县的居民在考虑婚配对象时,重点考虑的往往是双方的长相、学历、收入、工作单位、家庭背景等现实问题,而基本上不会将双方的族群问题纳入考虑范围之内。在Q县范围内,各民族人民之间均能够自由通婚,通常不会遭遇特别的阻力。总之,尽管在宗教、建筑、语言、民俗、节日等方面,Q县均呈现出了显著的白族属性,但日常生活中,人们通常又鲜少考虑自身的"民族"问题,各民族人民自然地交往、通婚、互敬互爱、互相帮扶,共同构建了和谐安宁的生活空间。

---

① 廖国强:《清代云南少数民族之"汉化"与汉族之"夷化"》,《思想战线》2015年第2期。

第二节　社会变迁状况

　　费孝通先生于 20 世纪 40 年代后期在西南联大和云南大学讲授"乡村社会学"课程，并以此讲稿为基础撰写的《乡土中国》一书构成了观察当时中国基层社会的一扇窗，也可以作为我们今天从宏观视角研究中国基层社会转型与变迁问题的蓝本，一方面，这本书中的许多内容源于费孝通先生对 40 年代云南农村的观察，因而与本书的研究具有地域上的关联性，便于形成比较；另一方面，这本书也因为主题的高度抽象性和内容的紧扣现实性而具有了广泛的代表性和丰富的生命力，书中所提及的"礼俗社会"和"法理社会"的基本框架，直至今日仍对我们观察基层乡土社会变迁的特征与状况具有重要的参考价值。同时，由于大理白族的"儒学化"程度属于云南省前列，早在康熙年间便达到了"理学名儒项背相望"的地步[①]，因此，尽管 Q 县是一个以白族人口居多、多民族混居的区域，但其民间的风俗却深受儒家"礼俗"文化传统的影响，至今仍然保留着许多传统的人际角色互动秩序，并且呈现出了较为浓郁的熟人文化氛围。

　　在《乡土中国》一书中，费孝通先生描述道："乡土社会里从熟悉得到信任。这信任并非没有根据的，其实最可靠也没有了，因为这是规矩。现代社会是个陌生人组成的社会，各人不知道各人的

---

① 廖国强：《清代云南少数民族之"汉化"与汉族之"夷化"》，《思想战线》2015 年第 2 期。

底细，所以得讲个明白；还要怕口说无凭，画个押，签个字。这样才发生法律。"① 又描述道："在社会学里，我们常分出两种不同性质的社会，一种并没有具体目的，只是因为在一起生长而发生的社会；一种是为了要完成一件任务而结合的社会。前者是礼俗社会，后者是法理社会。"② 从上述两段描述中，我们可以看到，费孝通先生对乡土社会的描述是构建在"熟人社会"和"礼俗社会"这两个概念基础上的，而与之相对应的现代社会则是一个"陌生人社会"，也可以称之为"法理社会"。

表 1-1 礼俗社会与法理社会的相关要素与特点比较分析表

序号	要素	礼俗社会特点	法理社会特点
1	人口流动性	人口几乎不流动	人口流动性强
2	规矩的形成方式	经验的习得	契约或制度
3	交互秩序的确立方式	口头交流	文字
4	社群结构	宗法制度下的差序格局	团体格局
5	核心价值观	孝悌基础上的前喻文化	公平基础上的后喻文化
6	"家"的构成	小家族	亲子家庭
7	亲族之间的关系	男女有别，长幼有序	人人平等
8	维持社会运转的力量	循旧	创新
9	地方治理与纠纷调停者	长老	基层行政干部，司法人员
综合	维持社会秩序的力量	礼俗	法律

如同表 1-1 所示，费孝通先生笔下的"礼俗社会"是一个体系，一切以"人像蔬菜种在泥土里"一样，几乎不具备任何流动性为

---

① 费孝通：《乡土中国》，人民出版社 2015 年版，第 7 页。
② 费孝通：《乡土中国》，人民出版社 2015 年版，第 6 页。

前提。由此出发，人们之间彼此熟悉，因而许多规矩是作为一种几乎不需要翻新的先辈的经验而代代相传，也因此，人们对于规矩，并不需要专门学习，而是从生活中因熟悉而自然习得。礼俗社会的另外一个重要特点是差序格局，每个人从自我出发，以各种私人"关系"为纽带构建自己的社群结构和社会网络，并依据各种"关系"的亲疏远近来决定，在各种具体场景中，究竟采用哪一种处事态度和处事方法。在这种社会中，非常重视道德的约束力，而位于道德体系最顶层的则是"孝悌"。表面上看，这是一种伦理价值，实际上，这是一种维护社会稳定的制度。构成这种社会基本单位的"家庭"是主要由父系亲属组成的小家族，在这样的社会中，非常强调"男女有别"和"长幼有序"，因为这也是保持社会良性运转的必要制度。这样的社会也特别强调循旧，反对标新立异，因为只要人人遵循旧例，便可以保持社会有序运转。也因此，在这样的社会中，那些"年高德劭"的人可以利用自己的年龄和身份优势而承担地方治理的职责，实行长老治理，因而民间的纠纷也多在长老主持之下，以"评理"的方式内部化解。综合上述因素，在这样的社会中，维持社会秩序的基本力量是"礼"。

与之相对应，我们也可以提炼相关要素，简约地勾勒出现代社会，也就是法理社会的基本特征（参见表1-1）。这个社会的基本特点是随着社会分工的发展，人与人之间的联系变得深广而复杂，人口流动性增强。为了维护正常的生活秩序，人们必须时常与各种各样的"陌生人"打交道。由于失去了那些因熟悉而自然产生的信任，人们必须依靠另外一种力量来协调彼此之间的关系，由此，契约和其他法律制度应运而生。此时，人们不能单靠口头沟通来达成共识，而必须以文字的形式将彼此的权利和义务固定下来，因此，文字和教育的功能变得重要。在这样的背景下，人们在社会中主要有两重角色定位，一重来自自己在核心家庭（父母和子女两代人组成）中的角色，即：父亲或母亲；一重来自自己在团体（单位或社区）中的角色。在核心家庭中，男女双方都需要对家庭的经济和子女的抚养作出贡献，因而要求建立一种平等的地位。而在团体中，也失去了幼者必须服从长者的传统，人们转而服从团体的领导，而这些领导的权力需要获得法律或者制度的授权。在这样的社会中，每天都面对新事物，面临新矛盾，因而社会生活各个领域的创新成为必需。在这样的社会中，长者不再具有天然的威信，而地方治理者也转变为依据制度而产生的基层干部。综合上述因素，在这样的社会中，维持社会秩序的基本力量是"法"。

调查表明，目前，Q县设有7个镇、1个乡、1个民族乡。尽管自然资源丰富，但总体而言，Q县的地理位置偏僻，山区面积广阔，工商业不够发达，属于典型的农业县，直到2018年9月29日，Q县才经由云南省委、省政府研究，批准退出了贫困县。那么，今天的Q县是否已经完成了从礼俗社会到法理社会的跃迁呢？这种社会形态又对当地律师角色的构建产生了何种影响？笔者以对Q县若干村镇进行田野调研过程中观察到的现象和采集的数据为依据，沿着社会形态九个方面的要素来做一个简要分析，具体见表1-2。

表 1-2　新时代背景下 Q 县基层社会形态要素分析表

序号	要素	社会形态特点
1	人口流动性	人口流动性强
2	规矩的形成方式	基于法律的制度和自然习得的规矩并重
3	交互秩序的确立方式	口头交流构建日常规范，文字方式确定重大问题
4	社群结构	传统宗法等级秩序瓦解，社会原子化与管理内卷化
5	核心价值观	平等基础之上的后喻文化兴起
6	家的构成	核心家庭与三代家庭交替的伸缩结构
7	亲族之间的关系	平等观念深入人心，男女不平等现象依然严重
8	保持社会运转的力量	维稳基础之上的创新
9	地方治理与纠纷调停者	两极化的基层行政干部

一、人口流动性强

人口流动性是衡量基层社会转型程度的首要标志。因为传统礼俗社会的重要特征就是"老根是不常动的"[1]，人们生于斯、长于斯、老于斯。此后的一切基层社会秩序构建均以此为基础和前提来展开。笔者在 Q 县的调研则表明，尽管 Q 县属于位处滇西北的边陲小县，但近年来，仍然呈现出了较强的人口流动态势。调查显示，目前 Q 县的人口流动情况主要缘于以下三种情况：第一种是受惠于 Q 县交通运输状况的持续改观，因而人口流动大大加速。关于 Q 县交通运输的改观情况，一位当地司法局的工作人员印象至深，做了如下描述：

---

[1] 费孝通：《乡土中国》，人民出版社 2015 年版，第 4 页。

> 现在，从昆明、大理和丽江到我们Q县办案的律师越来越多了。为什么呢？因为交通便利了嘛！在80年代，从昆明到我们Q县，需要三天时间，至少转三次车，而且全是山路和弹石路，到下车的时候，人都被颠得要散架了，车票又贵，能不跑就不跑；2000年前后，有大巴车和卧铺车了，从昆明到Q县，需要乘坐大约20小时的车，光是路上来回的时间都耗不起，肯定没有律师愿意过来。现在呢？高速公路路况很好，昆明的律师自驾车过来，车开得快一点，5小时左右便可以到达了。下关和丽江的律师过来就更方便了。所以，只要不是那种过于复杂、需要反复跑的案子，外地律师还是愿意过来代理的。另外，也有一些律师是坐飞机和坐高铁过来的，毕竟，如今，我们县是自治州内唯一同时拥有机场、铁路和高速公路的县份嘛！（IN16208）

Q县交通运输业的改变，不仅发生在县级，也同时发生在乡镇和村庄。特别是在近年来，政府加大"精准扶贫"力度的背景之下，Q县乡镇和村庄的交通运输状况改善显著。据统计，截至2017年末，Q县的公路总里程达3670.33公里，实现了县通高速、乡镇通畅、行政村硬化、30户以上654个自然村通达，全面解决了贫困乡镇、贫困村群众出行难题[①]；同时，Q县交通运输业的改观，也使得当地的旅游业得到了长足的发展，而旅游业的发达，正是促进

---

① 数据来源于2018年Q县政府工作报告。

当地人口快速流动的第二个重要原因。数据显示，2018年，Q县全年接待海内外游客449.99万人次，增长2.42%，实现旅游业总收入52亿元，增长10.62%①；促进当地人口流动加速的第三种情况是随着经济的发展和农业现代化的推进，我国陆续形成了全国性农产品市场、劳动力市场和婚姻市场②。三个市场均是从农村抽取资源进入城市，从而使乡村出现人口的大规模逆向流动，并由此带来了农村的"空心化"和留守儿童等社会问题。调查显示，Q县的农村人口流动问题也尤以那些位于山区的村庄表现最为突出，相对而言，坝区的许多村庄均保留着经商传统，生活也相对较为富裕，因此人口相对较为稳定。总之，从人口流动性的层面来衡量，可以说，传统礼俗社会基本"静止"的人口面貌已经发生了天翻地覆的变化。

二、基于法律的制度和自然习得的规矩并重

在传统礼俗社会之中，"礼"是以"教化"的方式融入人的行为习惯之中的；与之相对，在法理社会之中，"法"则更多的是以一种"整齐划一"的规范化制度面貌出现。笔者的调查显示，从法律制度构建的层面来说，目前Q县的整个基层社会已经在"制度"的指引之下有效运转，然而，当我们仔细考察Q县的民间盛行的、调整人们行为规范的所谓"规矩"时，则会发现，目前Q县民间

---

① 数据来源于2019年Q县政府工作报告。
② 参见贺雪峰：《三大全国性市场与乡村秩序》，《贵州社会科学》2019年第11期。

仍是法律的制度和自然习得的规矩并重的局面。一方面，人们普遍对于法律持有朴素的敬畏感，树立了基本的法律意识，也会自觉在法律的框架内行事；另一方面，当地居民仍旧保持着传统的自然信仰，人们仍旧依循许多旧例来处理和维护宗亲之间、邻里之间和家庭内部的关系。这种人际关系的维系最典型的便表现在当地的殡葬习俗之上。围绕着殡葬相关事宜，Q县至今仍保留着一整套约定俗成的程式，一般根据死者的年龄、社会地位及家庭经济状况决定丧事的繁简。[①]白族有句民间谚语："红事要请，白事自来"，亲人亡故后，主家通常不发讣告，听到哭声，周围的邻居和亲戚朋友便会自行前往询问状况，并积极协助筹备后事。通过当地复杂的人际关系网络，亡者的死讯会迅速地传遍大街小巷，为各行各业的人所广泛知悉。听闻消息的人便会根据具体情况，迅速安排时间，自行前去吊唁和帮忙。访谈中，一位当地的律师向笔者描述了这种习俗的重要性：

> 我下午要出庭，但开完庭之后，肯定要去××家吊唁。在我们这里，白事非常重要，倘若某家有人不幸去世，街坊邻居和熟识之人都肯定要在第一时间赶过去吊唁，毕竟，所有丧葬用品的准备、丧事环节的安排和出殡礼仪都要靠周围的人帮忙。为什么必须帮忙？因为今天我不帮你，明天我家出事了，人家也就不会来帮我。做事先做人嘛！如果我连基本的人际关

---

① 杨镇圭：《白族文化史》，云南民族出版社2002年版，第109页。

系都搞不好，也就不用在这里混了。（IN16135）

可见，当地这种自行前往帮忙的殡葬习俗背后所折射的是一种朴素的交往秩序，并且包含着为人处世的生活哲学：我们生活在一个共同的群体当中，应当互相帮扶。今天我家遇到事情，你来帮我；来日你家遇到事情，我也会去帮你。某家人在日常生活中积淀的情谊越浓厚，便越能体现这家人"会做人"，意指这家人在为人处世方面有长处。当这家人遇到丧事时，场面就会热闹非凡。所以，通过丧葬场面的热闹程度，往往可以直接或间接判断主家的人品与人缘情况，而通过这种无言的教化，幼童也会自然习得许多"做人"的道理与方法。可见，从"规矩"的形成方式层面来说，Q县民众的行为同时受到传统礼俗规矩和现代法律制度的约束和规训。

三、口头交流维系日常规范，文字方式确定重大问题

在传统礼俗社会之中，人与人之间往往因为彼此熟悉且文化共融而能够达致不需要多加解释，彼此便能够充分"意会"的境界。因而，在这样的社会中，文字是多余的。相反，"文字是现代化的工具"[1]，伴随发达的文字而兴起的，是一种陌生人社会，也可以称为法理社会。笔者在Q县的调查表明，目前，Q县的基层民众仍然通过口头交流来维系日常规范，同时会通过文字方式确定重大问题。

---

[1] 费孝通：《乡土中国》，人民出版社2015年版，第16页。

Q县素有商业传统，在清代，以"兴盛和""福春恒"等大商号为代表的商帮迅速崛起，到清末已经跃居为滇西一大商帮。① 据传，商帮兴盛之时，商号的掌柜重视信诺，每每有重要商事问题需要约定，往往"一言而决"，无论时隔多久，这种口头约定均能得到兑现，可谓"千金一诺"。此后，历经战乱，Q县的商帮也消失在了历史长河之中，但Q县人的经商意识和经商传统却保留了下来，并在改革开放之后得以复苏。如今，Q县商人辈出，并且发扬着"传帮带"的传统习惯，往往一人经商成功，便会带动家乡的一大帮年轻人追随历练。笔者询问了当地一位有名的女性创业家，商事活动之中是否签署合同。这位企业家回答道，刚开始经商时，合作伙伴不多，大家彼此信得过，所以很多口头约定也能够即时生效，但随着时间的推移，生意越做越大，相应的法律问题也越来越多。在经历了多次"被骗"的事件之后，如今，这位企业家已经聘请了当地的一位律师担任长年的法律顾问来解决公司运转之中所出现的法律纠纷和法律问题。同样的状况发生在Q县的各行各业之中，逐渐促使白纸黑字的"合同"成为调节权利义务关系的凭借。关于当地居民的"契约意识"问题，一位律师感慨颇深：

这些年，找我们写合同的人肯定是一年比一年多。我觉得原因主要有这么几个：第一个是商事活动多了，金额也高，很多合同的标的额都已经在百万级别以上，不立个合同，双方都

---

① Q县志编撰委员会：《Q县县志》，云南人民出版社1991年版，第3页。

不放心；第二个主要是社会环境变了，人心也变了，有些人为了钱什么都不顾，专门坑熟人。这种"杀熟"现象的危害性比较大。只要一个村子里发生过一次"杀熟"的事，整个村子的人都变得疑神疑鬼，互相都不信任了。既然互相不信任，那相互之间的约定还是得立个合同；第三个，很重要的一点是，这些年，大家的法律意识也在不断增强。以前因为人太熟，不好意思签订契约，现在大家普遍都签约，慢慢也就习惯了。(IN16139)

上述律师的话无疑为我们展示了近年来，Q县的居民在交互秩序的确立方面所发生的自然变迁情况。调查表明，Q县民间至今仍然推崇"千金一诺"的品行，人们日常的许多约定和交流仍旧可以通过口头的方式达成一致，但遇到重大问题时，人们也越来越倾向于采用书面方式来确定彼此的权利和义务，并且随着时间的推移，这种"书面契约"也逐渐成为了人们行为习惯中的重要组成部分，彼此之间并不会因为契约的签订而伤了感情。

四、传统宗法制度瓦解，社会治理面临新的困境

费孝通先生认为："礼是传统，是整个社会历史在维护这种传统。"[①] 从这个意义上来说，传统乡土社会之中的宗法制度固然存在着冷酷的一面（特别是对于女性和幼者来说），但这种宗法制度却

---

① 费孝通：《乡土中国》，人民出版社2015年版，第65页。

又是维持基层乡土社会有效运转的必备要素。笔者在 Q 县的调查表明，目前，Q 县原有的宗法制度已经基本瓦解，与此同时，新的法治秩序的构建过程却还没有彻底完成。这种现状客观上使得基层社会面临着一些新的治理困境。[1] 具体而言，新中国成立之后，我国的城市居民管理采用"单位制"，通过无数个"单位"组成的微观模块来行使社会职能，构成了"国家—单位—个人"的结构，而没有单位的居民则纳入居民委员会的范畴，由其协助街道办事处来实现组织化管理。随着我国社会主义市场经济秩序的确立，许多传统企业逐渐淡化了原本的"单位社会化"色彩，使基层居民管理重新回归社区，从而进入了"后单位"时代。[2] 由于社区并不能完全取代单位的职能，出现了社会组织功能弱化、居民参与社区活动的积极性较低、公共精神淡漠、人际关系疏离等问题；对于农村来说，2002 年之后，在推行农村税费改革和取消农业税的背景下[3]，一方面切实降低了农民负担，另一方面，"乡村基层组织的社会汲取能力下降，乡村利益共同体在财政汲取功能消失后松解，基层组织的公共服务和社会管理职能逐步衰退，政治功能出现蜕变，演变为一种内卷化的政权组织"[4]，从而使乡村的基层治理呈

---

[1] 美国人类学家吉尔茨（Chifford Geertz）在《农业内卷化》（*Agricultural Involution*）一书中提出，"内卷化"是指一种社会或文化模式在某一发展阶段达到一种确定的形式后，便停滞不前或无法转化为另一种高级模式的现象。
[2] 参见田毅鹏等：《"后单位社会"基层社会治理及运行机制研究》，《学术研究》2015 年第 2 期。
[3] 参见贺雪峰：《论乡村治理内卷化》，《开放时代》2011 年第 2 期。
[4] 徐勇：《现代国家建构与农业财政的终结》，《华南师范大学学报（社会科学版）》2006 年第 2 期。

现出"后税费"时代的特殊困境。① 基层原子化与治理困境带来的突出问题表现为一些地方基层社会管理"失范"。在经济大潮的冲击之下,传统的民间道德束缚被冲破,各种潜规则凌驾于规则之上,不少人信奉拜金主义、享乐主义。如果说,衡量一个社会"法治"水平的主要标准是法律的完备程度,那么可以说,Q县已经在总体上构建起了法制框架;然而,如果进一步从人们对于法律的思想认同、自觉遵守、自觉维护等层面来进行衡量,那么可以说,Q县的法治化水平还比较落后,距离真正意义上的"法治"水平还相差甚远。

五、平等基础之上的"后喻文化"兴起

传统礼俗社会是建立在儒家伦理制度基础之上的。在诸多伦理约束之中,又尤以建立在"长幼有序"基础之上的"孝悌"文化最为突出,实际充当着乡土社会之中首要和核心的价值观。例如,中国晋代的"准五服以治罪"就是这种伦理社会秩序与法律的适用相结合的典型。在这种治罪模式中,"服制"代表着血缘亲疏的关系,服制愈近,即血缘关系越亲,以尊犯卑者,处刑愈轻;相反,处刑愈重。服制愈远,即血缘关系疏远者,以尊犯卑,处刑相对加重;以卑犯尊,相对减轻。这种制度的核心道德观即为建立在血缘基础

---

① 范柏乃等:《后税费时代村级组织功能异化及其治理研究》,《浙江大学学报(人文社会科学版)》2013年第3期。

上的"孝悌"，本质上维护的是家族等级制度。① 相较而言，Q 县地处中国西南边陲，从历史上看，家族等级制度并不如汉文化中所执行的那么严格，但"孝悌"也仍然是为 Q 县各族人民所推崇的重要道德观念，同时，民间也依循"孝悌"的本质而构建起了相应的伦理等级秩序。

当然，调查表明，随着现代化进程的持续推进，Q 县各族人民的核心价值观念也在潜移默化地发生变化，"平等"观念勃兴。如今，即便是在 Q 县的边远山区，人们也不会单纯依循血缘亲疏和尊卑秩序来判断是非，而会参考更多因素，从更加宽广的层面来衡量"公平"。也就是说，如今，"孝悌"仍然是民间所推崇的重要价值观，但依循这种观念构建起来的家族和社会等级秩序却已经不再稳固发挥作用，"孝悌"更多地转化为了一种纯粹的道德因素，受舆论监督。在这样的背景下，社会文化也就自然从前喻文化转变成了后喻文化。② 特别是在移动互联网兴起之后，年长者往往难以掌握新型技术，从而在信息咨询和新兴交往方式等方面落后于年轻人。年长者想要追赶信息时代的脚步，往往不得不向年轻人请教。这种局面进一步加速了乡土社会传统宗法等级秩序的瓦解。

---

① 参见瞿同祖：《瞿同祖法学论著集》，中国政法大学出版社 1998 年版，第 1—6 页。
② 前喻文化指的是年长一代将知识文化传递给后代的过程。这是传统社会的知识文化传递特征。反之，后喻文化亦称"青年文化"，指由年轻一代将知识文化传递给他们在世的前辈的过程。米德在书中分别用了"过去，前喻文化和学富五车的长辈；现在，并喻文化和亲密无间的同辈；未来，后喻文化和前途未卜的晚辈"等三个章节来具体阐述具有不同时空特点和主导顺序的三种文化。参见 [美] 玛格丽特·米德：《文化与承诺——一项有关代沟的研究》，周晓虹等译，河北人民出版社 1987 年版，第 27 页以下。

六、核心家庭与三代家庭交替的伸缩结构

家庭的构成方式关乎社会基本秩序的维系与构建方式，因为，从本质上来说，"儒家所谓的'齐家'……是传统农耕中国最基层村落社区的组织构建和秩序维系问题，也就是今天的基层政权建设问题"[1]。费孝通先生所描述的"小家族"实际上是一种三代共居的家庭模式。假设一对夫妇生育了多个子女，由于成婚之后，众多子女之间不可避免会产生矛盾，因而子女成年之后，女儿会随着出嫁而被视为婆家人（所谓"嫁出去的女儿泼出去的水"），在几个儿子之间，父母往往选择其中一个与其共同生活，或者由几个儿子轮流赡养，因而家庭结构表现为三代共居的"小家族"形式。

笔者考察了Q县的家庭结构，发现目前Q县的家庭模式是一种核心家庭与三代家庭交替的伸缩结构。正如黄宗智所阐述的那样："中国经济史的实际显示，即便是在中国国内生产总值已经达到世界第二位的今天，小农家庭农场，以及其三代家庭，仍然顽强持续。"[2]调查表明，伴随着经济全球化的发展，大量Q县的农村青年背井离乡，进城打工谋生并生儿育女，建立起了两代人共居的核心家庭，然而，这种核心家庭只是暂时的现象。首先，Q县的社会伦理和生活实践都将赡养父母的责任交给了子女，特别是儿子（所谓"养儿防老"）。同时，Q县的父母也都普遍将照顾孙辈视为义不

---

[1] 苏力：《大国宪制：历史中国的制度构成》，北京大学出版社2018年版，第107页。
[2] 黄宗智：《中国的现代家庭：来自经济史和法律史的视角》，《开放时代》2011年第5期。

容辞的分内之事，要么将父母接到身边照顾子女，要么将子女送回老家由父母代为照顾，自己则负责提供生活费并定期回家探望，因此三代人有一种生活帮扶方面的紧密联系；其次，社会发展的现实需求决定了大部分年轻人在刚刚步入社会的最初几年，很难仅靠自己的努力完成"成家立业"的全部任务，因而普遍在婚礼筹备、婚房准备（购买或扩建）、家庭副业投入等方面受到父母的帮扶和资助，民风民情也决定了子女，特别是儿子对父母财产的继承地位，因此三代人之间还产生了一种财产方面的紧密联系。所以，目前Q县民间的家庭结构既非传统礼俗社会稳定的"家族"形式，也非都市社会经典的"亲子"家庭模式，而是一种核心家庭与三代"小家族"交替的伸缩结构。

七、平等观念深入人心，男女不平等现象仍然存在

传统礼俗社会是一种强调贵贱对立的社会。在基层乡土社会之中，这种"贵贱"突出表现在"男女有别"和"长幼有序"方面。在前面关于社会核心价值观的讨论中，我们已经涉及了"长幼有序"的相关问题，故这里将着重看一下"男女有别"的问题。费孝通先生认为："为了秩序的维持，一切足以引起秩序破坏的要素都被遏制着……乡土社会是个男女有别的社会，也是一个安稳的社会"[①]。可见，礼俗社会的"男女有别"本质上是一种为了维护社会安稳而

---

① 费孝通：《乡土中国》，人民出版社2015年版，第57页。

构建的制度，男女两性之间的平等关系实际上关联着基层社会组织结构的稳定性。

调查显示，如今，即便是在 Q 县的偏远山区，居民之间也普遍树立了"男女平等"的观念，这在当地女性的离婚选择权方面可见一斑。在中国古代的传统宗法社会之中，女性的婚姻是为家族服务的，因此，若无特殊理由，一般女性对于婚姻既无选择权，更无解除婚姻之自由。① 然而，笔者在 Q 县数个乡镇中的实际调研则显示，当地的离婚案件，至少一半以上的是由女方主动提起的。② 这反映出基层女性在婚姻自主方面的平等地位增强。当然，如果从"生命意义、生存水平、参与机会、社会回报、舆论评判"③ 等更多的维度来进行衡量，那么，可以说，Q 县仍存在一些男女不平等的现象。由于迄今为止，Q 县民间的风俗依然将女儿的结婚视为"出嫁"，很多女性将随着婚姻的建立而进入另外一个家庭，无论从经济上还是情感上都将脱离自己的原生家庭，因而出于种种因素的考虑，男女因性别而受到差别对待的问题仍然以各种各样的形式表现出来。例如，Q 县基层女童的受教育状况虽然有所好转，但人们仍

---

① 参见瞿同祖：《瞿同祖法学论著集》，中国政法大学出版社 1998 年版，第 147—152 页。
② 据学者考证，80 年代以来经法院系统审理的全国离婚案件中，由女方提出离婚的，约占全部离婚案的 70% 左右。参见叶文振、林擎国：《当代中国离婚态势和原因分析》，《人口与经济》1998 年第 3 期。然而在 Q 县笔者的调查显示，当地由女性提起的离婚超过了一半，但不到 70%。
③ 学者叶文振认为，衡量男女平等程度，应该采用五个维度，即：同样的生命意义；同等的生存水平；同量的参与机会；同值的社会回报；同一的舆论评判。参见叶文振：《男女平等：一个多维的理论构建》，《东南学术》2004 年第 4 期。

然普遍认为女孩儿没有必要读太多书,因而女童在小学毕业或初中毕业之后辍学是常见的现象;在一些山村至今保留着女性吃饭不上桌的传统;迄今为止,Q县民间仍然保留着由家中的儿子继承家财的传统。下述案例,是笔者在乙所调研访谈时亲历的案例。

【个案1-1】

白族村民通过订立"公证"遗嘱的方式排除家中女儿的遗产继承权

这一天上午,律师接待了一位当事人。这是一位年龄约莫在60岁上下的阿姨,姓李,按照当地的习俗,她穿着专属于白族已婚妇女的全套服饰。来到律师事务所后,她首先用汉语展开了询问。她询问的主题是:"自己家中有一个儿子,两个女儿。到底该如何做,才能确保将自己家中的全部财产留给儿子,不给女儿?"然而,可能是不太习惯的关系,她很快便将语言转换成了白族的"民家话"。该律师的家乡也位于Q县,其自身也是"白族"籍的律师,并且通晓白族民家话,所以该律师继续用民家话同李阿姨进行交流。律师明白了李阿姨的诉求后,给李阿姨介绍了目前我国司法实践当中最为常见的几种财产移转方式,即:买卖、赠与、订立遗嘱或者继承。李阿姨进一步询问上述几种方式各自存在哪些利弊?律师告知李阿姨,上述的几种方式中,有若干种都需要经过"公证"环节,因此推荐李阿姨进一步到当地的公证处进行咨询。出于好奇,笔者主动为李阿姨带路,陪伴李阿姨到达了公证处。公证处的工作人员从税费以及财产移转后,是否属于儿子的夫妻共同财产等方面剖析了利弊，并且告知李阿姨，目前当地居民主要是选择通过订立公证遗嘱的方式来指定遗产继承人。李阿姨经过比较，最终也决定通过订立公证遗嘱的方式来将财产指定给儿子。笔者询问公证处的工作人员，目前这种运用法律武器来排除女儿继承权的现象是否多见？公证处的工作人员表示，目前，这个现象还是比较普遍的。因为，当地至今仍然保留着由家中的儿子继承家财的传统，通常情况下，那些已经"出嫁"的女儿也没有太大意见。

这个案例清晰地反映出，随着法律的普及，人们逐渐认识到，从法律层面而言，女儿应当享有同等的继承权，但当地的部分居民对此的反应却并不是因此为女儿保留财产份额，反而遵循法律程序，通过订立"公证"遗嘱的方式来排除家中女儿的继承权，可以说是部分基层居民拿着法律武器来实践男女差别待遇的新时代典型现象。同时，笔者发现，男女不平等的现象与经济发展水平呈正相关关系，也就是说，经济发展水平越落后的地方，男女不平等现象就越突出。笔者在Q县一个偏远山村调研时看到，当地一个突出的社会矛盾就表现在男女比例失衡方面。这个山村总计有村民1065人，其中处于适婚年龄（20—50岁）的477名男性中，就有112人找不到配偶。这显然就是民间"重男轻女"思想主导的恶果之一了。由于当地村民坚持认为生男孩才能"传递香火"，因而主动对出生前的婴儿进行性别选择，导致大量适婚男子找不到配偶。而这一人群，也是被当地基层干部形容为"刺头"的高危人群，他们往往对现实不满，容易惹是生非，直接或间接成为各类纠纷的导火索。① 无论如何，我们发现，从男女两性之间的平等角度出发来看，即便男女的不平等现象仍然在某种程度上存在，但原本礼俗社会所强调的"男女有别"的社会意涵却已经发生了显著的变化，至少已经不能够作为维护基层社会秩序有效运转的重要制度。

八、维护社会和谐稳定基础之上的创新

在相对静止的传统礼俗社会之中，只需要人人"循旧"便可以保持社会的正常运转；与之相对，在高速运转的现代化社会之中，则必须以"创新"作为社会发展的内驱力。党的十八大以来，习近平多次强调创新驱动发展战略的重要性。有论者将习近平总书记提出的一系列"创新观"概括为五个维度，即："逢山开路、遇河架桥"的创新勇气；从"要我创新"到"我要创新"转变的创新态度；"创新驱动发展，科技打造强国"的创新宏图；"理论创新、道路创新、制度创新、科技创新、文化创新"的创新理念；"弘扬创新精神、提高创新能力"的创新号召。② 调查显示，在中央顶层设计对于"创新"的高度重视下，Q县政府和党组织也积极出台各种方案鼓励创新，因而，如今即便是那些最偏远的山村，也在强调"互联网+"党建与"互联网+"创业的问题。照理说，在这样

---

① 农村性别比例失调和光棍问题，可参见岳岭：《姻缘难觅——中国农村人口性比例失调与"光棍"大军的形成》，《青年研究》1995年第1期。

② 参见唐正芒等：《习近平创新观探析》，《探索》2016年第1期。

的氛围下，基层治理也会在轰轰烈烈的创新大潮中赢得脱胎换骨的契机，然而，笔者在实际调研中发现，许多"创新"只是停留在表面上和口号上，究其原因，有经济方面的窘迫，缺乏创新资金；有文化方面的桎梏，缺乏创新眼界；有环境方面的局限，缺乏创新土壤……同时，许多基层干部也不约而同地谈到了制约创新的一个重要瓶颈问题：如何防止"创新"行为破坏地方稳定？下述是访谈中，一位村级干部的谈话：

> 在我们这里，"创新"还是要搞的，但更重要的是稳定。很多人打着"创新"的旗号，东一榔头，西一棒子，把人心也搞乱了，秩序也搞坏了。这个世界上哪有那么多创新嘛！再说，创新是那么容易搞的？大城市里那么多高学历的人都搞不好的事情，村子里随便读过两天书的人反倒是能搞好了！这是不大可能的嘛！所以，我们最重要的就是把分内的事情做好，不要出乱子，不要给上级添麻烦。（IN16327）

从上述访谈中，我们不难看出，Q县地方干部所追求的，是一种建立在维护社会和谐稳定基础之上的创新。由于维护社会和谐稳定是衡量基层治理成效的重要指标，甚至可以说是核心指标，而创新本身便包含着对原有秩序的挑战和破坏，容易成为不稳定因素。在这样的环境下，许多基层干部也就潜移默化地形成了这样一种思想共识："稳定是基础项，创新是加分项。"因而，基层干部的治理目标也就自然转化为"不求创新，力保稳定"，或者只追求安全稳妥的表面创新、口号创新、概念创新、理论创新，而有意无意地压制可能包含未知风险的实际创新行为。可以说，目前，维持基层社会有效运转的"循旧"传统已经失灵，同时，作为新生力量的"创新"却没有取得相应的替代地位。这种状况必然会导致基层社会运转的低效与乏力，甚至难以为继。

九、基层组织建设存在一定的挑战

传统礼俗社会的"长老"治理①是建立在一整套约定俗成的宗法等级制度基础之上的，所以"长老"天然具有调处纠纷的有利身份和地位。在现代乡土社会中的宗法伦理等级制度土崩瓦解的前提下，"长老"已经失去了这种天然优势，甚至，在知识、技术和观念日新月异的今天，受教育程度较高的晚辈能够掌握更多的资讯和发言权，也从客观上改变着基层社会原定的"长幼有序"的社会秩序。新中国成立之后，基层行政干部与基层党组织取代"长老"成为了基层社会的实际管理者和纠纷调停者。在Q县调研的情况表明，经过了数十年的实践探索，一方面，基层居民普遍认可基层行政干部与基层党组织的"领导"地位；另一方面，在不同的区域，基层组织建设存在一定的挑战。由于Q县的矿产资源较为丰富，因此，在一些拥有矿产资源的地区，以及能够以"项目"形式获得国家资源输入的地区，基层干部较为吃香，他们或者看重手中的资

---

① 按照费孝通先生的描述，地方的"长老"拥有着一种既不同于民主，也不同于专制的教化权力。参见费孝通：《乡土中国》，人民出版社2015年版，第85页。

源分配权，或者想要利用自己的"干部"身份来构建人脉关系网络等等，怀着不同的利益诉求，积极参与基层干部竞选，部分地区甚至出现了"贿选"的状况；另一方面，在一些资源贫乏、地理位置偏远、条件艰苦的地方，则出现了基层干部"难产"的状况。调研期间，笔者对一位驻扎在当地的精准扶贫工作组干部进行访谈，他解答了为何基层干部"难产"的问题：

> 这里的村级干部每月只能获得2500元左右的工资，因而对于村庄里的青壮年吸引力较弱。我们根据情况，积极动员村庄里比较有人望的人出任村干部，但大部分村里的"能人"都表示，自己外出打工，很容易就能挣到数倍的收入，村干部在他们眼中则是"又没钱，又担责任，又得罪人"的苦差事。所以，事实上是经过了工作组反复动员，这个村庄才严格依照法定程序，艰难地产生了村级干部。（IN16308）

通过上述访谈，我们可以看出，随着经济的发展和社会的变迁，"干部"这一身份的社会意涵也在潜移默化地发生变化。"干部"固然意味着权力，但人们在做出具体选择时，则会综合考虑到经济利益、社会责任、预期风险和潜在损失等多重复杂的因素。可以说，基层民众对于"干部"身份的选择认知其实折射出新的时代背景之下更加丰富与多元化的个体选择，同时也折射出基层组织建设所面临的一定挑战。

总之，综合上述九个方面的分析，我们发现，经过改革开放四十多年的发展，Q县的社会结构发生了翻天覆地的变化，正处于从"礼俗社会"迈向"法理社会"的转型与变迁过程之中，一方面，原有封建小农经济所赖以运行和发展的"礼俗"秩序逐渐丧失了其权威性。在这种情况之下，乡土社会的个体也不再被束缚于狭小的土地之上，获得了极大的流动性与发展空间，特别是年轻人和女性的地位获得了显著提升；另一方面，新的法治秩序还处在探索与发展的进程之中，尚未彻底完成其构建过程，因而在实际的运行过程之中，还会与中国传统社会中自然形成的各种非正式社会治理方式，亦即"本土资源"[①]之间产生各种或大或小的摩擦与冲突，形成紧张关系。这种宏观社会变迁的特征无疑使新时代背景之下的基层社会治理面临着极大的挑战，同时也对基层社会的纠纷结构和纠纷解决方式产生了深刻的影响。

第三节　地方司法环境

如前所述，今日中国的基层乡土社会正处于复杂激烈的改革进程之中，社会形态的变迁因生产力的发展成为客观需要，又因深入肌理的文化和社会秩序改造而引发阵痛。这种阵痛以各种各样社会

[①] 1996年，苏力出版了《法治及其本土资源》一书，在学界引起了较大的反响。在该书中，苏力主张："要从社会生活中的各种非正式制度中去寻找本土资源。"参见苏力：《法治及其本土资源》，北京大学出版社2015年版，第15页。在本书中，笔者认为，不但许多非正式制度之中蕴含着本土资源，许多具有中国特色的乡土文化作为一种非正式的社会控制方式，也是本土资源的重要载体。

痼疾的形式表现出来，从法治的视域来审视，便表现为纠纷。当纠纷进入正规的国家司法体系时，便转化为案件。律师职业是伴随纠纷而生的，司法中的律师角色指的是律师依照法定诉讼程序代理案件的过程中所呈现出来的特定角色。因此，讨论律师所处的社会场域时，我们除了要从宏观层面对 Q 县的若干社会特征进行必要的描述之外，还需要从微观层面对 Q 县的司法环境进行一个简要的介绍。针对司法中的律师角色问题，这里的司法环境将重点介绍 Q 县的司法机关和 Q 县的案件构成概况。

一、司法机关概况

司法权一般包括审判权和检察权，审判权由法院行使，检察权由检察院行使。因此，法院和检察院便是我国的司法机关。例如，2013 年，习近平总书记说："我们提出要努力让人民群众在每一个司法案件中都感受到公平正义……要确保审判机关、检察机关依法独立公正行使审判权、检察权。"[①] 在这个著名的论断之中，实际上也是将我国的司法机关界定为审判和检察两种机关。

Q 县人民法院于 1950 年 6 月成立，"文化大革命"期间曾被撤销，然后，在 1974 年 11 月恢复重建。县法院历经四次搬迁，于 2016 年搬迁至县城西片区，占地 18 亩，建筑面积 7188 平方米。目前，Q 县人民法院设有立案庭、民事审判第一庭、民事审判第二庭、刑

---

① 《习近平谈治国理政》，外文出版社 2014 年版，第 145 页。

事审判庭、行政审判庭、执行局、审判监督庭、人民陪审员办公室、审判管理办公室、法警队、研究室、监察室、纪检组、政治处、办公室和位于 P 镇的派出法庭，共计 16 个部门。目前，县法院共拥有工作人员 72 人，其中，司法岗位 54 人，法警 6 人，合同制司法警察 12 人，速录员 4 人，工勤人员 2 人。全部工作人员中，法律本科及以上文化程度的占比达到了 92.9%。[①]

Q 县人民检察院始建于 1955 年 7 月，是白族地区成立检察机关最早的县份之一。"文革"开始不久之后，提出了"彻底砸烂公、检、法"的口号，1967 年 3 月实行军管，宣布检察院的各项职权归军事代管。至 1968 年 10 月 26 日县革委会成立"人民保卫组"取代政法机关，检察院实际上被撤销。1978 年 10 月，Q 县开始筹备重建检察院，同年 12 月 1 日启用印章，正式挂牌办公进入稳定时期。目前 Q 县检察院共设有 15 个内设机构和 1 个派驻机构，依次为：政治处、纪检组、反贪污贿赂局、反渎职侵权局、办公室、人民监督工作办公室、案件管理办公室、侦查监督科、公诉科、刑事执行检察局、控告申诉检察科、民事行政检察科、职务犯罪预防科、司法警察大队、未成年人检察工作办公室以及 Q 县派驻 C 镇检察室。目前 Q 县检察院共有 1 名检察长，3 名副检察长，现在职在编人员为 40 人。[②]

可见，同全国其他大部分地区一样，新中国成立之后，Q 县的司法机关也先后经历了"建设—摧毁—重建—复兴"四个阶段。同

---

① 资料及数据来源于 Q 县人民法院。
② 资料及数据来源于 Q 县人民检察院。

样，Q县的人民法院和人民检察院亦按照相关的制度规定设置了功能较为齐全的组织机构体系。两个司法机关之中的人才结构也显示，从21世纪初开始，Q县的整个司法系统逐渐开始扭转其在历史原因之下所形成的大规模复转军人进入司法机关执掌地方司法权的局面。如今，在Q县的地方司法系统之中，新入职人员的学历水平和法律专业化程度都在不断提升，并且，随着国家司法考试制度的推行，实际上，整个基层司法职业生态圈的基本入职资格与任职条件已经极为接近。

二、律师构成概况

美国学者戴维·鲁本认为："尽管霍姆斯说过，法律并不是在天空中沉思的全知全在的上帝的产物。但是如果这话是真的，那是因为我们遇到的是以有血有肉的人的形象出现的法律体系；如果我们不走运的话，会遇到警察，但是对于（稍微）幸运一点的大多数人而言，会遇到律师。从实际目的看，律师就是法律。"[①] 从这个意义上来说，一个地区所拥有的律师数量和质量可以作为我们衡量当地司法水平的一个重要标志，而反过来，这些律师的个人选择与职业发展脉络中也潜藏着基层社会变迁所施加于司法领域的影响与烙印，可以作为我们观察相关区域司法问题的重要样本。

笔者在Q县的调查表明，随着当地的法律服务逐渐走向规范

---

① ［美］戴维·鲁本：《律师与正义——一个伦理学的研究》，中国政法大学出版社2010年版，第12页。

化，特别是随着当地正规律师口碑的建立，近年来，民间的"土律师"已经基本销声匿迹了，但"律师"和"基层法律服务工作者"①这两类人员却仍然同时活跃于Q县的司法运行过程之中，并且，由于Q县人民法院受理的案件以民事案件为主，而基层法律服务工作者的收费较低，通常只在律师收费的三分之一左右，满足了部分当事人的现实需求，因而，直至目前，基层法律服务工作者仍然在Q县的诉讼代理实践中占据着重要的地位。调查显示，目前，Q县拥有正规律师执业资格的人数为12人（含3名公职律师）。基层法律服务工作者则有7人。律师均定居于县城中心，而基层法律服务工作者却分布在各个不同的乡镇之中。关于律师和基层法律服务工作者之间的区别，一位当地的法官做出了详尽的解释：

笔者：您认为律师代理的案件和法律服务工作者代理的案件类型，有差别吗？

法官：总体来说，我们Q县基层人民法院是面向农村的，常见的纠纷类型比较固定。所以律师和法律服务工作者代理的案件，在类型上差别不大，但在案件的复杂程度上还是有差别的。一般案情比较复杂的案子，当事人会考虑聘请律师。案情比较简单的话，就会聘请基层法律服务工作者。毕竟，法律服务所工作人员的收费比律师低很多嘛，只有三分之一左右。

---

① 在我国的研究语境中，"基层法律服务工作者"有专门的定义，指的是基层"法律服务所"的工作人员。

笔者：您认为律师和法律服务工作者的代理质量有区别吗？

法官：代理一般普通案子的话，法律服务所的工作人员也比较熟悉，办案水平还是可以的。而且他们一般比较积极，肯花工夫去不断地补充证据，协助调解，所以也有他们独特的优势。但是，如果遇到疑难复杂的案子，肯定还是专业律师厉害。我记得有一个案子，是民间借贷的问题，当事人开始询问过法律服务所的工作人员，答复是败诉的可能性高。后来，当事人专门跑到昆明去找了一位资深律师，同样的材料当中，律师就看出来了很多证据漏洞。最后，开庭的时候，律师简明扼要地就把问题说清楚了，当事人也就胜诉了。

笔者：您比较希望在法庭上看到当事人的诉讼代理人是律师还是法律服务工作者？

法官：这个不好说，对我们法官来说，其实主要还是看证据。不过有正式律师出庭的时候，法官肯定会更重视一些，在程序啊、询问啊等等环节都更注意一些。毕竟对方是专业人士嘛，法官也不希望自己被对方看轻。当然了，遇到像前面我提到的那种水平很高的律师，对法官来说，也有启发和学习的意义。至少对我个人来说，当然是希望诉讼代理人的水平越高越好。（IN16207）

为了更加客观地展示 Q 县的民商事案件代理情况，笔者从"中国裁判文书网"上提取了 Q 县人民法院 2017—2018 年进入一审程序的 2605 份民商事判决书,①经过筛选,共计获得有效样本 2480 份。②对比前述表格,其中,原告和被告双方,至少有一方聘请了诉讼代理人的案件共计有 975 件,③占到了判决书所示全部案件的 39.3%。具体代理人的类型和代理案件比例分布如下表 1-3 所示。

表 1-3　Q 县人民法院民事案件代理情况分析表

代理人身份	频数	比例
律师	538	21.6%
基层法律服务工作者	396	15.7%
公民代理	41	1.7%
无代理人	1505	60.6%

注:数据来源于对"中国裁判文书网"相关裁判文书数据的统计整理。

分析相关数据可知,在至少有一方当事人聘请了代理人的民商事案件中,代理人为律师的频数为 538 件,在全部判决书所统计的案件中占比为 21.6%。数据显示,目前,Q 县的民商事案件之中,基层法律服务工作者代理案件 396 件,占比为 15.7%,相较律师代理的数量低了 5.9 个百分点;同时,数据显示,目前仅有 41 个案件是由公民个人代理,占比仅 1.7%,公民代理的数量较少。

---

① 笔者的调查数据显示,在这两年中,法院统计的案件数量为 2768 件,实际上跟中国裁判文书网上公布的案件数量已经极为接近。
② 在本书的研究语境之中,判定样本是否有效的标准,主要是看判决书中是否清晰地展现了当事人委托代理人的具体情况。
③ 这里采用了一个案件计数一次的方法。也就是说,同一个案子中,即使原告和被告双方都聘请了代理人,这里也仅记为一次代理情况。

表 1-4　Q 县人民法院刑事案件律师辩护率统计分析表

辩护率	频数	比例
被告获得律师辩护	142	39.3%
被告未获得律师辩护	219	60.6%

注：数据来源于对"中国裁判文书网"相关裁判文书数据的统计整理。

同时，为了对当前 Q 县人民法院刑事案件的律师辩护情况形成客观认识，笔者从中国裁判文书网上提取了 2017—2018 年期间，Q 县人民法院公布的刑事判决书共计 380 份。由于部分信息不够全面，经过筛选，共计获得有效判决书 361 份。统计结果表明，在全部的 361 份判决书中，被告人至少获得一名律师辩护的总计为 142 份。总体的律师辩护率为 39.3%。具体结果如表 1-4 所示。对比上述两组数据可知，总体来说，民事案件的当事人聘请诉讼代理人的比例与刑事案件当事人聘请辩护人的比例较为接近。笔者从访谈中得知，尽管目前 Q 县的刑事案件律师辩护率仍然偏低，但同过去数年相比，已有明显进步。这种进步的原因之一是随着当地经济水平的发展与提升，更多的当事人愿意花钱聘请律师来代理案件；同时，自党的十八届四中全会以来，司法改革力度加大，在国家大力倡导"刑事案件律师辩护全覆盖"的背景之下[①]，当地政府部门和司法部门也制定了一些相应的配套措施来提升刑事案件的律师辩护率，积极营造良好环境来促使律师为当事人提

[①] 2017 年 10 月 11 日，《关于刑事案件律师辩护全覆盖试点改革办法》正式出台，将法院通知辩护扩大到适用普通程序审理的一审、二审和再审案件，为适用简易、速裁程序审理案件的被告人提供值班律师帮助。

供相应的法律服务。

尽管数据显示，时至今日，基层法律服务工作者仍然在基层司法实践中发挥着重要作用，但笔者认为，无论从概念上、性质上还是职能上，都不宜简单化地直接将"基层法律服务工作者"一并纳入本书研究的"律师"范畴。首先，我国新民诉法的规定中将"律师"和"基层法律服务工作者"作为两个独立概念，分别单列[1]；其次，笔者在Q县的实际调查情况也表明，法律服务所工作人员在收费额度、案件构成情况和案件代理的质量与水平等方面都与正规律师存在差距。例如，Q县的律师在代理普通民事和刑事案件时，通常收费在5000元左右，视具体标的额的不同而上下浮动，通常不低于3000元；代理调解类的案子，收费通常也不低于2000元。而法律服务所工作人员代理民事诉讼案件，每件收费大致在800—2000元。代理调解的案件，每件收费大致在500—1500元。此外，Q县的律师代理法律援助案件，每个刑事案件有办案费500元，每个民事案件有办案费600元（2019年，民事法律援助案件的办案费已调整为1000元），然而，法律服务所工作人员均是免费代理法律援助案件；最后，从职业资格的角度来说，作为一个基本的准入资格，Q县的律师均通过了国家统一法律职业资格考试，并获得了相应的从业资格；[2] 但到目前为止，

---

[1] 参见《民事诉讼法》第五十八条。
[2] 从2018年开始，国家司法考试将改为国家统一法律职业资格考试。为确保行文方面的统一，下述提及相关法律资格，均统一称为"国家统一法律职业资格"。许多地区，包括云南均属于放宽条件地区，具体指可以将报名学历条件放宽为高等学校法律专业专科学历，并且，最终也可以放宽一定的分数，从而取得C类职业资格证书。

Q县法律服务所的全部工作人员均未通过国家统一法律职业资格考试，而是获得了另外两个专门的证书，即：司法部统一组织考试通过的合格证书及基层法律服务所工作者执业证书。在访谈中，法律服务所的工作人员也提及，近几年来，政府强化了人民调解的管理，提高了人民调解员"以案奖补"的补助，为此，多数案子经村级调解员的调解便告结案。相对而言，法律工作者所面对的案子多数较为复杂，调解难度大，成功率低，且案源逐年减少。目前来看，山区和农村的法律援助案件成为了支撑法律服务所维持正常运行的重要支柱。基于上述理由，本书仅研究拥有律师执业资格证书的"专职律师"，而未将基层法律服务工作者纳入研究范围。

目前，Q县拥有正规律师执业资格的12位律师又分为了两类，第一类是在律师事务所执业的律师，也就是广义上的"社会律师"。目前，Q县共有3家律师事务所。3家律所中共有9名正规的社会律师。这3家律师事务所和在其中执业的9名律师即为本书的主要研究对象；另外一类则是本身具有公务员身份，同时又取得了律师执业资格，从而以公职身份参与纠纷化解的"公职律师"。[①] 目前，Q县共有3名公职律师，由于上述3人均为Q县司法局的工作人员，[②] 本身具有"公务员"的身份，因此仅对其做一般性介

---

① 关于公职律师的历史与演进，可参见蒋志如等：《历史与文本中的中国公职律师——以〈关于推行法律顾问制度和公职律师公司律师制度的意见〉为中心》，《内蒙古师范大学学报（哲学社会科学版）》2019年第3期。
② 2018年，在新一轮机构改革的浪潮中，Q县法制局与司法局合并，统一称为司法局。

绍，而没有纳入本书所重点研究的"律师"范畴。调查表明，上述12位律师中，共计有男性律师8人，女性律师4人，男性律师在全部律师中的占比为三分之二；共计有白族律师9人，汉族律师3人，白族律师在全部律师中的占比为四分之三。此外，Q县的基层司法运行过程中还有部分外来律师，在部分问题（特别是执业环境相关问题）方面，也涉及对这些外来律师的部分访谈和问卷调查。

三、案件构成概况

区域司法案件的构成情况与区域律师数量、律师知识储备及职业发展方向等问题均密切相关。当我们着重从静态的层面出发来考察司法案件在社会空间中的位置和方向时，需要着重考察既定时期内，某个地区的案件数量、案件类型和案件的复杂程度等相关因素。调查显示，推行立案登记制之后，Q县人民法院承办的案件数量激增。目前，Q县的案件仍以民事案件为主，案件构成总体不算复杂，但近年来，仍然呈现出了类型多样化、内容趋利化和主体群体化等特征。

（一）推行立案登记制后，Q县人民法院承办的案件数量激增

作为党的十八届四中全会之后司法改革的重要内容之一，2015年，我国变原有的"立案审查制"为"立案登记制"。学界普遍认为，

立案登记制破解了立案难题，有利于维护当事人的诉权[1]，使人们普遍看到了法院"有案必立，有诉必理"的决心与行动；另一方面，大量的社会矛盾都以案件的形式涌入法院，又极大地加剧了基层法官的办案压力。调查表明，近年来，Q县人民法院承办的案件数量激增，"案多人少"的矛盾十分突出。为客观展示这一制度推行前后Q县人民法院的受案情况，笔者统计了Q县人民法院2013—2018年之间的受案数量[2]，统计结果如表1-5所示。

数据表明，2014年，Q县基层人民法院的收案总量为1351件，对比上一年的增幅为4.2%；2015年的收案数为1467件，对比上一年度的增幅为8.59%；而到了2016年，收案数量就达到了1796件，对比上一年的增幅达到了22.4%；2017年，收案数为2293件，对比上一年的增幅达到了27.7%的历史最高纪录。然后，2018年，收案数为2343件，对比上一年的增幅有了一个较为明显的回落，增幅仅为2.2%。

表1-5 "立案登记制"推行前后Q县人民法院收案数量对比分析表

年份	2013年	2014年	2015年	2016年	2017年	2018年
案件数量	1296	1351	1467	1796	2293	2343
增幅	——	4.2%	8.59%	22.4%	27.7%	2.2%

注：数据来源于Q县人民法院。

从上述数据中，我们可以看出，以2015年作为分界，Q县人

---

[1] 参见许尚豪等：《立案登记制的本质及其构建》，《理论探索》2015年第2期。
[2] 这里的受案数量是来自Q县人民法院立案庭的统计数据。

民法院的收案数量发生了显著变化。笔者认为，这种数量增幅中，既体现了社会变迁所带来的纠纷的自然增长，更体现了"立案登记制"所带来的显著影响。首先，诸多研究早已表明，特定社会中，经济发展水平与一个地区的纠纷数量存在着一定的正相关关系，随着社会的发展和经济水平的提升，纠纷数量也会出现一个自然的增长，① 但总体而言，这种增幅会以一个相对稳定的比例出现。例如，在 Q 县的调查表明，在 2015 年之前，这种增幅通常在 1%—5% 之间，总体不超过 5%。然而，在 2016 年和 2017 年两年，这种增幅却都超过了 20%，在 2017 年时甚至达到了 27.7%，远远高于 Q 县通常的纠纷自然增长率。我们有理由认为，这些显著超过的增量部分便是"立案登记制"带来的重要影响和变化。对比 2018 年和 2013 年的数据，五年间，案件的净增量为 1047 件，增幅高达 80%。同时，数据显示，到了 2018 年，人民法院的收案数增幅有了一个明显的回落，笔者认为，可能的原因之一是经过两年高速增长之后，涌入法院立案庭的纠纷数量又开始在一个新的数量水平上逐渐趋于均衡；另一个可能的原因则是法院立案庭在经过两年实践之后，形成了相对稳定的全新的"立案标准"。

（二）Q 县人民法院承办的案件以民事案件为主

案件的数量与律师代理案件的机会直接呈正相关关系，而案件的类型也会对律师的执业习惯和执业素养产生显著影响。律师在承

---

① 参见左卫民：《刑事辩护率：差异化及其经济因素分析——以四川省 2015—2016 年一审判决书为样本》，《法学研究》2019 年第 3 期。

接刑事案件、民商事案件和行政案件时，不仅需要运用截然不同的法条、知识和技巧，也会面临着完全相异的法定程序和当事人结构，因此，某种意义上来说，案件类型锻造着律师的专业程度和专业方向。

为展示 Q 县人民法院分析 2017 年和 2018 年的相关数据，如表 1-6 所示，我们发现，目前，Q 县人民法院承办的案件以民商事案件为主。数据显示，2017 年，Q 县人民法院总体的"结案"数量为 2467 件。[①] 其中，民商事案件结案数量为 1391 件，占比为 56.4%。刑事案件结案数量为 217 件，占比为 8.8%。另有 855 个案件属于调解撤案。

表 1-6 2017 年与 2018 年 Q 县人民法院"结案"类型分析表

案件类别	2017 年	占比	案件类别	2018	占比
民商事案件	1391	56.4%	民商事案件	1377	55.9%
刑事案件	217	8.8%	刑事案件	180	7.3%
行政案件	4	0.16%	行政案件	13	0.53%
调解撤案	855	34.7%	调解撤案	873	35.4%

注：数据来源于 Q 县人民法院。

调查表明，尽管我国的新《刑事诉讼法》规定了"刑事和解"

[①] 需要注意的是，每一年法院的收案数和结案数并不一致，原因是每一年均会有部分"旧存"的案件进入下一年度。例如，2017 年，在 Q 县人民法院结案的总体案件中，有 174 件为原来的旧存案件。

程序①，但目前，在诉讼阶段，实际纳入Q县人民法院调解范围的案件全部是民商事案件，因此，综合"裁判"结案和"调解"结案的相关数据，我们发现，2017年，进入Q县人民法院的民商事案件总体超过了90%；而2018年的数据也表明，在这一年中，Q县人民法院总体"结案"的数量为2464件，其中，民商事案件总体占比为91.3%。同时，需要注意的是，尽管Q县人民法院将"民商事"案件作为一个整体来进行统计，但实际上，连续三年的数据显示，其中纯粹商事案件所占的比例每年均不超过3%。因此，我们可以说，近年来，在Q县"结案"的全部案件中，民事案件在全部案件中的占比均保持在87%以上，准确地说，应该描述为"Q县人民法院承办的案件以民事案件为主"。

（三）基层案件呈现出一些新型特征

为了具体展示基层民事案件的类别和比例，笔者从"中国裁判文书网"上提取了Q县人民法院2017—2018年进入一审程序的2605份民事判决书，经过筛选，共计获得有效样本2480份，其主要"案由"及比例可参见表1-7。需要说明的是，实际上，法院的裁判文书并不是全部都会在网上公布，根据笔者在Q县的查阅情况和网上公布的文书数量来看，民商事案件的裁判文书多于刑事案件的裁判文书。

---

① 修改后的《刑事诉讼法》于2013年1月1日正式实施，新刑诉法第5编第2章第277至279条对刑事和解的公诉案件诉讼程序进行了专门规定。

表 1-7　Q 县 2017—2018 年一审民事案件判决案由及比例分析表

序号	案由	频数	比例
1	合同、无因管理、不当得利纠纷	880	35.4%
2	物权纠纷	540	21.8%
3	侵权责任纠纷	390	15.1%
4	婚姻家庭、继承纠纷	372	14.4%
5	劳动争议、人事争议	160	6.2%
6	人格权纠纷	118	4.6%
7	与公司、证券、保险、票据等有关的民事纠纷	32	1.2%

注：数据来源于对"中国裁判文书网"相关裁判文书数据的统计整理。

分析这些裁判文书所涉及的主要案由，我们发现，排序在前五位的纠纷依次为：①合同、无因管理、不当得利纠纷；②物权纠纷；③侵权责任纠纷；④婚姻家庭、继承纠纷；⑤劳动争议、人事争议。从纠纷的占比中，我们发现，近年来，基于"债权"的纠纷明显增多，这无疑也是基层乡土社会中，居民不再固着于土地之上的重要标志。①

同时，根据 Q 县民事和刑事案件的构成比例状况，笔者也提取了 2017—2018 年期间，Q 县人民法院公布的刑事判决书共计 380 份。由于部分信息不够全面，经过筛选，共计获得有效判决书 361 份，具体数据如表 1-8 所示。需要说明的是，刑事案件裁判文书不在网上公开的情况又分为两种，一种叫"法定不公开"，就是涉

---

① 物权和债权法理上重要的分类方法，通常认为，两者反映不同的财产关系，体现不同的经济利益。当然，两者也有一些特定的权属，例如"农村的土地承包经营权"兼具物权和债权的属性与色彩。

国家秘密、未成年人、家事案件中类似同居等关涉隐私等相关问题的案件；另外一类，就是由于统计时限、上网条件不具备等原因导致的文书上传延迟等情况，但不多见。

表1-8　2017—2018年Q县人民法院一审刑事案件判决书罪名分布比例表

罪名	频数	比例
危害公共安全罪	143	39.6%
妨害社会管理秩序罪	59	16.3%
侵犯财产罪	61	15.5%
侵犯公民人身权利、民主权利罪	44	11.6%
破坏社会主义市场经济秩序罪	31	8.1%
贪污贿赂罪	23	6.3%

注：数据来源于对"中国裁判文书网"相关裁判文书数据的统计整理。

统计结果显示，按照刑法分则的十大类一级案由来划分，其频次与比例依次为：危害公共安全罪，共计143例，占比为39.6%；妨害社会管理秩序罪，共计59例，占比为16.3%；侵犯财产罪，共计61例，占比为15.5%；侵犯公民人身权利、民主权利罪，共计44例，占比为11.6%；破坏社会主义市场经济秩序罪，共计31例，占比为8.1%；贪污贿赂罪，共计23例，占比为6.3%。其余四类罪名，即：渎职罪、危害国家安全罪、危害国防利益罪和军人违反职责罪，在笔者收集的判决书中都没有涉及。值得注意的是，在上述一级案由之中，之所以"危害公共安全罪"占比最高，原因在于，近年来，因为"酒驾"而导致的"危险驾驶罪"明显增多，而并不意味Q县的社会治安和公共安全状况面临着严峻挑战。

综合分析表 1-7 和表 1-8 "案由"及其比例，我们可以得出结论，总体上来说，Q 县的司法案件仍然不算复杂，多数案件都属于常规案件。事实上，这一统计结果也与笔者对律师的访谈结果相符。访谈中，当地三家律师事务所中的律师均认为，自己的法律专业知识足以应对当地的主要案件。当然，律师们也普遍认为，在日新月异的时代，需要建立终身学习的习惯，因为，事实上，在社会变迁的背景之下，随着时间的推移，Q 县的纠纷也逐渐地呈现出了类型多样化、内容趋利化和主体群体化等特征。这些新型特征尤其在民事领域表现明显。

首先，基层纠纷呈现出了类型多样化的特征，主要表现在如下三个方面：(1) 交通事故引发的赔偿纠纷明显增多，且多数引发交通事故的车辆类型为轿车，事发地多为偏远山村。这与基层地区的生活面貌之变化息息相关。笔者在 Q 县调研时看到，即便是那些相对偏远的山村，也基本实现了"村村通公路"，而且路面状况不错，乡间的公路也变得适合轿车行驶，乡村的道路交通设施和情况大为改观；(2) 与公司、证券、保险、票据等有关的民事纠纷明显增多。虽然这一类纠纷所占比例不大，但也具有典型意义，标志着基层生活与基层纠纷的"现代化"转型；(3) 与互联网有关的纠纷类型明显增多。笔者调研时发现，Q 县的基层乡土社会之中，"赌博"之风盛行，而最近两年，则出现了网络赌博现象，并由此引发了自然人民间借贷和网络借贷纠纷。此外，笔者在调研时，还看到数起离婚纠纷，起因是已婚妇女在微信上与陌生人聊天，被丈夫猜忌而引发矛盾。调查表明，如今，即便是偏远山区，也基本实现了35岁以下人人拥有手机的状况，除个别山村外，也基本实现了村村通网络。越来越多的村民开始加入网络购物潮，因此也出现了网购纠纷。总之，移动互联网已经深入基层，并且极大地改变了基层年轻人的价值观与生活方式。

其次，部分基层纠纷的内容呈现出了"趋利化"特征。在访谈中，人们普遍谈到，在市场经济大潮的冲击之下，人与人之间原有的"淳朴"的感情纽带被打破，人与人在相互交往过程中增添了更多的"利益"内容。基层债权纠纷的增多便是这种现象的直观反应之一，而更加显著的变化则体现在婚姻、家庭和继承方面。例如，在赡养老人方面，子女互相推诿而引发的纠纷明显增多，而在财产继承方面，又出现了各种花样翻新的争财现象；此外，在婚配方面，也出现了各个区域之间明显的"贫富分化"现象，贫穷村庄的女孩纷纷"外嫁"，致使当地的光棍数量高居不下[1]；而与此同时，那些相对富裕的区域（特别是矿区）则成为了外村女青年趋之若鹜之地。下述案例是笔者调研期间亲自见证的一桩有关"彩礼"的纠纷，据当地的村干部介绍，近年来，类似的纠纷比较多。

---

[1] 目前村庄的男青年中"光棍"较多，除了前文分析过的"性别选择"之外，另外一个重要的原因就是婚姻之中的利益色彩越来越浓郁，因此，只有那些相对较为富裕（含其本人和家庭）的男青年才能够顺利娶上媳妇，而贫穷人家的男孩则很有可能面临着打光棍的结局，在婚配资源方面，出现了较为明显的"贫富分化"现象。参见陈文琼等：《婚姻市场、农业剩余与光棍分布——一个理解农村光棍问题的中观机制》，《人口与经济》2016年第6期。

【个案 1-2】

因"彩礼"争议引发的故意伤害案

范某甲（男方）和田某甲（女方）均为 Q 县 Y 村的农村青年。两人在初中毕业后相约到昆明打工，并在打工期间确定了恋爱关系。达到法定适婚年龄后，两人决定回乡举办婚礼，但在双方亲属见面商谈具体彩礼和嫁妆的问题时，双方却发生了争执。引发双方争议的标的物是一辆轿车。按照当地（Q 县北部农村，非山区）的最新标准，结婚时，一辆普通小轿车（或者至少也是一辆摩托车）已经成为了"标配"。男方坚持认为，自己家已经准备了婚房，因而轿车应当作为"嫁妆"，由女方准备；女方则坚持认为，婚房和轿车都应该作为"彩礼"，由男方准备。在争执过程中，由于男方的一位亲属出言不逊，引发了女方家长的不满，女方当即表示要"悔婚"。男方阻拦女方离去，双方发生肢体接触，最后发展至互殴。在拉扯之中，范某乙（范某甲之弟）拿起扁担敲打在田某乙（田某甲的父亲）头部，致使田某乙头部受轻伤。

这个案例清晰地展示出 Q 县年轻人婚恋观的变化以及他们对于物质和时尚的追求。在当地村干部和人民调解员的努力之下，这个案件最终调解成功，但两个年轻人的婚事也已经无法挽回，就此告吹。在调解现场，笔者多次听男女双方提及结婚必备的"彩礼"条件，这些条件除了传统的"婚房"之外，还包括了现金和其他许多具体的财产。女方提出的彩礼清单甚至细化至了具体的车辆型号、电器品牌、首饰件数等等。由于当地的多数年轻人都在相对较大的城市里打过工，在生活方式和物质追求方面也在逐渐朝着城市里的年轻人看齐，致使女方在彩礼方面的要求也不断地水涨船高，逐年刷新纪录。许多农村男青年为娶亲所付出的彩礼钱几乎耗尽了家庭之中数代人的积蓄。近年来，一些相关学者的研究也显示，贫困村庄的男性不仅"娶妻难"，而且一旦离婚之后也很难再婚，重新沦为"光棍"的概率极高①，相反，女性离婚之后，再婚行情依然较好。由于女性在农村婚恋市场上居于主导地位，自然在"彩礼"问题上拥有了较高的话语权，由此引发了众多由彩礼问题产生的"悔婚"纠纷。

最后，群体性纠纷逐年增多。据学者冯仕政考证："1949年后，群体性事件作为一种现象早已有之，但群体性事件的概念直到1994年才诞生。并且'群体性事件'最初只是公安部门用以描述其工作任务的一个治安概念，后才随着防控群体性事件上升为一项国家性的政治日程而上升为一个政治概念。"② 近年来，Q县的群体性纠纷既有围绕食品安全、环境污染和子女入学等问题发生的集体维权事件，也有个别社会泄愤事件，更多地则表现在诸如征地补偿、拆迁安置等涉及众多主体利益的敏感事件中。在调研过程中，笔者注意到，在此类群体性事件的处置过程中，不但有合法的群体

---

① 参见宋丽娜：《"重返光棍"与农村婚姻市场的再变革》，《中国青年研究》2015年第11期。
② 冯仕政：《社会冲突、国家治理与"群体性事件"概念的演生》，《社会学研究》2015年第9期。

性谈判，也出现了一些暴力型的围堵和抗议现象。随着互联网在基层社会的广泛应用和普及，这种纠纷主体的群体化现象也更加明显，一方面，居民通过互联网，相对更容易也更便捷地结成了"群体"；另一方面，人们也开始习惯利用"微博"和"微信朋友圈"等网络社交媒体来表达不满，争取舆论同情，通过舆论造势来给当地政府和司法部门施压，从而实现特定的利益诉求。

总之，笔者在 Q 县的调查显示，目前，我国农村的乡土社会正处于转型分化的重要时期，社会变迁的宏观态势投射到司法领域，最显著的特征便表现为基层社会的矛盾多发和纠纷转型。由于基层乡土社会的利益分化和权力的重新配置，许多纠纷既是法律问题，同时又包含着复杂的政治和经济因素，呈现出了显著的"社会性"特征。这种状况客观上需要更多的专业律师积极投身到基层解纷实践之中，同时，又对司法中的律师角色构建过程产生了深刻的影响。

本章小结

本章重点分析 Q 县律师所处的社会场域及律师的构成概况。分析表明，在社会发展状况方面，Q 县自然资源丰富但地理位置偏僻，山区面积广阔，且工商业不够发达，总体属于农业县，在 2018 年底才刚刚摘掉了贫困县的帽子；在民族文化方面，Q 县是一个以白族人口为主，多民族混居的区域，因此民间迄今还保留着较为浓郁的白族风情，与此同时，当地白族又深受传统儒家文化的熏陶，"汉化"程度较高，日常生活中，白族人民与当地的其他各族人民之间友好互助、相处融洽；在社会变迁方面，基于对 Q 县下辖乡镇的田野调查，通过对当地"人口流动性、规矩的形成方式、交互秩序的确立方式、社群结构、核心文化、家庭的构成、亲族之间的关系、保持社会运转的力量、地方治理与纠纷调停者"等九个方面的要素进行比较分析后发现，目前 Q 县的乡土社会正处于从"礼俗社会"迈向"法理社会"的转型与变迁过程之中，一方面，原有封建小农经济所赖以运行和发展的"礼俗"秩序逐渐丧失了其权威性；另一方面，新的法治秩序还处在探索与发展的进程之中，尚未彻底完成其构建过程。这种宏观社会变迁的特征与现状投射到司法领域，最典型的特征便表现为基层社会的矛盾多发和纠纷转型，从而也在微观层面上对 Q 县的案件结构产生了极大影响，使其日益呈现出类型复杂化、内容趋利化和主体群体化等特征与趋势。上述变化客观上需要更多的律师投入基层司法实践，同时又对司法运作中的律师角色构建过程产生了深刻的影响。

第二章 司法准备阶段律师两重角色间的现实距离呈现

在前述第一章中,我们重点介绍了 Q 县律师所处的社会场域,以及 Q 县律师的构成概况。从本章开始,我们将把研究视角聚焦于具体的执业律师群体本身,并依照时间和空间脉络,分别围绕"后台准备阶段""前台实战阶段""庭审博弈过程"三个既相互区别、又紧密联系的角度出发来对律师角色进行具体的分析与呈现。本章着重展现后台准备阶段,律师"期望角色"与"实践角色"之间的现实距离[①],并据此揭示"纸面上的规划"与"行动中的法律"之间的断裂现象。对于诉讼律师而言,其后台准备阶段的工作主要包括提供法律咨询、说服潜在当事人签署委托代理协议、分析案情、调查取证、制定辩护战略等重要任务。在后台准备阶段,律师将主要与"当事人及其近亲属、被害人及其近亲属、证人、见证

[①] 角色距离是戈夫曼在 1959 年所创造的术语,指的是角色扮演者不再严格按照角色规定的要求行事,脱离了他正在扮演的角色。参见秦启文等:《角色学导论》,中国社会科学出版社 2011 年版,第 4 页。

人"等相关涉案人员发生交集并展开角色互动。由于 Q 县在本质上属于典型的农业县,所以上述人员主要来自 Q 县的农村和山区,且多数为白族居民。因此,律师在这一阶段的司法准备活动也就自然呈现出了一些滇西北少数民族地区乡土社会和熟人文化环境之下所独有的角色特征。

第一节　律师在基层进行司法准备工作的"后台"及其任务

戈夫曼依据戏剧表演的呈现方式,总体上将"区域"划分为准备表演常规程序的后台和呈现表演的前台。[①]在真实的戏剧空间中,后台常常位于前台的正后方或者侧后方,一般会摆放戏剧表演所需要的服装、道具、配饰、摆设等物品。有些后台还设有化装间,专供演员穿着服装和化装。后台与前台之间有一个通道,演员通常可以直接通过后台进入前台。事实上,这种空间方位上的差异性也正是"前台"和"后台"这两个称谓的由来。然而,在社会学的意义上来理解这种空间划分,戈夫曼认为,"那些被强调的事实往往出

---

① 戈夫曼用表演的"前台"和"后台"来批判人们的虚假。这个观点对本书同样有借鉴意义。因为,观察律师的办案过程,我们也会发现,律师会在后台阶段以及与当事人沟通的过程中制定其"真实"的战略意图,但在前台实战阶段,却往往通过各种司法"表演"来遮盖和掩饰这种意图。例如,在本书第四章的案例 4-2 中,律师在后台阶段制定了"量刑辩护"的真实战略,却在前台"表演"时采用了"无罪辩护"的方式来迂回达成目标。

现在前台区域（front-stage）；而在另一个区域，即后台区域（back-stage）则会凸显出那些被掩盖的事实……总之，后台是表演者可以确信观众不会突然闯入的地方"①。通常情况下，后台区域往往是凌乱而真实的，前台区域则经过精心设计，用于呈现符合逻辑或者符合观众期望的剧情。因此，可以说，"后台"这一概念是相对于"前台"这一概念而呈现其意义的。从功能意义上来说，"后台"的空间位置不一定与"前台"紧密连接，但"后台"一定承载着为前台角色服务的价值与功能，可以被视为一种前台功能的幕后延伸。

参照戈夫曼对两种不同物理空间所进行的社会学解读，在本书中，关于司法"后台"与司法"前台"的划分，笔者也主要借助了戏剧表现过程中的"真实性""表演性""不可逆性"等特点来进行总体的角色情境划分。具体而言，演员在后台所进行的演出准备工作是私密进行的，因而演员常常在后台展示真实的自己，既不用担心角色塑造的失败，其后台阶段相关言行所造成的影响也是可以修改和逆转的；相反，演员在前台的演出则是公开进行的，其角色扮演行为会受到"角色"本身的任务限制，且一旦表演失败，其所造成的影响也往往是不可修改、难以逆转的。同理，在本书的语境之中，在"后台"准备阶段，律师的相关决策是私下进行的，其对于案情的判断基本处于真实状态。同时，这种判断又是可以根据具体情况的变化而任意修改的，并且这种修改通常不会对案件的最终审判结果造成实质性影响；相反，当律师进入"前台"表演阶段

---

① [美] 欧文·戈夫曼：《日常生活中的自我实现》，冯纲译，北京大学出版社2008年版，第97—98页。

之后，律师与侦查部门、检察部门、法院及其他相关地方公职部门之间发生的角色交集均会受到其自身角色任务的限制，因而双方的互动过程会呈现出强烈的"表演"性质，并且双方之间的这种互动过程所造成的影响也具有"不可逆性"。也就是说，在前台"表演"阶段，律师的所有言辞和表现均有可能对最终的判决结果造成实质性影响。

一、律师进行司法准备工作的"后台"及其特殊性

提起律师角色，人们脑海里的"画像"常常是围绕着法庭而展开的，但实际上，律师大量的司法准备工作是在"后台"完成的。甚至，在律师界，许多律师都认为，经过漫长而充分的准备之后，"庭审论辩"只是最终时刻，一个水到渠成的过程。如果我们将那些直接影响判决结果的角色互动行为视为律师角色的"前台"呈现，那么，律师为此而私下进行的司法准备工作便可以视为其在"后台"阶段的角色实践。相应地，从功能的角度来审视，所有律师为开展这些准备工作而进入的空间也就可以被视为物理空间意义上的司法"后台"。理论上来说，律师的第一工作"后台"应该是律师事务所。无论是当事人进行委托还是双方商谈案情，或者律师及其助手进行一些相应的司法准备工作……总之，大量的事务性工作都应该集中在律师事务所来进行。然而，笔者在 Q 县的调查表明，由于律师实际上承担着特定的调查取证任务，所以严格来说，Q 县山区和坝区的城镇和村庄均是律师的司法"后台"。除此之外，

笔者发现，律师的司法准备工作还常常在其他一些特殊的司法"后台"范围内开展，尤其是律师初次与当事人接触之时更是如此。而这种状况，往往与基层熟人社会环境之下的"人情网络关系"息息相关。

"人情"一词主要有三重含义，其一是其本意，即"人的情绪与情感"；其二是指一种可以相互馈赠的资源。赠与方可以通过"做人情"的方式赠与某种资源，则接收方便成为了人情的亏欠方，其将记住这笔"人情债"，并希冀在未来合适的时候偿还。在这种馈赠与亏欠的互动过程之中，双方既联络了感情，又在客观上建立起了一种长期交往的关系，因此，"人情"的第三种含义便是人与人之间具体如何相处的"关系"。[1] 通过上述分析，我们发现，尽管"人情"有三种含义，但在乡土社会的正常交往秩序之中，上述三种含义又常常是以"人情的馈赠与亏欠法则"为核心而交叠出现的，[2] 并最终表现为一种特定的人际角色互动模式。

（一）律师的住所常常作为一种近乎透明的司法后台为当事人所知晓

Q 县的县城不大，在一个小时之内，当事人就可以用步行的方式到达 Q 县的大部分公务部门、司法部门、律师事务所和主要的居民区。总体而言，目前，在 Q 县的县城范围内，人们之间彼此熟识，因此，律师的"案源"在很大程度上依赖于熟人的推荐。

---

[1] 参见黄光国：《人情与面子》，《经济社会体制比较》1985 年第 3 期。
[2] 参见贺雪峰：《论熟人社会的人情》，《南京师大学报》2011 年第 4 期。

同样，由于人们之间彼此熟识，所以，在县城范围内，律师的家庭住址也几乎无法隐匿，并在代理案件的过程中广泛为当事人所知晓。当然，Q县的律师所代理的案件并不限于县城，而有很大一部分比例是来自农村的村民和来自山区的山民，因此，前来寻找律师的当事人中，也有很多是以"陌生人"的身份出现的村民和山民。然而，农村、山区与县城之间也并非完全地壁垒分明，事实上，任何一个村庄都有一部分人通过各种渠道进入县城的某个部门任职，而这些人便自然成为了村庄与县城之间的媒介。因而，村民们遇到问题的时候，往往会以"乡邻"的身份向这些人求助，而这些人又能通过各种工作关系来构建自己的消息渠道。所以，在一个人与人之间的关系彼此关联、紧密交织的县域范围内，只要当事人存心打听，总能知晓律师住所的具体地址。而在县域范围内，人们的"隐私"观念也相对比较淡薄，普遍都不认为直接到律师的住所商谈法律事务是一种欠礼貌的行为。在这种氛围之下，即便某个当事人最初是以某种"陌生人"的身份前来寻找律师，一旦接触，当事人也立即便会通过自己周围的种种"关系"网络来打听律师的实际背景和办案情况。并且，一旦当事人认为自己需要立即拜访律师时，也往往会毫不犹豫地直接到走到律师的住所，商谈相关问题。在笔者的访谈过程中，一位律师就曾经谈到过自己的一次特殊经历：

有一次，为了一个民间借贷的小案子，一个当事人惊动了我周围的很多亲戚朋友，一天之间，便有各种渠道的电话打过来，问我法律意见。这些人中既有老家的亲戚，也有我的小学同学，还有在附近单位工作的人。每个人都问同样的问题，但每个人的问题，你都必须耐心回答，因为他们都是我的熟人，谁也不能得罪。尤其是老家那边，只要你回答问题时的态度稍不端正，人家就会怀疑你是不是"忘本"了。我初步分析了案子的情况，认为这个案子可以起诉，但实际上并不是什么着急的案子，可以慢慢办（我当时手上有事），结果当天半夜，当事人就找上门来了，把门擂得天响，邻居都被吵起来了。（IN16153）

透过律师的话，我们可以看出，在熟人文化氛围浓郁的基层社会之中，不仅"人情"的流动关系在客观上构建了一个基本的交往秩序框架，并且在日常生活中，"乡情原则"仍然约束着人们之间的相互关系。因而，即便律师已经脱离了乡村，但作为该村的外出精英，他的行为仍然会受到当地人情机制的约束和规训。[1]通过访谈，笔者发现，对于这种状况，律师也常常会感到困扰，深感自己缺乏必要的隐私空间。但另一方面，不断有人上门寻找，在某种程度上，又是该律师办案能力强和"口碑"佳的象征，律师将因之获得"面子"，而面子的大小又关乎律师的资源调动能力和长期职业发展空间。[2]因此，对此现象，律师又表现出了宽容和接纳的一面。

---

[1] 参见陈柏峰：《熟人社会：村庄秩序机制的理想型探究》，《社会》2011年第1期。
[2] 关于"面子"及其背后的资源流动关系，后文还将进一步阐述。

（二）饭馆与酒桌作为一种特殊的司法后台，发挥着其独特的价值

Q县自身便出产一种远近闻名的酒水，而当地的酒桌文化[①]也可谓是历史悠久、影响深远。无论请托办理何种类型的事情，人们都喜欢约定在某个饭馆来商谈业务，于是，"喝酒"也就在某种意义上成了办事的"标配"。在这种民风影响之下，潜移默化地，律师和当事人也常常选择饭馆等场合来进行沟通洽谈。尽管双方都表示在某个饭馆"约见"的目标在于商谈案件相关事宜，但据笔者观察，在酒桌上时，律师和当事人其实并不总是围绕当前紧迫的法律事务展开话题，甚至有时，双方会完全地闭口不谈案情，反而会聊到双方之间隐约存在的复杂远亲关系，或者一些共同认识的朋友，谈一些逸闻趣事，寻找彼此人际关系网络的交叉之处。笔者就此现象对律师进行访谈，一位律师做了如下解释：

> 我不喜欢喝酒，但不喝酒，当事人就不把你当朋友。虽然我跟当事人之间是委托代理的关系，但喝起酒来，聊起共同的亲属和朋友，我们就很容易变成"朋友"或者"兄弟"的关系。既然是"兄弟"了，对方也就敢把案子交给我办了。（IN16157）

[①] 关于我国的酒文化及其社会意义，可参见杨利：《酒文化及酒的精神文化价值探微》，《邵阳学院学报》2005年第2期；另可参见强舸：《制度环境与治理需要如何塑造中国官场的酒文化——基于县域官员饮酒行为的实证研究》，《社会学研究》2019年第4期。

透过上述律师的话，我们发现，在一个"人情"扮演着重要角色的基层社会关系网络结构之中，人们并不喜欢那种泾渭分明的职责划分，而更偏好于模糊彼此的身份，将大家的关系融合为一种更加令人放心的"朋友"或者"兄弟"关系。因此，饭馆与酒水的功能，似乎更多地体现为某种情感的融合剂。通过"酒水"这一媒介，律师进入了当事人的"人情圈子"之中，获得了当事人的"自己人认同"。[①] 而事实上，这种认同至关重要，是后续双方建立信任与规则认同的基础。因此，尽管在酒桌上，双方似乎也的确没有更多地探讨案情相关话题，可事实上，酒桌上的言语却又在悄无声息地传递着某些至为重要的信息。而当事人接收到这些信息之后，似乎也就达到了目的，加强了委托该律师代理案件的决心。

由此，我们可以看出，在县域的文化网络环境之中，律师和当事人之间的关系并不仅仅是案件的委托方和受托方这么简单，在其背后往往有一个隐形的复杂人际社会网络在发挥作用。而一旦双方通过案件这一媒介连接起来，彼此又都倾向于通过酒桌等媒介来进一步强化这种人际网络。最终，随着案件的终结，律师和当事人双方背后的人际网络已经在实质上形成了某种相对稳固的连接，这种连接又会形成新的案源关系，指引其他当事人与律师之间形成新的连接。终究，"人的本质不是单个人所固有的抽象物，在其现实性上，它是一切社会关系的总和"[②]。在Q县，我们发现，社会关系就

---

① 有论者认为，熟人社会的基础是"自己人认同"，其现实表现是人情、面子、信任与规则。参见宋丽娜：《熟人社会的性质》，《中国农业大学学报》2009年第2期。
② 《马克思恩格斯选集》第1卷，人民出版社1995年版，第56页。

像是一张网，而个人就是网中的一个节点，每一个节点就是一个角色。①律师和当事人通过复杂的社会角色网络连接在了一起，同时，双方又将以此作为新的起点，继续繁衍出新的社会关系网络，并在这种繁衍过程当中完成自我角色的塑造与升华。

二、律师在司法准备阶段承担的主要任务

律师在后台准备阶段所承担的任务是以"委托代理协议"为基础展开的。具体而言，为了说服当事人签署委托代理协议，律师通常需要先为当事人提供必要的法律咨询，简要为当事人分析案情。具体的委托又分为"一般授权代理"和"特别授权代理"两种方式。在签署了委托代理协议之后，律师则需要围绕具体的案情进行必要的调查取证工作，并在此基础之上初步制定案件的辩护战略。当然，如前所述，在后台准备阶段，律师所制定的辩护战略是一种私密性的战略，律师可以随时修改或者完善这种战略，并且，通常情况下，这种战略修改并不会对案件的最终判决结果产生实质性影响。

（一）提供法律咨询

法律咨询是有效委托的前提，任何当事人找到律师之后，总是先进行法律咨询，在此基础之上，才能决定是否真正签署委托代理

---

① 参见奚从清：《角色论——个人与社会的互动》，浙江大学出版社 2010 年版，第 62 页。

协议。因此，咨询的频率和咨询的质量直接决定着律师最终能够承接到的案件的数量；同时，咨询又是一个极耗费时间和精力的过程，因此，咨询的效率和咨询转化为实际委托的成功率又直接关系着律师的工作成效，并最终决定一个律师在既定时间内能够体现的工作价值。因此，考察法律咨询问题，我们需要综合判断咨询频率、咨询质量、咨询效率和咨询转化为实际委托的成功率等几个方面的相关因素。

（二）说服潜在的当事人签署委托代理协议

对于律师和当事人双方而言，签署委托代理协议都是一个至关重要的环节。具体的委托方式又分为"一般授权代理"和"特别授权代理"两种方式。一般授权代理是指代理人仅享有出庭、收集提供证据、辩论、起草代写诉状等法律文书等诉讼权利；特别授权代理是指特别授权代理中代理人除享有一般授权代理的诉讼权利外，还可行使代为和解、上诉等涉及当事人实体利益的诉讼权利。对律师而言，签署协议意味着自己将通过案件的代理而获得相应的收入和报酬，也意味着新任务的来临。甚至很多律师认为，签署了委托协议，便意味着成功的一半。当然，也正是从签署了委托代理协议的那一个瞬间开始，律师才真正围绕某个具体的案件开始了自己的角色扮演。

（三）分析案情、调查取证、制定纠纷解决战略

尽管在咨询阶段，律师通常就会对案情和证据情况有一个大致

的了解和判断，但只有在签署了委托代理协议之后，律师才会真正详尽地进行案情分析，并辅以必要的调查取证工作。① 这一任务可以说是律师在后台准备阶段所承担的核心任务。因为，只有律师对案情的分析精准到位，才能真正制定出符合实际需求的辩护方案；同样，只有调查取证的工作完成得充分到位，律师才能让自己的辩护方案显得有理有据。对于一些简单的民事纠纷来说，律师可能只需要叮嘱当事人准备必要的身份证明文件、协议书、借条等证据，而一些相对复杂的纠纷则会要求律师亲自走访现场，进行必要的调查。只有在进行了详尽分析和充分调查的基础之上，律师才能形成良好的辩护思路，并制定出恰当的辩护战略。

第二节　司法准备阶段制度设定所寄予律师的"期望角色"概述

社会角色理论认为，根据对角色存在的形态不同，可以把角色分为期望角色和实践角色。"期望角色"是指社会或群体对处于

---

① 需要特别指出的是，在本书中，"后台"准备阶段律师所实施的调查，主要指的是律师围绕案情而自行收集证据的过程。至于在刑事诉讼中，律师依职权所展开的"会见、阅卷"等工作，尽管从广义上来说也属于律师"调查取证"的范畴，但一方面，这些行为是在特定司法场所展开；另一方面，相对而言，这些行为可以看作是正规诉讼程序的一部分，带有更加浓郁的"正式性"和"规范性"特点，且律师实施相关行为将对案件的最终判决结果产生重要的实质性影响，因而，刑事律师的"审前"相关行为将重点放在本书第三章中来进行考察。

特定地位角色所设定的理想的规范和公认的行为模式。它是个体角色行为与社会结构之间的桥梁。现实中，许多规章制度都体现了期望角色的本质及其要求。[1] 据此可知，我国《律师法》、"三大诉讼法"和其他一些相关规章和条例之中对于律师角色的相关规定即可以被视为一种纸面设计上的"期待角色"；与之相对，"实践角色"则指的是"个体根据他自己对角色的理解而在执行角色规范过程中所表现出来的实际行为。即个人在社会互动过程中实际扮演的角色"[2]。

在本章中，我们将通过对律师上述两重角色的对照关系来揭示后台准备阶段，两者之间客观存在着的现实距离，并据此揭示"纸面上的规划"与"行动中的法律"之间的断裂现象。首先来看相关制度设定和社会预期所寄予律师的"期望角色"。查阅相关规定并提炼具体内容，笔者认为，下述三种角色便是司法准备阶段，亦即律师尚未与司法机关具体展开周旋与交锋时，相关制度设定和社会预期便已经普遍寄予律师这一职业团体的三种"期望角色"。[3] 总体上，笔者将其概括为"公平正义的捍卫者""技艺精湛的查证者""恪尽职守的解纷者"三种角色。

---

[1] 奚从清：《角色论——个人与社会的互动》，浙江大学出版社2010年版，第15页。
[2] 喻安伦：《社会角色理论磋探》，《理论月刊》1998年第12期。
[3] 需要注意的是，为了便于问题的呈现，文章总体上将律师的司法工作分为准备阶段和实战阶段。但事实上，后台准备阶段所提及的律师期望角色，特别是角色之中包含的价值取向同样会在前台实战阶段有所呈现。因此，在本书界定的标准中，律师的期望角色主要指律师尚未与司法机关展开交锋时，相关制度设定和社会预期便已经普遍寄予律师这一职业团体的总体期待。

一、公平正义的捍卫者

美国学者罗尔斯在《正义论》的开篇部分即强调:"正义是社会制度的首要价值,正像真理是思想体系的首要价值一样。"[①] 因此,正义与作为制度的法律之间天然便存在着某种纽带关系,或者说,法律就是为了追求"正义"而诞生的社会控制机制。自古以来,无论是西方文明还是东方文明都在其发展过程中自然演进出来了适合自己的法律体系。法律在成为一种统治手段的过程中,也引导社会构建出了一整套关于"正义"的价值标准,"适用于社会基本结构的正义原则正是原初契约的目标。这些原则是那些想促进他们自己利益的自由和有理性的人们将在一种平等的最初状态中接受的,以此来确定他们联合的基本条件"[②]。与此同时,在现实的司法运行过程之中,公平与正义又犹如一对双生子,相依相伴、相互成全。律师对公平的追求将把具体案件导向正义的结果;同时,律师对正义的向往也将引导律师不懈地追求公平价值。"辛普森谋杀案"的辩护律师库克兰曾经发表过一段言论:"作为代表被控有罪当事人的一名律师,我对我的当事人的职责不允许我态度暧昧,寻求风平浪静以躲避风雨。相反,我们跨入战壕,高昂着头,代表我们的当事人为公正、人性及基本人权而战,直至正义得到伸张。只有到此

[①] [美] 约翰·罗尔斯:《正义论》,何怀宏等译,中国社会科学出版社 1988 年版,第 3 页。

[②] [美] 约翰·罗尔斯:《正义论》,何怀宏等译,中国社会科学出版社 1988 年版,第 11 页。

时，我们的辩护才会最后告终。"① 上述言论无疑为现代法治秩序之中，律师对公平正义的价值追求做了一个理想的注脚。

联合国《关于律师作用的基本原则》中阐明，在司法体系之中，强调律师作用的重要原因之一便是"创造使正义得以维持的条件，增进并激励对于人权及基本自由之尊重"②。同时，我国《律师法》第二条也明确规定："律师应当维护法律正确实施，维护社会公平和正义。"梳理其他相关的制度规定，笔者发现，对于诉讼律师来说，关于公平正义的制度预期在事实上贯穿于我国各种诉讼程序的基本价值追求之中。例如，按照制度设定，在民事诉讼中，律师作为当事人的"诉讼代理人"，将通过自己专业的法律服务来帮助当事人恢复其受损的权利状态，实现个案公平和正义；在行政诉讼之中，律师更是要充分运用手中的法律武器来与地方的公职部门及其所代表的公权力展开对抗，运用法律手段来促进公权力的正当行使，制衡公权力的滥用状况，促进社会的公平正义；在刑事诉讼中，律师作为"辩护人"，则将通过对被告人提供全方位的法律帮助来审视公安机关和检察机关对于案件的定性和定位是否正确，适用法律是否恰当等问题，其专业帮助将直接关联到被告人的清白和自由，同时关联到国家司法权力的正确和恰当实施，因而不仅对于恢复和矫正当事人的个体公平正义状态至关重要，事实上也是构建

---

① [美] 小约翰尼·L.库克兰："你怎能为那些人辩护呢？"，参见江礼华等主编：《美国刑事诉讼中的辩护》，法律出版社 2001 年版，第 31 页。
② 1990 年 8 月 27 日—9 月 7 日，第八届联合国预防犯罪和罪犯待遇大会，在古巴哈瓦那通过《关于律师作用的基本原则》。

整个社会公平正义秩序的重要砝码。总而言之，由于行政权和司法权等公权力在运行过程之中存在着自我膨胀的倾向，容易对私权利造成侵害，而本质上，律师就是一种在实际司法运行中对公权力进行监督与"纠偏"的制度产物。因而，从保护私权利的层面来说，律师的相关角色设定当中自然蕴含着运用法律武器来为当事人伸张正义，从而促进社会公平秩序构建的角色意蕴。因而，我们将司法准备阶段伊始，相关制度设定和社会预期便已经普遍寄予律师这一职业团体的第一种期待角色概括为"公平正义的捍卫者"。

二、技艺精湛的查证者

律师的案件代理工作必须建立在一定的调查取证工作基础之上。据此，我国的三大诉讼法也都分别规定了相应的律师取证制度。例如，我国《民事诉讼法》规定："代理诉讼的律师和其他诉讼代理人有权调查收集证据，可以查阅本案有关材料"[1]。此外，还规定："证据必须查证属实，才能作为认定事实的根据"[2]。我国《行政诉讼法》亦规定："代理诉讼的律师，有权按照规定查阅、复制本案有关材料，有权向有关组织和公民调查，收集与本案有关的证据。对涉及国家秘密、商业秘密和个人隐私的材料，应当依照法律

---

[1] 参见《民事诉讼法》第六十一条。
[2] 参见《民事诉讼法》第六十三条。

规定保密"①。此外，我国《刑事诉讼法》亦规定："辩护律师经证人或者其他有关单位和个人同意，可以向他们收集与本案有关的材料，也可以申请人民检察院、人民法院收集、调取证据，或者申请人民法院通知证人出庭作证。辩护律师经人民检察院或者人民法院许可，并且经被害人或者其近亲属、被害人提供的证人同意，可以向他们收集与本案有关的材料"②。同时，正如我国台湾地区著名证据法学者李学灯所指出的那样："惟在法治社会之定分止争，首以证据为正义之基础，既需寻求事实，又需顾及法律上其他政策。认定事实，每为适用法律之前提。因而产生各种证据法则，遂为认事用法之所本。"③ 由于我国的案件判决标准是"以事实为根据，以法律为准绳"，而所谓"事实"均需要得到相关证据的证明和支撑，因而，可以说，"调查取证"既是律师的一项重要权利，也同时是律师的一项重要义务。

诉讼中的证据和证据运用，相较于自然科学或其他社会科学事务中的证据和证据运用而言，一个最为显著的特点就是，法律对于前者有着明确的规定和限制。④ 如果说与证据和证据运用有关的法律规范设定是相对静止的，那么，具体司法实践过程之中关于证据和证据运用的成功经验和存在的问题，则是扎根于现实生活之中的，需要通过律师的长期摸索和积淀才能够最终形成宝贵经验。可

---

① 参见《行政诉讼法》第三十二条。
② 参见《刑事诉讼法》第四十三条。
③ 李学灯：《证据法比较研究》，五南图书出版公司1992年版，序。
④ 卞建林等：《证据法学》，中国政法大学出版社2014年版，第2页。

以说，收集证据、解析证据和固定证据是律师在司法准备阶段所必须进行的至关重要的工作。围绕着不同的案件，律师需要对证据进行必要的分类，判断相关证据究竟属于物证、书证、人证还是其他证据；同时还要判断相关证据究竟是直接证据、间接证据、原始证据还是传来证据，每一类证据与案件之间的关联性如何，证明力如何，是否属于传闻证据，又或者，是否属于办理该案件的最佳证据等等。由于证据在诉讼案件中扮演着重要的角色，因而，我们将司法准备阶段伊始，相关制度设定和社会预期便已经普遍寄予律师这一职业团体的第二种期待角色概括为"技艺精湛的查证者"。

三、恪尽职守的解纷者

律师的职业是伴随纠纷而生的。纠纷是社会不同利益主体之间对抗的产物，正如法国社会学家涂尔干所指出的那样："纠纷意味着失范，失范如同病症，若不断恶化下去，最终会导致社会寿终正寝。"[1] 有了矛盾和纠纷，就必须及时解决，以促进社会良性秩序的恢复与有效运转。诉讼机制是我国正规的纠纷解决机制，因而，从本质上来说，诉讼律师的工作就是一个依托于诉讼程序来有效化解纠纷，从而维护正常的社会秩序，彰显法治精神。从这个意义上来说，优秀的诉讼律师必然是优秀的纠纷解决能手。同时，由于

---

[1] 刘芳：《西部地区纠纷解决机制研究》，宁夏人民出版社 2016 年版，第 1 页。

纠纷当事人通过授权的方式将自己的纠纷处理权限让渡给了律师，而纠纷处理的结果又同当事人具有直接的利害关系，因此，律师代理案件的质量情况不仅取决于律师的法律素养和专业水平，还同律师的执业伦理和执业道德密切相关。目前，世界各国均围绕律师执业伦理和职业道德问题制定了大量的规范。总体而言，"大陆法系国家与英美法系国家律师职业伦理基本类似，但除大陆法系主张律师应更加注重公众利益外，两者最大区别还在于大陆法系国家不够信任律师，相关法律对律师的限制较多，而英美法系国家则强调律师作为委托人代理人的作用，给律师较大独立活动空间"[1]。

同样，围绕律师的执业伦理与职业道德问题，我国《宪法》《刑事诉讼法》《律师法》，以及最高人民法院、最高人民检察院发布的有关司法解释以及司法部发布的《律师职业道德和执业纪律规范》之中均有相应的规定。例如，我国《律师法》规定："律师执业必须遵守宪法和法律，恪守律师职业道德和执业纪律"[2]；同时，2017年，我国《律师法》第三次修正，其中最重要的变化就是增加了律师执业的"八项禁止性规定"。总体上，这八项规定大致可以分为三个类别：第一类着眼于规范律师与当事人之间关系，包括不得私自接受委托，不得接受财物，不得利用代理人的身份便利谋取争议权益，不得与对方当事人串通损害当事人利益等等；第二类着眼于规范律师与法官、检察官及仲裁员之间的关系，包括不得违规会见

---

[1] 许身健：《欧美律师职业伦理比较研究》，《国家检察官学院学报》2014年第1期。
[2] 参见《律师法》第三条。

上述人员，以及不得"向法官、检察官、仲裁员以及其他有关工作人员行贿，介绍贿赂或者指使、诱导当事人行贿，或者以其他不正当方式影响法官、检察官、仲裁员以及其他有关工作人员依法办理案件"；第三类则着眼于规范律师与相关秩序的关系，主要涉及对取证秩序、公共秩序和法庭秩序的维护。总之，我国的相关制度设定和社会预期均对律师在纠纷解决过程之中的执业伦理和职业道德提出了较高的要求，因而，我们将司法准备阶段伊始，相关制度设定和社会预期便已经普遍寄予律师这一职业团体的第三种期待角色概括为"恪尽职守的解纷者"。

综上所述，在"后台"准备阶段，亦即律师尚未与司法机关具体展开周旋与交锋时，相关制度设定和社会预期便已经普遍寄予了律师这一职业团体以"公平正义的捍卫者""技艺精湛的查证者""恪尽职守的解纷者"这样三种美好的期望角色。分析表明，上述三种期望角色的相关制度设定均带有规范化、抽象化和符号化的总体特征，并且这三种期望角色也基本上能够与当前西方发达国家所普遍寄予律师的"期望角色"接轨。这种状况，既体现了我国律师角色相关制度设定的"现代性"色彩，同时也在客观上展示了这样一种角色设定的"舶来品"色彩。

第三节 司法准备阶段律师真实的"实践角色"呈现

律师的"实践角色"指的是"个体根据他自己对角色的理解而

在执行角色规范过程中所表现出来的实际行为。即个人在社会互动过程中实际扮演的角色"[1]。任何角色互动都发生在一定的社会情境之中，不同的场合会对角色塑造过程产生不同的影响。因此，我们也必须在各种具体的场合和社会情境之中来形成对律师社会角色的客观认识。[2] 托夫勒认为"情境"由物品、场合、角色、社会组织系统的场所以及概念和信息的来龙去脉五个部分构成[3]。显然，在后台准备阶段，律师角色情境呈现的场合即为各种司法"后台"。在此阶段，律师主要与当事人及其近亲属、被害人及其近亲属、证人、见证人等相关涉案人员发生交集。由于Q县在本质上属于典型的农业县，所以上述人员主要来自Q县的农村和山区，且多数为白族居民。因此，律师在这一阶段的司法准备活动也就自然呈现出了一些乡土社会和熟人文化环境之下的独有角色特征。在下文的论述中，我们也将主要依循律师在后台准备阶段展开个体角色行动的时间脉络，围绕着"收费困境、取证难题和解纷特点"等三个要素来具体观察律师最具典型性和代表性的三种"实践角色"。总体而言，笔者认为，可以将律师在后台准备阶段所实际呈现出来的"实践角色"具体概括为："在理想与面包的夹缝中艰苦博弈的知识创业者""举步维艰的基层'侦探'"，以及"沉浮于现实纠纷旋涡中

---

[1] 喻安伦：《社会角色理论磋探》，《理论月刊》1998年第12期。
[2] "情境定义"是美国社会学家威廉·托马斯提出的一个著名概念。参见［美］W. L. 托马斯：《不适应的少女》，钱军、白璐译，山东人民出版社1998年版。另可参见秦启文等：《角色学导论》，中国社会科学出版社2011年版，第292—299页。
[3] ［美］阿尔温·托夫勒：《未来的冲击》，孟广均等译，中国对外翻译出版公司1985年版，第30—31页。

的司法多面手"三种角色。

一、在理想与面包的夹缝中艰苦博弈的知识创业者

尽管从接触当事人伊始，相关的制度设定和社会预期便赋予了律师以"公平正义的捍卫者"这样美好的角色预期，并且通常情况下，律师在面对无助的当事人时，内心深处也时常会产生一种身为法律人的"公平正义"理想与职业追求。然而，事实上，一旦当事人和律师双方真正围绕某个具体的司法案件展开真实的接触，随着那层笼罩在律师身份之上的神秘面纱被揭开，事情便不再像预期的那样美好，而逐渐呈现出其真实而冷酷的一面。毕竟，无论一位律师是否担任律所的主任，实质上，每一位律师都是一个凭借自己的特殊知识和技能赚取报酬的独立执业者，也可以被视为一个独立的知识创业人。尤其是在Q县这样经济发展水平相对落后的边远县域，司法文化环境欠佳，几乎每一个在当地扎根的律师都可以被视为基层律师行业的先行者，肩负着某种"开疆拓土"的创业重任。因此，对于这些律师来说，关于"公平正义"理想的追求固然是美好的，然而首先必须解决实际的"面包"问题。具体到每一位律师的执业过程，那就是，在解决案件当中所包含的具体难题之前，律师和当事人之间首先要解决的是费用问题。

通常情况下，律师在进入诉讼程序之前的费用主要由三个部分构成：其一为案件的"咨询费"；其二为案件的"委托代理费"；

其三则为办案费。尽管目前我国律师界还客观存在着一种"风险代理"收费方式①，但由于 Q 县地域狭小，笔者的调查显示，当地律师鲜少实施风险代理。同时，目前，在 Q 县，律师的委托代理费与办案费通常也不做明确区分，而是一揽子统一收取。调研表明，目前 Q 县的律师们通常都只能提供免费咨询，而委托代理费用的收取过程也并非一帆风顺，往往要经历一个艰难的博弈过程。上述现状无疑会使律师的角色发生偏移，被社会环境和现实需求重新构建。

（一）无奈的免费咨询局面

Q 县是一个文风颇盛的地方，民间盛行练习书法，在县域范围内，人们对于那些有知识的人总是抱有一定的敬畏之心。笔者的访谈和调查也显示，多数走进各种律师司法"后台"进行咨询的"潜在当事人"也都普遍认为律师是一类非常聪明而有学识的人，对律师职业持有一定的敬意。然而，实际调查表明，这种"敬意"的背后往往隐藏着当事人很强的功利主义目的，本质上，人们并不真正理解律师工作的知识含量及其价值。一个典型的，且颇让执业律师感到烦恼的现状便是：在 Q 县，当事人完全没有任何的咨询付费意识，也缺乏基本的时间观念。

---

① 律师风险代理指的是委托人在遇到需要通过法律来解决的案件时，与律师协商，先由律师支付有关案件处理的一切费用，如果案件胜诉，将以一定比例收取律师代理费，如果败诉，律师则不能收取任何报酬的制度。

表 2-1　关于咨询阶段律师收费合理性认知的数据分析表

咨询阶段收费是否合理	频数	比例
合理	5	8.33%
不合理	53	88.3%
无所谓	2	3.33%

注：数据来源于实际访谈的数据统计。

事实上，在很多当事人的心目中，咨询理所当然就应该是免费的，并且是可以随时随地和反复展开的。调研期间，笔者随机抽取了 60 位进入咨询阶段的潜在当事人，请其就"您认为咨询阶段，律师收取一定的咨询费用是否合理？"这一问题做出选择。结果，53 位潜在当事人都选择了"不合理"这一选项，比例高达 88.3%。

同样，就此问题，笔者也对部分"外来律师"进行了访谈，这些律师表示，免费咨询的问题，可以说是律师执业过程中的顽疾之一，在相对发达的都市之中也不可避免。但相对而言，在经济较发达的地区，人们的付费意识要清晰得多，如果律师表示咨询需要付费，多数当事人可以接受，即便不接受，通常情况下，也能够理解咨询费背后所包含的知识价值。而在 Q 县这样的地方，多数当事人来自农村甚至山区，他们对于"知识付费"完全没有概念，并且也几乎没有办法就此事达成任何的有效沟通。在此问题上，笔者认为，其中一位当事人关于此事的回答颇具典型性：

笔者：你认为咨询阶段，律师收取一定的咨询费用合理吗？

罗某：不合理。

笔者：我打个比方。你经常卖洋芋，洋芋就是你的商品。你卖了洋芋，对方得付钱给你对不对？

罗某：当然！

笔者：对律师来说，他（她）的知识和技能就是他（她）的商品。他（她）把一种你不熟悉或者不了解的知识告诉你，就相当于卖了他（她）的商品给你。为此，你也应该给他（她）付一点钱对不对？

罗某：不合（笔者注：当地方言，意指"不对"。以下同。）！律师如果帮我打赢了官司，我当然要给钱。但现在，我只是问他（她）一些问题。

笔者：律师需要学习很多知识才能回答你的问题。他（她）学习这些知识需要花很多钱，很多时间，付出很多努力。所以，我们得到这些知识也应该支付一定的费用，来弥补他所花费的钱、时间和努力对不对？

罗某：不合！他（她）读书花的钱，只能跟他（她）呢爹妈要。我又不是他（她）呢爹妈。(IN16322)

总之，目前，在Q县的县域范围内，律师们通常都为当事人提供免费的咨询，也基本上对于收取咨询费用不抱任何希望。在访谈中，律师们也普遍认为，在类似Q县这样的边远小县，谈

"咨询费"的问题，多少显得有些奢侈。① 相较而言，他们会把更多的注意力投放到真正的委托费用商谈方面。尽管收取委托费用的过程也不轻松，但比起当事人完全无法理解的"咨询费"来说，至少，这是一笔当事人能够理解，也可以纳入商谈范围之内的费用。

（二）围绕委托代理费用而展开的艰难博弈

律师在后台准备阶段所承担的最重要任务之一便是说服当事人签署委托代理协议。事实上，也正是从双方正式签署协议的那一个瞬间开始，律师才真正围绕某个具体的法律事项进入自己的角色。调查显示，目前，在Q县，律师代理一桩民事或者刑事案件，总体收费大致在5000元左右，视案情的具体情况而有所浮动。② 在访谈中，律师们也坦言，对于很多案子，特别是很多"熟人"推荐过来的案子，4000元左右也就接了，对某些简单的案子，3000元左右也接，甚至更低的费用也会承接。即便律师觉得，一个案子几千元钱（有时实际拿到手的办案费用不足2000元），自己已经不断让步，甚至快要突破底线了，但对每一个当事人来说，从免费的咨询走向"真金白银"的委托，仍然不是一个能轻

---

① 在笔者完成调研，准备撰稿时，丙所已经开始试行"咨询收费"制度。尽管起步艰难，但丙所的C律师对于未来的前景充满信心。
② 一般情况下，案件的收费与案件争议的标的额密切相关，这里所指的5000元，主要指无财产争议的案件，以及标的额在10万元以下的案件。由于Q县地处偏僻，争议标的额极高的案子并不多见。但访谈中，甲所的L主任也提及，其代理过百万以上争议标的额的案件。

易定下来的决断。访谈中，一位甲所的律师对于这种状况感慨颇深：

> 早些年，一些山区来的山民甚至会背上一箩筐洋芋，或者拎着两只土鸡过来，希望能够以这些实物来抵偿律师费用。这些年，网络相当于打开了一扇窗口，拿着手机，大家都知道外面的世界实际上是什么样子了。所以，即便是那些从最偏远山区过来的人也都知道打官司不便宜，也不至于直接拿着实物过来抵偿律师费了，但很多时候，他们仍然对律师行业的收费情况欠缺了解。即便我这边的办案费用已经降到最低限度，他们仍然接受不了。当然，对于大部分人来说，他们来找我，原本就是只想来做免费咨询的，你一跟他（她）提钱，他（她）转身就走了。（IN16175）

调查显示，在 Q 县，通常情况下，多数案子会在签署委托代理协议的情况下一次性付费，但也有部分案子则是在签署委托代理协议时支付一部分费用，在后续办案过程中，或者结案之后再收取另外一部分费用。当然，从客观效果上来看，这种弹性收费的方式的确部分解决了委托协议的签署难题，但实际上，这是将矛盾转移到了未来。实践调查表明，部分当事人会按照约定支付后续费用，但也有部分当事人会耍赖，从而拒绝支付后续费用。访谈中，当地的一位律师便曾谈及，围绕委托代理费用，自己曾经提起过一次颇为无奈的诉讼：

【个案 2-1】

律师起诉当事人讨要代理费纠纷案

×年×月×日，Q县Q律师代理了一个普通的民间借贷纠纷案件。案情虽然不复杂，且基本上能够提供充足的证据，但案子的标的额比较高，达到了百万级别。原告杨某找到Q律师，希望Q律师能够代理这桩诉讼案件。由于杨某作为借贷案件的受害人，本身损失惨重，因而在签署委托代理协议时，便同Q律师商议，拟采用弹性付费的方式来具体支付代理费用。具体为杨某率先支付必要的办案费，待案件胜诉之后，再支付余款。由于杨某本人长期经商，在当地也小有名气，且同Q律师熟识，因此经过仔细权衡，Q律师同意了杨某的费用支付方式，双方签署了协议。此后，在Q律师的努力之下，案件获得胜诉。然而，在案件胜诉之后，杨某却多次推诿，拒不支付律师费用。Q律师无奈，只好向当地人民法院提起诉讼，要求杨某支付律师费。此后，此案在法官调解之下，双方达成和解。最终，杨某按照约定金额的80%支付了律师费用。

在后续的访谈过程中，笔者也十分好奇，为何律师在自己的权益被侵犯时，也不据理力争，反而接受了相对委屈的和解结果呢？律师关于该问题的答复表明，对于律师来说，最为宝贵的资源是时间，时间意味着能够处理更多的案件，获得更多的报酬。因而，即便是律师自身的权益被侵犯，律师也不愿意耗费大量时间和精力去争取一个更加彻底的所谓"正义"结果，而宁愿牺牲一部分实际利益，寻求时间、精力与金钱之间的相对平衡。可见，即便是身为"法律人"的律师，也不会在涉及自己现实利益的具体纠纷之中去过多地追寻"公平正义"，而往往采用一种更加世俗化的逻辑来应对纷繁复杂的现实世界。

尽管上述案例清晰揭示了这种弹性收费制之中隐藏的弊端，但调查表明，现实中，律师们仍然不会彻底放弃弹性收费制，因为事实上，在既定的县域范围内，围绕着有限的"案源"，三家律师事务所、外来律师和本地的法律服务所之间总是存在很多或明或暗的竞争关系，"律师们虽然有正规的法律训练和职业技能，但在市场竞争中并没有取得很大优势"[①]。事实上，调查显示，县域律师有时会处在一个较为尴尬的位置上。如果经过咨询，当事人认为案情比较简单，或许便会选择找纠纷的相对人协商，双方私了；或者会选择自己到法院立案；又或者会选择更加便宜的法律服务所工作人员来代理案件。总之，对于多数来自农村和山区的当事人来说，能省则省，价钱往往会超越办案质量等其他方面的考虑，而成为最能影响其决策的因素。相反，有时候，如果律师遇上了一些颇具经济实力的当事人，则他们又会陷入另外一种困境之中：如果经过咨询，当事人认为事关重大，案情复杂，需要高度重视，则有可能直接到周边的大理市、丽江市甚至省城昆明市聘请律师过来打官司，这同样会导致县域律师的"案源流失"。

就笔者调研期间的观察来看，那些进入了律师咨询范围之内的

[①] 刘思达：《割据的逻辑：中国法律服务市场的生态分析》，译林出版社2017年版，第100页。

潜在业务，最终真正转化为实际委托的比例并不高。笔者就此问题对律师进行了访谈，律师们也没有精确的数据统计，只是大致凭经验和感觉给出了答复。不同的律师，答复也不尽相同。有律师答复，自己的案件咨询转化率在四分之一左右，也有律师答复，自己的案件咨询转化率在八分之一左右，也有律师的答复介于两者之间。总之，从接触当事人伊始，直至成功签署委托代理协议，每一个县域律师都不敢有丝毫松懈，总是小心地拿捏着中间的尺度。最理想的状态便是恰到好处地点明聘请律师的重要性，同时又不过分泄露自己关于案情关键点的一些真实判断，在虚虚实实之间说服当事人签署委托代理协议。

综上所述，我们发现，尽管相关的制度设计寄予了律师以"公平正义的捍卫者"的美好角色期望，但由于Q县的律师肩负着"开疆拓土"的创业重任，大量的现实问题都需要其花钱解决，并且从律师所处的执业环境来看，对内方面，Q县的总体经济发展水平较为落后，法律文化欠佳，客观上导致了当事人的付费意愿不强，且支付能力有限；对外方面，律师还处在同当地基层法律服务工作者、外地律师、个体公民[①]等多重主体的激烈竞争关系之中，因而不得不把许多现实问题置于"公平正义"的理想之前来优先考虑。总体而言，律师身为法律人，一方面，其内心深处确实潜藏着一些关于"公平正义"的理想追求；另一方面，实践之中，律师又在事实上采用了一种完全世俗化的行动逻辑来应对纷繁复杂的

[①] 这里的个体公民专指按照我国诉讼法相关规定，在实际诉讼过程之中实施案件代理行为的个体公民。

现实世界，因而，其在后台准备阶段所实际呈现出来的第一种实践角色实为"在理想与面包的夹缝中艰苦博弈的知识创业者"。显然，这样的实践角色与制度设定和社会预期的"期望角色"之间相去甚远。

二、举步维艰的基层"侦探"

在经过一番艰苦的博弈，并且终于成功签署了委托协议之后，律师便需要围绕具体不同的案情展开实际的调查取证工作。在此阶段，我们发现，相关的制度设定和社会预期对于律师的取证工作寄予了厚望，因而赋予了其"技艺精湛的查证者"这样美好的角色预期，但事实上，近距离地观察 Q 县律师的个体角色行动便会发现，由于当地的纠纷普遍不算复杂，因此实际上，律师几乎鲜少有机会用到各种高科技、现代化的专业取证技巧。当然，调查表明，即便只是面对着大量可谓"鸡毛蒜皮"的基层纠纷，但律师实际为此承担的调查取证工作量也并不少。对于 Q 县的律师来说，他们需要面对和破除的第一道证据方面的难题是获取有效的当事人描述，多数情况下，他们也需要走访现场，核实一些当事人描述的具体状况。由于 Q 县的基层乡土社会之中迄今还保留着较为浓郁的"熟人文化"氛围，所以基于各种不同"关系"网络而形成的基层熟人"圈子文化"也在悄无声息地对律师的调查取证工作产生着各种无声却坚固的干扰，并导致其实践角色在各种不同的具体司法运作场景之中被重新构建。

（一）枝蔓横生的"当事人描述"

目前，在 Q 县，由于向律师求助的当事人以农村的居民和山区的山民为主，总体而言，当事人的受教育程度有限，[①] 所以，即便是描述案情这样一个简单的工作也需要律师付出巨大的心力才能完成到位。总体来说，在听取当事人描述这一简单环节之中，律师就需要完成双重语言转换和有效提取重点这两项重要工作。

首先，双重语言转换。如前所述，Q 县是一个以白族人口居多的、多民族混居的区域，因而，熟练使用白族语言沟通便成为了当地律师执业的必修课。就笔者观察和访谈的情况来看，在听取当事人描述这一环节，至少有 50% 左右的当事人是使用白族语言同律师进行交流，因此，几乎所有在当地执业的律师都面临着双重语言转化的问题，既要擅长在记载过程中原汁原味地将一些白族语言中的表达习惯转化为符合汉语表达的习惯，还要擅长将这些口语化的表达转化为符合法律要求的"法言法语"。调查显示，目前，在当地执业的律师都是 Q 县的本地人，其中的白族律师都擅长用白族语言沟通，而即便不是白族的律师，通常也能够听懂白族话，并与当地人进行简单沟通。在笔者看来，这既是律师在民族地区执业时所呈现出来的最大特色，也是律师在当地进行有效执业的基本

---

① 当事人的受教育程度实际上可以从裁判文书的相关数据之中得到部分验证。多数裁判文书当中会记载当事人的学历状况，笔者分析了这些裁判文书的相关数据（包括民事案件裁判文书和刑事案件裁判文书），结果显示，初中及以下文化程度的当事人占比超过了 80%。

前提。

其次，有效提取重点。即便破除了语言方面的障碍，对Q县的律师来说，想要通过双方的沟通来获取有效信息也非易事。受限于学识水平和表达能力，目前，进入Q县各种司法"后台"寻求律师帮助的当事人中，鲜少有那种能够层次清晰、条理分明进行案情描述的当事人。相反，多数当事人的语言都像是一片混沌的水流，在整个描述过程当中，各种重要的、不重要的细节都顺流而下，枝蔓横生。并且，当事人描述案情的过程中也时常跑题，经常把许多无关的主题牵扯进来。为了提取有效信息，律师不得不经常打断当事人的描述，以提问的方式反复询问当事人各种细节。下述这段对话即为一位律师所代理的一起关于"生命权、健康权、身体权"的纠纷时，律师与当事人之间所展开的对话：

赵某：我要告他（被告施某）。他把我的牙齿打松了，花了很多钱。

律师：你能跟我说一下当时的具体情景吗？

赵某：他用木靶子打我，当时很多人都在场，都看见了。

律师：施某为什么要打你呢？

赵某：我说我不是故意呢。他说我就是故意呢。而且施某说话太难听了。他说我说话难听，其实我说呢都是真呢。

律师：我看了一下派出所的记录，案件的起因是你在自家地里泡水，然后水漫到他家地里了对吗？

赵某：这个季节，个个都会泡水嘛。水漫过去一点是正常呢嘛。平常大家都能理解，但是施某说话很难听。他说我的小孙子到他家的后园拔菜。我说不可能。他说他亲眼看见的。我说你天天打麻将，咋个可能看见。他说……

律师：我看了一下派出所的记录，你们两家人的田地是连在一起的。那么，你们两家的田，地势是不是一样高呢？还是说你家的地势会稍高一点呢？

赵某：我不想跟他家的地连在一起。他家呢人从来就不讲理。大家都害怕跟他家分在一起，但是我家比较倒霉。平常就是一只鸟飞过去，他也说是我喂的鸟故意飞过去，你说给气人。

律师：你家的田是不是地势比他家的稍高一些呢？

赵某：这个我没注意。应该差不多高吧！

律师：从记载上看，你家的水漫过去，把他家田里割倒晾晒的草浸湿了对吗？

赵某：我泡水，水肯定要漫过去。他家不收草，我也没有办法。他家泡水的时候，我就会把草提前抱走，但是他家的人都比较懒。他媳妇洗了衣服，水都不扭干，就挂到铁丝上去了。而且大家都知道，他家做菜的时候……

律师：他家的人赶过来田里抱草，当时你也去帮忙抱草了对吗？

赵某：他说话很难听。我说我不是故意呢，他说我就是故意呢……

（田野笔记，2016年7月6日）

在这个案件中，委托人赵某使用了当地的汉语方言来描述案情。这个案件的大致情况是，原告赵某家的田与被告施某家的田相邻。赵某在自家的田里泡水时，水浸入了施某家的田里，浸湿了施某家割下来还没有抱走的稻草。赵某去帮忙抱草的时候，双方发生了口角，施某便用木靶子打伤了赵某的嘴部，导致赵某唇齿受伤，多次往返医院治疗，花费不菲。从上述对话之中，我们可以看出，这个案子的案情本身并不复杂，但律师询问当事人具体情况时，却很难提取到与案件判决结果紧密相关的有效信息，只能够根据自己过往的办案经验，通过有针对性的发问来引导当事人描述案情，核对细节、梳理重点。调研期间，笔者发现，当事人与律师双方之间的这种交谈模式几乎每天都在重复发生，致使"询问案情"这样一个简单环节都要占用律师的大量时间和精力。当地的律师均深受其苦，却又毫无办法。

（二）当事人描述过程中随心所欲的案情修改

律师在听取当事人描述这一环节之中遇到的另外一个显著难题来源于当事人的"不实描述"。调研期间，笔者发现，不仅当事人描述通常会因为缺乏重点而在无形之中增加律师的工作难度，而且，许多当事人还会根据有利于自己的方向，将很多猜测或者附会的情节当作案件自身的组成部分来加以描述和呈现。此外，很多当事人会在律师的面前隐匿一些重要的细节，而自觉不自觉地将案情按照有利于自己的方向演绎。在访谈中，一位律师便曾谈到过自己的一次亲身经历：

有一次，在一个有关"滴水"的相邻关系纠纷当中，[①]当事人坚称："按照土地证上的记载，滴水位置的通道是属于我家的，结果却被他家（对方）强行占用。"无论律师询问多少次，当事人都坚持自己的说法。直到律师亲自走访现场，进行实地丈量，发现滴水的位置与土地证上记载的有区别，当事人这才承认，五年前，自己在打墙的过程中，曾经改动过墙体位置，有意将隔墙的地基延伸了几寸。（IN16118）

社会心理学者认为，"说谎与身份维护、自我呈现和印象管理有关"[②]。在律所调研期间，笔者发现，当事人在进行不实描述时，上述几种情形也会交替地出现在各种不同的具体角色情境之中。有些当事人在描述时，喜欢有意无意地显摆自己的特殊地位；有些当事人则是深感实情描述暴露自己的某些弱点，因而其矫饰行为可以视为一种防御机制；有些当事人（如上述案例中的当事人）则是试图将一些假想的优势转化为实在的优势来蒙混过关。无论属于哪一种情形，总之，当事人的不实描述都在客观上增加了律师甄别真实信息的难度。久而久之，许多长期在基层办案的律师都会对当事人的描述抱有相当的戒心，多数情况下，都需要辅以必要的现场走访，并且收集相关的证人证言，以便通过多种证据的相互"印证"来形成完整的证据链条。

---

① 在Q县，长久以来，因"滴水"问题所引发的纠纷始终占据着"相邻关系"纠纷的第一位。
② 张亭玉：《说谎行为及其识别的心理学研究》，《心理科学进展》2008年第4期。

(三）基层"人情关系网络"裹挟之下变形的证人言词

律师在基层执业时所面对的另外一个难题表现在取证方面，特别是在许多言词证据的调取方面，律师通常会面临地方"人情关系网络"的多重干扰。在这里，笔者认为，我们可以借用费孝通先生的"差序格局"理论来对律师所面对的取证难题进行解释。因为，正如贺雪峰教授所指出的那样："大体而言，中国人的行动是伦理本位和差序格局的。"[1] 费孝通先生并没有对"差序格局"的内涵进行过严格的学术界定，目前，围绕着"差序格局"问题，学界也产生了一些争论。例如，阎云翔认为："差序格局不仅能够表达，包含有纵向的刚性的等级化的'序'，也包含有横向的弹性的以自我为中心的'差'"[2]。并且，他认为，这种有着等级划分的差序格局实际上引导了一种具有伸缩性的"差序人格"的诞生与构建。上述观点引发了学界关于"差序格局"究竟是一个指称社会结构的概念，还是用于描述社会关系的概念？[3] 以及"差序格局"究竟具不具备作为社会学基本概念的学术潜能[4]的相关争议。笔者认为，当一个重要的学术概念诞生时，其所实际呈现出来的学术意蕴便很可能早已超越了作者本人最初的意图而具有了更加广泛的应用范围和更加

---

[1] 参见贺雪峰：《公私观念与中国农民的双层认同——试论中国传统社会农民的行动逻辑》，《天津社会科学》2006年第1期。

[2] 阎云翔：《差序格局与中国文化的等级观》，《社会学研究》2006年第4期。

[3] 参见廉如鉴：《"差序格局"概念中有待澄清的三个问题》，《开放时代》2010年第7期。

[4] 参见苏力：《较真"差序格局"》，《社会学研究》2017年第1期。

深刻的社会意涵（事实上，在学术界和文学界，这样的事例比比皆是）；同时，评价学术概念的重要标杆，也并不在于这个概念是否足够严谨和体系化，是否符合学术外观，而要看这个概念是否具备足够的社会洞察力和现象解释力。笔者认为，实际的调查表明，相较于西方社会所普遍采用的"社会资源理论"和"社会网络理论"而言，费孝通先生所提出的"差序格局"理论更加能够生动展现中国基层社会的人际互动状况，因而也必将更加有助于我们深入理解律师在执业过程中所实际遭遇的角色困境。[①] 因此，在本章，以及此后本书所论述的许多重要问题上，笔者仍然主要采用"差序格局"作为理论基点来解释乡土社会之中的人际角色互动秩序以及深受其影响的基层司法运作过程。

费孝通先生认为："在差序格局中，社会关系是逐渐从一个一个人推出去的，是私人联系的增加，社会范围是一根根私人联系所构成的网络，因之，我们传统社会里所有的社会道德也只在私人联系中发生意义。"[②] 按照上述说法，在基层的乡土社会之中，所谓"人情关系网络"，实际上是一个以"自己"为中心所形成的，建立在私人关系之上的网络。同时，在这个网络之中还有一种潜在的道德约束机制，并且，这一机制会因为对方相对于自己关系的"内"与"外"而产生不同的行动指向和道德约束效果。也就是说："差

[①] 翟学伟教授多次明确撰文指出，一旦试图套用西方的社会资源理论和社会网络理论来解释中国的特殊社会文化现象，便会在事实上造成对这种现象的简单化解读，甚至误读。参见翟学伟：《再论"差序格局"的贡献、局限与理论遗产》，《中国社会科学》2009年第3期。

[②] 费孝通：《乡土中国》，人民出版社2015年版，第38页。

序格局有'结构'和'行动'两层含义。它首先描述每个中国人周围的社会关系结构,其次分析了中国人在这个关系结构下的行为方式——自我主义"①。关于"自我主义"的问题,贺雪峰分析认为,"差序格局"逐渐向外推的圈层并非是匀质性的,而是以"家庭"为核心而展开形成"双重认同"。② 因此,可以说,通常情况下,差序格局中的"自我"并不是一个单独的个体,而是建立在"家庭—宗族—村落"这种三级的层递关系之中,大小不一,且富于伸缩性的群体结构。赵晓峰进一步分析指出:"传统农民的行为逻辑是'以群为重,以己为轻'的群我主义。以农民认同的'大私'单位为界限,其内遵循个体利益服从群体利益的整体主义行动逻辑,其外则遵循截然相反的特殊主义的陌生化的人际交往逻辑。"③ 据笔者观察,正是这种存在着显著"内外之别"的道德约束机制和"群我主义"的行动逻辑,在客观上给律师的取证工作造成了各种不同程度的干扰。

首先,在以村落为主的基层乡土社会中,有一种较为稳固的"人情关系网络"是基于"血缘"或"婚姻"等关系而形成的家族圈层。④ 事实上,当都市社会中,人们之间的亲戚关系在各种钢

---

① 廉如鉴:《"差序格局"概念中有待澄清的三个问题》,《开放时代》2010 年第 7 期。
② 贺雪峰:《公私观念与中国农民的双层认同——试论中国传统社会农民的行动逻辑》,《天津社会科学》2006 年第 1 期。
③ 赵晓峰:《公私观念与传统中国农民的行为逻辑》,《华中科技大学学报》2012 年第 3 期。
④ 廉如鉴认为:"'圈层性'是'差序格局'在结构形态上的显著特征。如果一个人的社会关系网络没有明显的'圈层性',只有亲疏远近,这就只是一般性的'自我中心网络',而不是'差序格局'。"参见廉如鉴:《"差序格局"概念中有待澄清的三个问题》,《开放时代》2010 年第 7 期。

筋混凝土森林的切割中逐渐走向淡薄时，基层乡土社会的亲戚圈子仍然比较稳固。笔者发现，这种以"家族"为核心的圈层文化在无形之中对于律师的取证工作造成了显著干扰。费孝通先生在解释中国乡土社会的"私"这一问题时，曾描述道："在差序格局里，公和私是相对而言的，站在任何一圈里，向内看也可以说是公的"①。由此可以看出，如果律师取证的对象是一个当事人的亲戚（包括各种血亲和姻亲），则对于这些亲戚来说，当事人是属于"群我"之内的自己人，也就是需要对"内"来看的人。既然是需要对"内"来看的人，那么最大限度维护其利益就成为了这些亲戚不言自明的、理应采取的"公"的态度。在这种内部道德约束机制的影响之下，甚至不需要在事先进行任何共谋，这些亲戚就会自动根据自己的立场来提供各种修改过的证词，以便使事件呈现出对当事人有利的一面。也正是由于没有进行事先的共谋，所以，即便几个亲戚都是某一事件的"目击证人"，但各自根据自己的立场所提供的证词却颇有出入，甚至会大相径庭。在这样的氛围之下，律师想要绕过这些"亲戚"圈子的保护来获取相对客观真实的证言便显得困难重重。无论律师向当事人及其亲戚解释多少次，只有在获知真实情况的基础之上，才能制定出最为适宜的辩护方案，"亲戚"们仍然不会放弃自己维护当事人利益，展示自己"对内道德"的基本立场，坚持提供各种花样翻新的、进行过巧妙加工的证词。

---

① 费孝通：《乡土中国》，人民出版社 2015 年版，第 33 页。

其次，乡土社会中的另外一种常见的熟人"关系"圈子叫作"乡邻"。当律师向这种以"乡邻"为主的"熟人"群体取证时，又会面临另外一些完全不同的干扰。费孝通先生认为，在一个富于伸缩性的差序格局人际秩序之中，"随时随地是有一个'己'作中心的"[1]。沿用赵晓峰所提出的"群我主义"概念，[2] 笔者认为，在基层"群我主义"的实践逻辑指导之下，但凡与"群我"无关的事情，自然是尽量不要沾染，以免不小心被卷入麻烦的旋涡之中。所以，在面对律师的取证问题时，这些人的第一反应通常是"千万不能惹祸上身"，一般都不会予以积极配合。他们不但在一些事关重大的案件和环节中采取"避祸"的态度，即便是面对一些比较微小琐碎的问题，也通常会展现出一种谨慎和退缩的态度，总是在第一时间便试图将自己从那些潜在的、不必要的纠纷和麻烦中择出来，摆出一副"置身事外"的态度。在这种实践逻辑的影响之下，即便律师从当事人处获得了一些较为确切的线索，理论上可以获得一些较为有利的言词证据支持，但在实际的调查取证过程中，律师却常常会吃"闭门羹"，以至于取证的过程显得"举步维艰"；在另外一种情况下，由于很多发生纠纷的当事人双方本身就是"乡邻"关系，所以，当律师向另外一些"乡邻"取证时，这些"证人"便会因为夹在双方当事人之间的尴尬立场而显得左右为难。既然哪一边都不好得罪，他们干脆就选择了闭口不言。需要注意的是，律师在上述言

---

[1] 费孝通：《乡土中国》，人民出版社 2015 年版，第 31 页。
[2] 贺雪峰：《公私观念与中国农民的双层认同——试论中国传统社会农民的行动逻辑》，《天津社会科学》2006 年第 1 期。

词证据获取方面所遭遇的难题,也同时广泛存在于其他一些实物证据的调取过程之中。

总之,在基层乡土社会中,由于人们需要长久地共处于一块相对固定的土地之上,并且在实践之中奉行着"群我主义"的实践逻辑,所以,在面对类似律师取证这样的问题时,人们通常并不仅仅考虑纠纷本身,而会放在一个更加长远的"利害关系"的框架之下来谨慎行事。事实上,他们的证词在很大程度上取决于彼此之间"关系"的远近亲疏,以及自己的证词可能对未来彼此的"关系"所产生的影响。因为毕竟,纠纷只是一时的,而整个"亲戚"或者"相邻"圈子在一片土地上共存的时间则是相对漫长的。因此,相对于纠纷所指向的"真相"而言,通过各种方式来衡量自己的基本立场,并采取符合差序格局逻辑之下的行为方式,实际上更加符合其内部的利益机制和道德约束机制,由此所建立的"关系"互动格局也更将能够保证在未来的生活中持久恒定地发挥良好作用。

三、沉浮于现实纠纷旋涡中的司法多面手

尽管制度设定和社会预期对律师解纷过程之中的执业伦理和职业道德寄予了较高的期望,因而赋予了律师以"恪尽职守的解纷者"这样美好的角色期望,但实际的调查显示,真实的司法实践之中,当事人对于律师职业道德方面的期待实际是围绕着其"自己"的具体利益而展开的。具体而言,当事人希望律师能够尽职尽责维

护自己的利益,而当自己的利益与一些律师执业伦理发生冲突时,当事人通常也希望律师能够通过各种方法积极"突破"这种伦理限制①,从而将维护当事人"自己"利益的事业进行到底。可见,总体上,乡土社会的伦理与道德仍然遵循差序格局,本质上仍然是一种以"自己"为中心的"自我主义"道德标准与框架。同时,也由于上述社会期望对律师现实的和潜在的能力均提出了较高的要求,因此,调查显示,在司法准备阶段,当事人普遍更加看重的实则是律师的另外两种能力:其一是律师"全能"解决各种不同类别纠纷的专业技术水平;其二为律师的"关系"运作能力。既然当事人对律师能力的要求比较综合,那么,顺应基层社会的现实需求,当地的律师便也理所当然地化身成为了身兼多种技能的"司法多面手"。需要特别指出的是,通常意义上,"多面手"是一个偏于褒义的词汇,指的是一个擅长多种技能的人,但在本书的语境中,"多面手"这三个字实际涵盖了基层当事人所普遍寄予律师的上述两种重要能力,而在中国的现实话语体系之中,"关系运作能力"实际上明显透着"灰暗"的色彩,因而在此,本书实际上略微改变了"多面手"三个字的内涵及范围。可以说,在 Q 县的具体司法运作过程之中,当地的纠纷特点和"人情关系网络"运行机制在客观上使得律师所实际呈现出来的实践角色被重新构建。

---

① 例如,律师执业的"八项禁止性规定"中,有一个重要内容就是禁止律师以各种方式同相关司法人员之间建立特殊"关系",以避免律师的相关行为干扰司法。但实际上,当事人往往对于律师的"关系运作能力"寄予了厚望,甚至有些当事人会把胜诉的希望全部寄托在律师所拥有的"关系"资源之上。

（一）复杂而繁重的纠纷"甄别"任务

美国学者费尔斯蒂纳对纠纷的形成过程进行过系统研究，认为判断纠纷是否发生，大致要通过"是否有损害事实、当事人是否对这种损害事实感到不满、当事人是否向有关渠道寻求帮助，以及最终，这种寻求的行为是否得到有效回应"四个环节构成。①纠纷意味着生活秩序的失衡状态，因此，现实中，每一个当事人找到律师时，都希冀着在律师的帮助之下快速恢复正常生活秩序，也因此，当事人普遍对于律师解决纠纷的能力抱有极高的期待。然而，事实上，并非每一种纠纷都符合诉讼的标准与条件，更不是所有纠纷都能够通过诉讼机制的"裁决"模式来得到解决。

现实中，律师面对的纠纷实际上可以大致分为三个类别：第一个类别是符合法定要素和法定形式，可以通过诉讼机制解决的纠纷；第二个类别是不符合法定要素和法定形式，不能通过诉讼机制加以解决，但可以通过"调解"方式加以解决的纠纷；第三类则是不符合法定要素和法定形式，不能通过诉讼机制加以解决，同时，也难以通过调解方式加以解决的纠纷。而三类纠纷当中，最麻烦的莫过于第三类纠纷。

在律所调研期间，笔者发现，上述三类纠纷都会不分情况地同时涌到律师面前，因此，在司法准备阶段，Q县律师实际上承担着极为繁重的纠纷"甄别"任务。例如，在诸多源源不断涌到律师面

---

① See William L.F.Felstiner, Tichard L.Abel and Auatin Sarat, "The Emergence and Transfernation of Disputes: Naming Blarning, Claiming", *Law Society Review* 631, 1980-1981.

前的现实纠纷之中，有一个很大的类别可以总体上归为"臆测的纠纷"，也就是说，这种所谓"纠纷"并不具备法定起诉条件，甚至也无法调解，因为这种纠纷实际上主要起源于当事人的主观感受，甚至并不具备明晰的矛盾特征。关于这种"臆测的纠纷"，调研过程之中，笔者也观摩到了一个实际的案例：

【个案 2-2】

不符合法定起诉条件的纠纷当事人求助案例

这一天，一位老人来到律所寻找律师，对律师说，自己的儿子不孝顺，他想要起诉儿子。律师根据以往办案的经验，有重点、有提示地请老人描述具体详情，想帮他分析一下中间是否存在各种法定违反赡养义务的情况。结果，老人支支吾吾、东拉西扯了半天之后，却又说不出一个所以然来。律师从各种角度询问老人，其子是否存在某些具体的情形，老人一概摇头否认。整个交谈过程之中，其描述情况的重心始终只是停留在："最近，我'感觉'到儿子很不像话。"其基本理由是，以前，他的儿子性情开朗，回到家里总是有说有笑的，对人也亲热。现在，他回到家里却总是冷着一张脸，跟他说话也是爱理不理的。律师大致弄明白了老人的具体诉求之后，建议老人最好找街道、居委会或者村委会反映问题。结果第二天一早，老人又来了，原因是他找不到社区居委会所在。最终，律师亲自把老人带到了社区居委会，交到了自己信赖的社区干部手上，此事才算是暂时告一段落。

除了这种"臆测的纠纷"之外，现实中，既不符合法律规定，也不适合进行调解，却在事实上大量涌入律所的还包括一些涉及历史遗留问题的纠纷；一些涉及利益分配的纠纷；一些虽有侵害事实，但无法举证的纠纷；一些在区域管辖权问题上存在复杂关系的纠纷等等。因此，尽管当事人带着纠纷向律师求助时，往往意味着律师又将有新的进账，但更多的时候，律师所面对的却是大量来自现实生活的、不符合法定起诉条件，甚至也无法调解的纠纷。在相对发达的地区，律师往往会配备一些年轻的助手来进行纠纷筛选，但调查表明，县域律师尚不具备这种条件。访谈中，一位律所的主任也解释了其不配备助手的原因：

> 我不招聘助手，并不是承担不了助手的工资。我们这家律所虽然不大，但养活一两个助手还是不成问题的。主要的问题是找不到合适的人。实际上，我曾经招聘过几个助手，结果用下来之后却发现，这些助手要么法律素养不过关，要么无法安于助手岗位，总是在工作期间努力参加公务员考试或者法检考试，以至于在工作当中敷衍了事，推诿塞责，不但不能够协助我做好纠纷筛选工作，很多时候甚至会给我的工作增加额外的负担。因此，在连续聘请几个助手均不满意之后，我放弃了招聘助手的想法。（IN16178）

总而言之，笔者发现，当事人走进律所时，基本上都没有考虑过纠纷的类别和自己现时拥有的证据，而只是笼统地认为律师能够解决问题，但终究，律师的职责和功能均受限于具体的法律规范和证据规则，注定了其不可能应对来自现实生活中五花八门的所有纠纷。这些纠纷就像是一个旋涡，源源不断地榨取着律师宝贵的时间和精力，然而，不同每一个当事人具体商谈之前，律师永远也不会知道自己将要面对的是一个有效订单还是一次免费安慰剂的发放。同时，偏远县域专业人才匮乏的局面又决定了律师们很难招聘到满意的助手，因而不得不在一个较长时期内独自奋战，艰难"拓荒"。

（二）兼办多种类别案件的解纷能手

律师的工作业务大致可以分为"诉讼业务"和"非诉讼业务"两大类别。① 其中，非诉讼法律业务"从其性质和办理方式理解，具有两种含义：一是不具备诉讼要件的法律事务，即无争议的法律事务，《律师法》即采此意；二是虽具备诉讼要件亦即虽有争议，但不通过诉讼方式解决的法律事务"②。与之相对，诉讼业务则可以界定为律师依循法定诉讼程序，通过诉讼方式解决的法律事务。目前，Q县律师的主要业务是围绕诉讼业务而展开的。尽管也有部分律师从事一些"非诉讼业务"③，但总体而言，对县域律师来说，这

---

① 我国《律师法》第三十条规定："律师担任诉讼法律事务代理人或者非法律事务代理人的，应当在受委托的权限内维护委托人的合法权益。"从此项规定中也可以看出律师法律事务的两种类别。
② 刘永平：《如何界定和拓展非诉讼法律业务》，《科技信息》2010年第5期。
③ 调查表明，目前，Q县的9位执业律师中，有5位律师从事一定的非诉讼业务，主要是担任一些公职部门和一些本地企业的法律顾问。

些非诉讼业务主要是一种具有象征意义的虚衔，相反，诉讼业务则是其安身立命的根本。

即便是诉讼业务，实际上也往往有着极为丰富的类别划分。如同第一章中分析的那样，Q县地域狭小，总体上案件类别不算复杂①，因此具体的司法实践之中，律师很少会碰到涉外诉讼、商标诉讼、专利诉讼、破产诉讼等类别的诉讼，但仅以当地常见的民事案件、刑事案件和行政案件三大类别来说，以上三大类案件不仅实体法律规定相异、程序运用规则不同，而且在不同案件当中的表现形式也五花八门，因此，兼办上述所有类别的案件，对于律师来说也仍然是一个颇具挑战性的任务。访谈之中，针对"专业化"的问题，一位律师做了这样的描述：

> 如果能够只办某个类型的案子，当然更加轻松，而且长时间在同一个领域持续"深耕"的话，当然对自己的发展也更好。但是目前，没有办法，做不到。实际上，做什么案子，不是由律师决定的，而是由案件本身的特点决定的。做案子的过程也是自己学习和成长的过程。在这里，我们什么类型的案子都会碰到，第一次碰到的时候肯定觉得困难，多做几次，也就逐渐能够摸到其中的门径了。虽然这些案子的类型不同，但其中总有些司法规律是相通的。办案子的时间长了，就会逐渐掌握这些规律，后续遇到再复杂的案子，也不会觉得一筹莫展。我觉

---

① 具体案件类别的相关数据，参见本书第一章第三节"地方司法环境"部分的1-7和1-8两个表格及上下文内容。

得对案子的这种经验和感觉是很重要的，有时候比法律的具体规定还重要。（IN16181）

正如访谈过程中律师所说的那样，实际上，做什么案子，不是由律师自己决定的，而往往是由案件本身的特点决定的，或者更准确一些，是由特定地域的案件构成状况和案件本身的特点决定的。目前，Q县的9位诉讼律师均兼办各种类型的案子。这种局面，似乎隐约提示着县域律师的"专业化"程度有待提升，但笔者的调查显示，至少在目前来说，这种局面是符合县域律师行业发展规律的。首先，Q县的正规执业律师人数较少，客观上要求每一位律师都能够应对进入律所的当事人提出的问题和面临的麻烦，所以，一种"司法多面手"的能力要求显然更符合当地实际的解纷需求；其次，尽管律师兼办各种案件，但总体而言，县域范围内的纠纷类型并不复杂，多数纠纷具有共性，因此，尽管兼办各种类型的案件，但总体上对律师的能力要求不算特别高，客观上降低了律师办案时需要付出的时间和精力。

值得注意的是，与之相较，笔者针对23位"外来律师"相关问题的访谈数据则呈现出了完全不同的特点。访谈结果表明，在这些外来律师中，尽管仍然有接近半数的律师都是兼办各种类型的案件，但总体而言，单纯代理某一类别案子的律师数量已显著上升。值得注意的是，上述23位"外来律师"都是被当事人聘请到县级法院代理案件的律师，多数都来自昆明市、大理市和丽江市。这些城市在我国尚算不上典型前列的经济发达地区，却已经对律师的"专业化"程度构成了显著影响。执业环境对于律师执业能力和执业方式的影响和形塑过程也由此可见一斑。

（三）解纷过程中被普遍寄予厚望的律师"关系运作能力"

律师解决纠纷的过程就是一个与各种不同目标人群的角色互动过程。无论是从累积案源所实际需要的人际交往角度来说，还是在实际办案过程中实际需要面对众多不同类别主体的角度来说，律师都必须建立宽广的人脉关系。同时，律师作为一种"纠纷解决专家"，其工作在很大程度上将表现为一种对于矛盾的协调能力，既包括对于法律和事实之间矛盾之处的协调能力，又包括对矛盾的事件本身的协调能力，以及对于围绕矛盾而产生的复杂人际关系的协调能力。因此，正常情况下，律师都具备超越普通人的人际关系经营水平。然而，如同上文阐述过的那样，由于 Q 县迄今还保留着较为浓郁的熟人文化氛围，所以笔者发现，多数当事人对于律师"解纷能力"的期待之中，实际还蕴含着一种对于律师"关系运作能力"的显著期盼。例如，笔者调研期间，便曾见过当事人进入律所之后，信誓旦旦地拍着胸脯对律师说："只要你能够把人给我捞出来，费用的问题不在话下。"在日常生活中，笔者发现，众多的当事人也往往热衷于通过各种"关系"网络来评估律师的办案水平。这种评价所重点关注的，也往往不是律师的专业化水平①，而是这位律师"有没有背景，关系脉络是否深厚，打赢的官司多不多"等实际问题。笔者认为，对于上述现象，我们大致可以从"差序标准"和"面子文化"两个角度来具体进行观察和剖析。

首先来看"差序标准"的问题。在前面关于证据问题的讨论中，我们分析过，今天乡土社会之中的人际角色互动模式仍然遵循"差序格局"，并由此产生了不同"亲戚圈子"和"乡邻圈子"围绕证据问题所产生的不同立场。现在，我们继续沿着差序格局之下的衡量标准问题来展开讨论。所谓"差序标准"指的是，在乡土社会的差序格局之中，人们衡量一切问题都是从"己"，也就是"群我"出发的。② 在这个可收可放的弹性圈子之中，所有是非标准都会因对方与"群我"的亲疏远近之别而发生具体的变化。小到彼此之间的相处之道，大到道德和法律的具体实施，所有人际角色互动秩序均潜移默化地受其影响。对此，费孝通先生也曾做过如下精辟论述：

> 中国的道德和法律，都因之得看所施的对象和"自己"的

---

① 笔者认为，当事人之所以鲜少评价律师的专业技术水平，并非当事人认为这些水平不重要，而是由于当事人自身的专业知识欠缺，使其很难真正对律师的专业化水平展开评估；与之相对，对于律师"关系"网络等问题的评估则可以基于生活常理来展开，且交谈各方也相对更容易取得共识。
② 赵晓峰的研究表明，乡土社会中的"己"这个概念实际上并非单纯指个体，而是建立在一定组织结构之上的"群我"概念。对于此现象，赵晓峰引入了"大私"的概念来加以解释。笔者认同赵晓峰的相关解释。参见赵晓峰：《公私观念与传统中国农民的行为逻辑》，《华中科技大学学报》2012年第3期。

关系而加以程度上的伸缩。我见过不少痛骂贪污的朋友，遇到他的父亲贪污时，不但不骂，而且代他讳隐。更甚的，他还可以向父亲要贪污得来的钱，同时骂别人贪污。等到自己贪污时，还可以"能干"两字来自解。这在差序社会里可以不觉得是矛盾；因为在这种社会中，一切普遍的标准并不发生作用，一定要问清楚了，对象是谁，和自己是什么关系之后，才能决定拿出什么标准来。①

如果理解了这种乡土社会之中客观存在着的"差序标准"问题，则我们也就能够理解，为何当事人会普遍对律师的"关系运作能力"寄予厚望。我们发现，道德总体上受舆论制约，其本身就有很大的弹性空间，而即便是以"标准"和"规范"著称的法律，实际上也并非完全没有收放伸缩的空间。现实中，由于具体案件的案情千差万别，客观上决定了任何一类法律案件都不可能只用唯一的标准来加以衡量，因此中外各国的法律制度之中均设置了梯度化的违法行为惩罚标准②，同时赋予了法官对于相关案件的"自由裁量权"。也就是说，多数案件的判决结果既取决于相关的法律规定，同时也取决于法官对案情所做出的具体判断。如果是刑事案件的话，情况则会变得更加复杂。总体来说，从一个犯罪嫌疑人被公安机关控制，直至法官最终通过法定的程序对其罪行做出裁决，案情将依次经过

---

① 费孝通：《乡土中国》，人民出版社 2015 年版，第 42 页。
② 例如，刑法中很多罪名的量刑最低可能仅为三年有期徒刑，高则可能判处死刑。

"公、检、法"三个部门的逐轮检审。因此,理论上也可以说,上述三个部门的相关司法人员均对案件的最终判决结果具有实质上的影响力。那么,当事人自然会敏感地意识到,一旦律师跟上述司法人员之间关系密切,则这种"关系"无疑将使得上述司法人员对于案件的相关判断"标准"偏于宽松;相反,如果律师不能够同上述司法人员搞好"关系",则其所代理的案件便很有可能遭遇各种程度不一的严苛"标准"筛选与衡量。由此可以看出,当事人对律师的"关系运作能力"所寄予的期望,至少包含两个层次:第一个层次是希望律师至少保证案件能够得到应有的公正待遇,而不会遭到过分苛刻的对待;第二个层次则是希望通过律师的"关系运作",令自己及亲人所涉案件得到偏于宽松的对待。无论属于其中的哪一种,都以律师善于经营其与相关司法人员之间的关系为前提。而终究,最终的判决权掌握在法官手中,所以律师"关系运作"的对象,又以法官最为核心。

其次来看"面子文化"的问题。在中国的诸多传统文化之中,"面子"文化占据着重要的地位。费孝通先生认为,中国的地缘关系也遵循差序格局,因而富于伸缩空间。[①] 在特定地域范围内,越是掌管着权势与资源的人,其周围的社交圈子也就越大,同时其外在表现也就越加有"面子"。可见,"面子"本质上是一种权力与资源调动能力的外在体现。杜赞奇亦认为:"在经济交往中,一个人的可信度很难与他的贫富状况及在社会中的地位分开。从实

---

① 参见费孝通:《乡土中国》,人民出版社 2015 年版,第 2 页。

际效果看，面子实为一种有具体用处的'工具'"①。对于律师来说，其所需要的重要司法权力与资源均掌握在相关司法人员手中，特别是法官的手中，因而律师在当地是否有"面子"，很大程度上便也取决于其对于相关司法资源的调动能力。用社会角色理论来解释，律师如果期望资源配置者依照"人情法则"，将其掌握的资源作一种有利于自己的分配，那么，"他必须运用各种方法将对方套系在和自己有关的角色关系中，以混合性的关系和对方保持交往"②。从这个意义上来说，"关系运作能力"实际上也成为了律师奠定自己社会地位，从而构建一个有利于自己长期职业发展之司法生态环境的重要凭借。因此，现实中，我们发现，律师会小心地拿捏着相关制度规定与现实需求之间的合理尺度，偶尔也会打一打法律和政策的擦边球，并且始终将"关系运作能力"列为自己重要的生存必修课。

综合上述分析，我们发现，尽管制度设定和社会预期寄予了律师以"恪尽职守的解纷者"这样美好的角色期待，并试图通过制定一整套"禁止性规定"的方法来约束律师的执业伦理与职业道德，但调查显示，在乡土社会真实的纠纷解决过程之中，当事人对于律师职业道德方面的要求其实是具体围绕着其"自己"的利益而展开的。所以，只要于自己有利，部分当事人实际上对律师"突破"执业伦理的行为持默许甚至鼓励的态度。与之相对，在现实的纠纷解

---

① 杜赞奇：《文化、权力与国家——1900—1942 年的华北农村》，江苏人民出版社 2018 年版，第 249 页。
② 黄光国：《人情与面子》，《经济社会体制比较》1985 年第 3 期。

决过程之中，当事人往往对于律师的专业技术水平和关系运作能力寄予厚望。在"专业技术水平"方面，笔者发现，Q县的社会发展程度客观上使当地的律师均承担着极为繁重的纠纷甄别任务，同时，Q县正规律师较少的现实也客观上使当地的律师均成为了能够兼办各种类型案件的解纷能手；而在"关系运作能力"方面，笔者认为，一个讲究"人情法则"的社会，也必然是一个"关系"盛行的社会。分析表明，从当事人的角度来看，其对于律师"关系运作能力"的期待可以通过乡土社会的"差序标准"来获得解释；从律师的角度来看，"关系运作能力"亦可以通过地缘上的"差序格局"来得到解释，并且更重要的是，这种能力其实是律师在特定地域范围内获取其相应社会资源的重要凭借。综合上述几个特征，笔者将后台准备阶段，律师在纠纷解决过程之中所实际呈现出来的第三种实践角色概括为"沉浮于现实纠纷旋涡中的司法多面手"。显然，这样的实践角色也同制度设定和社会预期所寄予律师的"期望角色"相去甚远。

本章小结

本章着重展现后台准备阶段，律师的"期望角色"与"实践角色"之间的现实距离。回顾本章的内容，我们发现，律师进行司法准备工作的"后台"呈现出了鲜明的"乡土性"特征，而这种特征与基层熟人文化环境之中的"人情关系网络"息息相关。无论是近乎透明的律师住所，还是作为特殊"后台"的酒桌与饭馆实际上都是一种人情关系的产物。详细分析这一阶段律师"期望角色"与"实践角色"之间客观存在着的现实距离，则会发现，律师在司法准备阶段开展工作殊为不易，律师"期望角色"与"实践角色"之间的断裂状况明显。分析表明，在此阶段，制度设定所赋予律师的第一种期望角色是"公平正义的捍卫者"。但事实上，在Q县这样的偏远落后县域，律师作为一种行业先行者，肩负着"开疆拓土"的创业重任，因而其在进行相关决策时，不得不把许多现实问题置于"公平正义"的理想之前来优先考虑，也因此，其实践角色实为"在理想与面包的夹缝中艰苦博弈的知识创业者"；制度设定所赋予律师的第二种期望角色是"技艺精湛的查证者"。但事实上，在乡土社会环境之中，律师鲜少有机会用到各种专业的取证技巧，反而时刻面对着大量枝蔓横生的当事人描述、各种随心所欲的案情修改，以及在多重"人情关系"圈子文化裹挟之下变形的证人言词，因而，在取证阶段，律师的实践角色更像是一位举步维艰的基层"侦探"；制度设定所赋予律师的第三种期望角色是"恪尽职守的解纷者"。但事实上，在乡土社会环境之中，律师需要根据具体情况，集多种纠纷解决技能于一身，偶尔也会打一打法律和政策的擦边球，并且始终将"关系运作能力"列为自己重要的生存必修课，因而，其实践角色实为"沉浮于现实纠纷旋涡中的司法多面手"。总之，这一阶段律师两重角色间的现实距离不仅揭示了律师司法准备工作的艰辛不易，也同时展示了相对落后的社会经济发展程度、相对落后的教育和法律文化发展水平以及基层的熟人文化环境,特别是其中的"人情关系网络"①等多重结构性因素对于律师角色的影响和形塑过程。

---

① 笔者认为,"人情关系网络"既指向一种社会关系,更重要的则是体现了一种特定的人际角色互动秩序。因而,笔者认为,本章所重点讨论的"关系信任",以及后文中将继续展开讨论的"情理标准"和"中庸原则"等乡土文化均具有明晰的结构性特点。

第三章　司法实战阶段律师两重角色间的现实距离呈现

在上一章中，我们重点分析了后台准备阶段，律师两重角色之间的现实距离。从本章开始，我们将把研究的重心聚焦于相对更为正式的诉讼程序之下，着重展现"前台"实战阶段，律师"期望角色"与"实践角色"之间的现实距离。[①] 需要说明的是，文章关于司法实战阶段的相关观察又具体分成了两个视角，一个是"静态"视角，另外一个是"动态"视角。本章将着重从"静态"视角出发来具体展现律师"期望角色"与"实践角色"之间的现实距离，旨在通过对上述两重角色特征的对照性呈现来揭示"纸面上的规划"与"行动中的法律"之间的断裂现象。而在后续的第四章中，则将进一步从"动态"视角出发来对相关问题进行再审视。依循"拟剧理论"的研究进路，笔者将律师在各种司法"前台"所实施的具体司法行为称为"表演"。分析表明，律师角色呈现的"前台"将以

---

① 角色距离这一概念是戈夫曼提出来的，用以描述个体真实角色与虚假角色之间的距离。

法庭为中心,同时延伸到公安局、看守所、检察院以及其他一些与案件处理结果具有直接或者间接关系的基层司法部门或者行政部门。在此阶段,律师所承担的工作大致可以概括为"审前周旋,庭审述辩,全程调解,审后协调"四重任务。在此阶段,律师"表演"的对象,或者说,将与律师发生角色互动的"观众"除被告人及其近亲属之外,还将广泛涉及法官、检察官、警察及其他一些基层司法工作人员和行政人员。也因此,在此阶段,律师的角色既有其自身的职业特点,又受到基层政治权力结构的基层司法权力结构的显著影响。

第一节　律师在基层进行司法"表演"的前台及其任务

　　司法实战阶段,律师实施相关司法行为的物理空间从"后台"转至了"前台"。戈夫曼用"前台"一词来指称"个体在表演期间有意无意使用的、标准的表达性装备……舞台设置包括舞台设施、装饰品、布局,以及其他一些为人们在舞台空间各处进行表演活动提供舞台布景和道具的背景项目……同时也要注意到大量的表演者在短期内将之视为自己所有的各种符号装备的集合"[①]。可见,在戈夫曼的理论体系之中,"前台"主要是一种表达性机制,指的是"个

---

① [美]欧文·戈夫曼:《日常生活中的自我实现》,冯纲译,北京大学出版社2008年版,第19页。

体通过印象管理产生的、展现的以及他人期待的人际自我在戏剧中的实现"[1]。在此，戈夫曼同样针对"前台"进行了一种社会学意义上的全新阐释与解读，认为个体角色行动的"前台"呈现过程既会受到角色任务本身的限制，同时也会受到其他各种利益驱动或者权力运行机制的干扰，因而往往会呈现出强烈的符号化、伪装性和表演性特征。通常来说，这一阶段人物角色所呈现的内容往往是经过精心准备和裁选的，其角色行动之中既含有符合社会公众关于某种具体角色"整体期待"的一系列内在要求，同时也往往隐含着个体角色行动者自身的独特目标与诉求。

如前所述，在本书中，关于司法"后台"与司法"前台"的划分，笔者也重点参照了戈夫曼对两种不同物理空间所进行的社会学解读，主要借助了戏剧表现过程中的"真实性""表演性""不可逆性"等特点来进行总体角色情境的划分。本书的语境之中，在"后台"准备阶段，律师的相关决策是私下进行的，其对于案情的判断基本处于真实状态。同时，这种判断是可以根据情况的变化任意修改的，并且这种修改通常不会对案件的最终审判结果造成实质性影响；相反，当律师进入"前台"表演阶段之后，律师与侦查部门、检察部门、审判部门及其他相关地方公职部门之间发生的角色交集均会受到其自身角色任务的限制，因而双方的互动过程会呈现出强烈的"表演"性质，并且双方之间的这种互动过程所造成的影响也具有"不可逆性"。也就是说，在此阶段，律师的所有言词和

---

[1] 秦启文等：《角色学导论》，中国社会科学出版社2011年版，第99页。

表现均有可能对最终的案件判决结果造成实质性影响。①

依循"拟剧理论"的研究进路，我们将律师在这一阶段所实施的司法行为称为"表演"。戈夫曼用"表演"一词来指代"个体持续面对一组特定观察者时所表现的、并对那些观察者产生了某些影响的全部行为"②。鲍曼认为"表演建立或者展现了一个阐释性框架（an interpretative frame），被交流的信息将在此框架之中得到理解，这一框架至少与另一框架——字面意义的框架（literal frame）——形成对照"③。特纳在构建了"社会戏剧、结构与反结构、共同体"等概念的基础上指出"演员在场景中所饰演的角色与特定目的有关，这些目的包括：场景、运动以及正价和负价（positive valence and negative valence）等等。即使如此，仍然有一些原本属于结构的事物悄然进入到了反结构甚至共同体领域内"④。综合上述关于社会"表演"的描述，本书将律师的"角色表演"界定为：律师基于特定的诉讼目标，在庭审前后以及庭审过程中充分运用语言、动作、表情、场景、道具等符号而建立起来的一个阐释性框架，旨在通过"表演"来营造气氛，有效传达及强化自己的观点和理念，以期对警察、检察官、法官和其他相关人员产生导向性影响，进而实现预

---

① 为了便于行文的通顺和对文意的准确解读，这里再次重申了两个阶段不同角色情境划分的标准。
② [美]欧文·戈夫曼：《日常生活中的自我呈现》，冯钢译，北京大学出版社2008年版，第19页。
③ [美]理查德·鲍曼：《作为表演的口头艺术》，杨利慧等译，广西师范大学出版社2008年版，第9页。
④ [美]维克多·特纳：《社会、场景及隐喻：人类社会的象征性行为》，民族出版社2007年版，第43页。

定诉讼目标的一系列行为集合。

一、律师进行司法表演的"前台"及其特征

律师在前台阶段所实施的"表演"既是一种具有显著个性化色彩的创造性过程，同时又受到各种既定前台设施设备、程序仪式、既定制度以及制度制定者、执行者和实施者的限制与影响。[①] 因此，要系统地认识角色呈现的前台，既要关注具体的设施和场所，更要重视在多重任务呈现过程中所体现出来的功能及其相关限制性因素。从狭义上来说，在诉讼阶段，律师进行其角色"表演"的前台应当是法庭。然而，大量的实践表明，在基层司法运行过程之中，律师对案件真正产生影响的场合却不止法庭，而往往涉及其在不同场合下的多次"表演"，是一个连续酝酿和发酵的过程。因此，从广义上来说，"前台"泛指在诉讼程序之下，那些具备"公职"色彩，并且会对律师的代理或者辩护行为，特别是最终的判决结果产生重要影响的场所。这里的"公职"色彩，主要指向地方的司法机关，同时也涉及部分地方的行政执法机关和其他部门。

在本书第一章中，笔者对 Q 县的案件构成状况进行过一个详细分析。数据显示，近年来，尽管基层的刑事案件和行政案件呈现出逐年上升的趋势，但总体而言，进入 Q 县人民法院的案件依然以民事案件为主。例如，2017 年和 2018 年的数据显示，在这两年

[①] 参见[美]欧文·戈夫曼：《日常生活中的自我呈现》，冯钢译，北京大学出版社 2008 年版，第 19 页。

中，进入 Q 县基层人民法院的案件中，约 90% 的案件为民商事案件，而事实上，严格意义上的商事案件在全部民商事案件中的比例又只在 3% 左右，因此，可以说，近年来，进入 Q 县基层人民法院的案件中，民事案件占据了 87% 的比例。[1] 由此可以推知，在此阶段，律师所面对的最重要的司法"前台"即为民事法庭。同时，由于调解在基层人民法院的判案过程中扮演着重要的角色，因此，各种调解场合也就成为了律师"表演"的重要司法前台；最后，由于 Q 县的所有律师都兼办各种类别的案件，属于典型的"司法多面手"，所以，尽管刑事案件相对占比较少，但办理刑事案件依然是当地每一个律师的重要任务。因此，律师角色呈现的"前台"将以法庭为中心，同时延伸到公安局、看守所、检察院以及其他一些与案件处理结果具有关联关系的司法场所。[2]

（一）刑事诉讼审前阶段的若干特殊司法"前台"

随着 2012 年《刑事诉讼法》的修订，我国律师在侦查阶段的相关权利得到了确认，从而使律师的"辩护权"得以延伸至了"侦查、审查批捕、审查起诉、庭前会议"等审前阶段。因此，相对于其他的几种诉讼程序而言，刑事诉讼往往会涉及公安局、看守所、检察院等多种复杂的审前"前台"。并且，事实上，律师从侦查阶段介入案情开始，便会在客观上与当地的警察、检察官等不同司法

---

[1] 关于 Q 县民事案件的占比问题，可参见第一章表 1-6 中所列数据。
[2] 相对而言，Q 县每年只办理 10 件左右的行政案件，因此本书也未对行政案件庭审过程展开详细分析。

主体展开频繁的角色互动。在这个角色互动过程之中，律师围绕案情所发表的言论和所采取的行动均会对案情的最终判决结果产生实质性影响。因此，从社会学的意义上来说，笔者认为，将律师与各种相关司法主体在刑事诉讼审前阶段的相关角色互动发生场所界定为"前台"更为适宜。

（二）律师在基层进行司法表演的核心前台——法庭

遵循《人民法院法庭建设标准》，Q县人民法院的法庭建设也具备基本法庭的构成要素，并遵循一般法庭的布局规律，面向旁听区，总体上呈现出一个"正三角形"的布局。如图3-1所示，即为当地的法庭的基本布局。

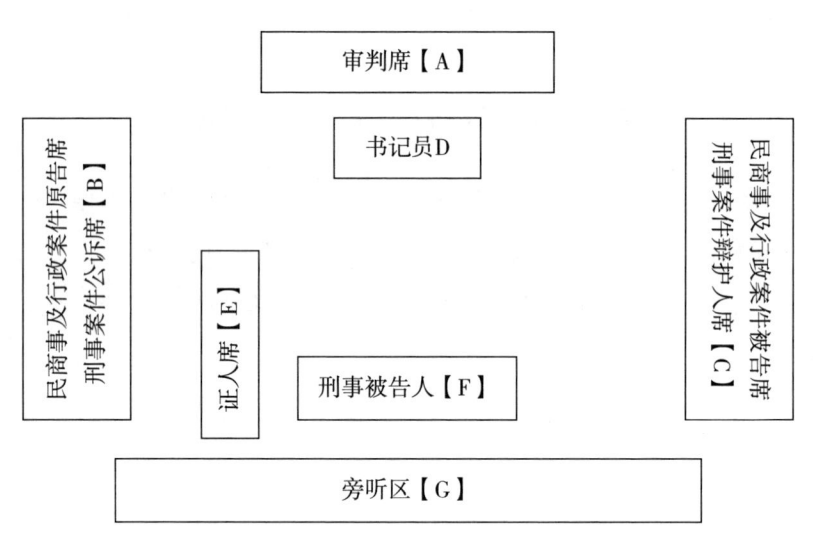

图3-1　Q县人民法院法庭布局图

【A】区为审判席。审判席共设有三个座位，中间的座位比两旁的座位略高。独任审判时，法官居中而坐；合议审判时，审判长居中而坐，两旁则是审判员或人民陪审员；【B】区为民商事及行政案件的原告席，庭审过程中，原告的诉讼代理人也位于此区域，坐在原告的旁边；而在刑事案件中，这个区域则是公诉席；【C】区为民商事及行政案件的被告席，庭审过程中，被告的诉讼代理人也位于此区域，在被告的旁边；如果案件涉及第三人，则第三人的座位也在这里；而在刑事案件中，这个区域则是辩护席；【D】区是书记员席；【E】区是证人席；证人席的旁边则是刑事诉讼中的被告人席。有时，在民商事案件和行政案件中，因为被告人坐在 C 区，所以证人席也就相应地位于更加居中的位置上。【F】区是刑事案件被告人的位置，在刑事被告人的身后，还有法警的位置。

同时，作为典型的司法"前台"，Q 县的法庭也配备有一些专门的设施与饰物。例如，法官席正上方的墙面上悬挂有国徽，法官席上配备有专门用于维持纪律的法槌。此外，依照法院的规定，法官和律师在庭审过程中则通常都穿着专门的法官袍和律师袍。上述"前台"特征有效地增强了法庭的肃穆感和神圣性，有助于进入法庭的双方当事人及其代理律师迅速进入自己的前台角色。同时，为了增强这种"角色感"，法院还专门为此准备了一整套维护秩序的规则①，且配备有专门维护秩序的法警。这些规定不仅能够保证庭

---

① 《中华人民共和国人民法院法庭规则》于 1993 年 11 月 26 日最高人民法院审判委员会第 617 次会议通过并自 1994 年 1 月 1 日起施行。根据 2015 年 12 月 21 日最高人民法院审判委员会第 1673 次会议通过的《最高人民法院关于修改〈中华人民共和国人民法院法庭规则〉的决定》修正，由最高人民法院于 2016 年 4 月 13 日发布，自 2016 年 5 月 1 日起施行。

审的秩序，同时具有象征意义，使整个庭审具备了威严肃穆的"仪式化"特征。笔者调查时发现，办案过程中，当地法官、检察官和律师的着装均十分正规。

（三）民事案件代理的重要前台——各种调解场所

调查显示，目前，Q县人民法院的案件以"裁判"结案的方式居多，但调解结案的方式仍然扮演着重要的角色。如表3-1所示，2017年，Q县人民法院以调解方式撤案的案件数量为855件，在全部案件中占比为34.7%；2018年，以调解方式撤案的数量为873件，在全部案件中占比约为35.4%。同时，即便有许多案件最终并没有通过调解的方式撤案，但在案件审理过程中也曾经历过一轮到数轮不等的调解。可见，尽管法庭毫无疑问是律师最重要的司法表演前台，但是对于类似Q县这样的偏远县域来说，调解在法庭审理过程中始终扮演着重要的角色，而法官的审理偏好毫无疑问会对律师的辩护策略产生重要影响。因此，律师在基层进行司法表演的另外一类重要前台便表现为各种调解场合。

表3-1　2017年与2018年Q县人民法院"结案"方式及比例分析表

案件类别	2017年	占比
民商事案件	1391	56.4%
刑事案件	217	8.8%
行政案件	4	0.16%
调解撤案	855	34.7%

案件类别	2018年	占比
民商事案件	1377	55.9%
刑事案件	180	7.3%
行政案件	13	0.53%
调解撤案	873	35.40%

注：数据来源于Q县人民法院。

由于调解充斥于庭审过程的始终，可以在实际民事诉讼的任何一个阶段发生，相应地，也就出现了多种多样的调解场合。[1] 总体而言，发生在法庭审理阶段的调解最为多见，因此，法庭也就成为了律师参与调解最多的、最重要的表演前台；同时，人民法院的调解室也毫无疑问是律师展现其演技的重要前台。此外，在一些特殊情况下（例如当事人腿脚不便），法官和律师还会同时出现在村委会和当事人家中展开调解，因此，村委会和当事人的家庭也可以成为律师表演的"临时"前台。2016 年，Q 县制定了其下辖一个乡镇片区的整体搬迁计划。为了保障此项搬迁工作的顺利进行，Q 县人民法院在该片区成立了一个巡回法庭[2]，专门负责审理该片区整体搬迁过程中产生的民商事案件。该法庭秉着便民、利民的服务宗旨，以庭前调解、诉调对接等更简便、更贴近居民的审判模式为主，为当事人提供"便民、利民、为民"的维权渠道和多元救济途径，着重解决搬迁村民的实际司法需求。为配合相关工作，在该巡回法庭中，律师也采取了"以调为主"的代理模式。显然，该巡回法庭也就成为了律师进行司法表演的一个特殊司法前台。

---

[1] 关于基层人民法院频繁的调解方式，可参见王启梁等：《法官如何调解？》，《当代法学》2010 年第 5 期。

[2] 巡回法庭制度是指法院为方便群众诉讼，在辖区设置巡回地点，定期或不定期到巡回地点受理并审判案件的制度。从最高人民法院设立巡回法庭直至在 Q 县的拆迁区域设置巡回法庭，实际上彰显了 Q 县人民法院在党的十八届四中全会之后的一些司法改革探索。其他相关问题，可参见纵博：《最高人民法院巡回法庭的设立背景、功能及设计构想》，《法律科学》2015 年第 2 期；另可参见傅郁林：《最高人民法院巡回法庭的职能定位与权威形成》，《中国法律评论》2014 年第 4 期。

（四）其他司法前台

由于在我国当前的司法环境之下，很多案件并不会当庭宣判，而是在案件审结一段时间之后另行"择期宣判"，许多时候，即便围绕具体诉讼案件而进行的法庭审理工作已经结束，律师真正的"诉讼活动"实际上还没有彻底完结。在目前我国司法决策高度行政化的背景之下，"律师指望通过向合议庭成员发表辩护意见来影响案件的裁判结局，通常是难以产生积极效果的"[1]。因此，在某些特定情况之下，为了让真正对案件拥有"裁判权"的个人听到律师的声音，律师的诉讼活动还必须延伸到庭后的若干环节。据此，律师诉讼活动的"前台"也就自然延伸到了法院的其他案件讨论场所（例如院长办公室）、当地司法局、政法委或者其他可能对案件判决结果产生实质性影响的基层公职部门等其他多种具体场合之中。

综上所述，总体上来说，律师进行司法表演的核心"前台"指的是法庭，但由于刑事诉讼涉及较为复杂且正规的审前程序，所以对刑事诉讼而言，律师实际上必须在审前阶段便深入到公安局、看守所、检察院等重要的特殊"前台"实施相关的案件代理工作；与此同时，由于调解在基层民事案件的办理过程之中扮演着重要的角色，所以各种调解场合也成为了律师角色"表演"的重要前台；最后，由于法庭审理结束之后，律师真正的"诉讼活动"尚未结束，

---

[1] 陈瑞华：《刑事辩护的艺术》，北京大学出版社 2018 年版，第 171 页。

律师需要根据具体情况，继续深入到司法局、政法委或者其他对案件判决结果具有实质性影响的地方公职部门等多种特殊的司法"前台"，因此，可以说，完整的律师"前台"角色呈现是由"审前、庭审和审后"三个阶段构成的。由于Q县的县城不大，上述部门之间的物理距离都很近，因此，Q县的律师周旋于上述各个部门与各个场所之间所需要直接花费的时间成本不算太高。当然，相较于物理距离上的"近"而言，真正对律师执业造成困扰的是隐藏在物理距离之下的当地复杂社会结构所造成的实际影响。

二、律师在司法实战阶段承担的主要任务

从理论上来说，律师的前台"表演"是以法庭为中心而展开的，但如前所述，在当前我国的司法环境之下，律师的"表演"往往贯穿于"审前、庭审、审后"三个环节的全部过程之中；同时，由于调解在基层司法中扮演着重要的角色，贯穿于民事案件审理过程的始终，所以，依据恰当的策略和手段来促成有效"调解"也自然成为了律师在此阶段的重要目标和任务之一。据此，依循时间脉络，笔者将律师在前台"表演"阶段承担的主要任务概括为"审前周旋、庭审述辩、全程调解与审后协调"四个层次。

（一）审前周旋

在司法实践中，律师往往在案件审理之前，就已经开始通过各种途径与各种基层司法或者行政部门频频接触。特别是对刑事

案件而言，我国当前的《刑事诉讼法》赋予了律师在侦查阶段即介入案情的相关权利。①事实上，从犯罪嫌疑人被公安机关控制，到最终站在法庭之上接受裁决，中间往往有一个较为漫长的过程。因此，如果辩护律师在犯罪嫌疑人被侦查部门控制之后不久便接受了相关委托，则从侦查阶段开始，律师便要依据法律规定具体实施"会见、阅卷、调查取证"等相关的重要准备工作。因此，相对而言，刑事案件所呈现的"前台"更为复杂多样，将涉及公安局、派出所、拘留所、看守所、检察院等相关部门。而在此阶段，律师也需要面对警察、检察官、犯罪嫌疑人及其家属、被害人及其家属以及相关证人等等多种身份不同、立场相异的复杂人群。在不同群体面前，律师都必须适时"表演"，适当调整自己的"面具"，选择不同的语言、态度和表达，巧妙"周旋"，以实现自己的既定目的。

（二）庭审述辩

按照我国诉讼法的相关规定，在民商事诉讼以及行政诉讼中，律师的角色被设定为"诉讼代理人"。在法庭上，其可以依照职责，根据案件的具体情况阐述对己方有利的事实和立法规定以及法理推断等等。律师以代理词、代理意见的方式在法庭辩论阶段发表意见，以维护委托人的利益；在刑事诉讼中，律师的角色则被设定为"辩护人"。在庭审过程中，辩护人往往需要"通过质证、举证、陈

---

① 参见《刑事诉讼法》第三十八条。

述、辩论等方式对刑事指控从事实和法律上提出被追诉人无罪、罪轻或者减轻、免除刑事责任的证据和意见,以及在诉讼程序中维护被追诉人的诉讼权利和其他合法权益不受侵犯"①。可见,无论是在民商事诉讼、行政诉讼还是在刑事诉讼中,律师的主要职责都基本可以概括为"阐述事实"与"对抗论辩"两种类型。为了同刑事诉讼法中通常采用的"辩护"概念形成区别,本书将律师在庭审阶段的"表演"概括为"庭审述辩"。可以说,无论在哪一种类别的诉讼中,"庭审述辩"都是律师完成其角色任务的最基本和最重要的途径。

在此阶段,律师首先必须以自身储备的有限知识应对万变的案情;其次是必须要以适当的方式应对严肃苛刻的环境;再次是根据庭审中随时可能出现的新证据来及时调整自己的战略,而在庭审过程中,面对不同的法官和检察官,面对性格各异、态度万千的当事人、证人等不同群体,亦需要在各种角色之间巧妙穿梭,将既定战略和灵活战术相结合来争取胜利。由此可见,律师群体不仅需要高智商,以掌握各种知识和技巧,同时也需要高情商和高演技,以应对各种复杂的社会关系。同时,调查表明,在 Q 县,由于地域狭小,因而律师的办案"口碑"至关重要。律师的责任心和专业性会影响当事人及其家属关于该律师的判断,同时也会给检察官和法官留下印象。唯有妥善处理好每一个案件,并做好善后事宜,律师才能稳步提升办案质量,并建立良好的口碑,使自己的执业生涯进

---

① 李奋飞:《论"表演性辩护"——中国律师法庭辩护功能的异化及其矫正》,《政法论坛》2015 年第 3 期。

入良性循环。

(三) 全程调解

调查表明，在 Q 县的民事案件司法裁决方式之中，调解占据着十分重要的地位。① 通常情况下，在案件正式审理之前，法官便会主持一轮至数轮不等的司法调解；在庭审过程之中，也有可能随时中断正在进行的审判，而展开调解；特殊情况下，甚至在案件已经审结，却尚未做出最终判决前，法官仍然会应当事人的要求主持司法调解。同时，调查表明，基层人民法院倾向于调解的原因多种多样，比如，有些案件属于疑难、复杂案件，在现行制度框架下很难做出一个明确的判决，在此情况下，"调解"就成了解决问题的重要选择；同时，不可否认的是，在基层乡土社会文化的熏陶和影响之下，法官必须在案件处理过程中恰当引入和运用一些当地的乡规民约，并且恰当地运用"事理人情"来说服当事人，而唯有在审判过程中充分引入"调解"的原则与方法，方能顺利达成上述目的。与之相适应，即便案件已经进入了相对正规的诉讼程序之中，律师仍然会抓紧一切机会开展"调解"工作。这种"调解"可能是为了配合法官的审理进程，当然，其中也可能蕴藏着律师的某些"私心"。关于这一问题，后文还会详细阐述。

---

① 关于调解制度的形成，可参见强世功：《权力的组织网络与法律的治理化——马锡五审判方式与中国法律的新传统》，《北大法律评论》2000 年第 2 期；另可参见曾宪义：《关于中国传统调解制度的若干问题研究》，《中国法学》2009 年第 4 期。

（四）审后协调

通常情况下，律师的工作并不会随着庭审过程的结束而归于完结，通常还会涉及后续的申诉代理、案件关系协调和其他司法辅助工作。同时，笔者在 Q 县的调研表明，目前，Q 县人民法院在结束法庭审理之后，当庭宣布判决结果的情况并不多见，通常都是在庭审结束之后，另外择期宣判。这也就意味着，无论律师在庭审阶段的"表演"多么卖力，其演出效果也会随着审后其他因素的介入而大打折扣。或者说，律师的"表演"并不会随着庭审的结束而真正宣告完结。其在"庭审"舞台上的表演结束，往往意味着另外一个阶段特殊"表演"的开始。特别是在办理一些复杂、敏感、疑难的所谓"难办案件"[①] 时，律师在审后阶段的工作有时甚至能够对案件的判决结果起到决定性的效果。由于在此过程中，律师最重要的"演技"将表现为一种疏通协调能力，因此，笔者将这一阶段律师所承担的表演工作概括为"审后疏通"任务。

[①] 在我国现行的司法语境中，"难办案件"通常比"疑难案件"的外延范围广阔得多。余昊哲认为，疑难案件可以分为模糊型、冲突型和漏洞型三种。参见余昊哲：《疑难案件的规则向度及其法律方法选择——基于赵春华案的分析》，《淮阴工学院学报》2018 年第 4 期。在我国的司法实践中，还有一些重大敏感案件往往同经济社会环境紧密相连，参见祝华：《关于处理重大敏感案件的几点思考》，《山东审判》2013 年第 4 期。笔者认为，疑难案件总体上属于"技术性"难题，虽然难以解决，但容易判断；重大敏感案件总体上属于"社会性"难题，既难以解决，有时，在初始状态时，也难以判断。本书提及的"难办案件"概念，综合涵盖了上述两种案件。

第二节　司法实战阶段制度设定所寄予律师的"期望角色"概述

在本章中,我们将通过对律师"期望角色"与"实践角色"之间的对照关系来展示前台实战阶段,律师两重角色之间客观存在着的现实距离,并据此揭示现实律师角色的断裂现象。首先来看相关制度设定和社会预期所寄予律师的"期望角色"。社会角色理论认为,"期望角色"形成了社会结构与角色行动之间关系的桥梁。它意味着个人所处的社会群体对他所期望的一系列行为,这些行为是被社会规范化了的行为,表现为希望具体的角色对象这样做而不是那样做。① 由于前台实战阶段主要体现律师作为个体角色行动者与基层政治权力结构及基层司法权力结构之间的互动过程,因而我们在此阶段所提炼的几种角色也突出强调了相关的"前台"色彩。② 查阅相关规定并提炼具体内容,笔者认为,总体上,可以将前台实战阶段,制度设定所寄予律师的三种"期望角色"概

---

① 秦启文等:《角色学导论》,中国社会科学出版社2011年版,第91页。
② 值得注意的是,为了行文的方便,我们把律师的司法行为分为了"后台准备阶段"和"前台实战阶段"两个不同的阶段。相应地,我们也在不同阶段重点观察了律师司法角色的几个不同侧面,那么是不是后台准备阶段的几种期望角色,到了前台实战阶段就不存在了呢?答案是否定的。事实上,制度设定所反映的是社会预期,而社会对于律师角色预期之中,那些关于公平正义价值追求、精湛技艺的美好寄望和恪尽职守的伦理期待等,贯穿于律师执业的全过程之中,同样会在律师的前台执业过程之中有所呈现。只是在"前台"阶段,笔者所提炼的角色特征也更加强调个体行动与司法结构和政治结构之间的互嵌关系,突出了其"前台"色彩。

括为"诉讼利益的维护者""舌绽莲花的雄辩者""势均力敌的决胜者"。

一、诉讼利益的维护者

从制度设定上来说,律师是当事人相关法律事务的代理人。我国《律师法》明确规定:"律师应当维护当事人合法权益,维护法律正确实施。"[①] 可以说,在诉讼阶段,律师的角色设定当中当然蕴含着通过其案件代理行为来影响判决结果,从而为当事人争取诉讼利益,并间接对司法运行过程予以监督和矫正的内在功能。同时,相对而言,由于刑事诉讼的结果将可能关联到当事人的人身自由权,乃至于生命权,因而,说到律师对当事人诉讼利益维护之重要性,最典型的当数刑事诉讼程序。从犯罪嫌疑人被公安机关控制,直至嫌疑人最终站在法庭之上接受审判,需要经历一个较为漫长的过程,在此期间,嫌疑人被斩断了与外界的联系,并且身处于国家机关的强力控制之下。在实践中,侦讯场所有形和无形环境制造的强制和压制氛围,侦讯者固有的优势地位和权威性的显现,侦讯者言行所表现的控制力倾向,以及侦讯者不当和失范的侦讯行为等等均会对嫌疑人造成强大的现实压力,[②] 可能产生强迫供述的效果,并由此催生冤假错案。甚至,为了确保侦讯阶段当事人的合法权益,避免当事人作出不利于自己的相关供

---

① 参见《律师法》第二条。
② 参见牟军:《刑事侦讯:一种权力的表达》,《法学研究》2010年第5期。

述，西方许多发达国家均设置了相应的"沉默权"制度，认为刑事诉讼中，嫌疑人和被告人均享有对司法人员（包括警察、检察官和法官）的讯问保持沉默而不自证其罪的权利。为了维护当事人的"沉默权"，又相应设置了当事人在此阶段的"获得律师帮助权"，认为唯有律师及早介入案情，当律师在场的情况下所获得的当事人供述才具有相应的证明力。美国联邦最高法院的判例还逐步扩张了此项权利的适用范围，凡侵害沉默权所获得的证据均不具有证明力。① 由此可见，刑事诉讼过程之中，在相当长的一个时期之内，辩护律师成为了犯罪嫌疑人和被告人沟通外界的唯一桥梁，同时也是其保障相关诉讼利益的最重要渠道。事实上，刑事诉讼法当中将律师定位为"辩护人"，其中的"护"字便指的是律师对于当事人利益的维护。同时，为了更好地维护当事人的利益，我国还设定了相应的"指定辩护"的法律援助制度，以确保部分存在特殊情形的当事人能够及时获得律师的帮助。尽管民事诉讼和行政诉讼程序之中的相关规定不若刑事诉讼这样明晰，但事实上，从本质上来说，三大诉讼法均是以程序的形式来保障当事人诉权的重要法规，并且，现实中，当事人之所以聘请律师担任代理人，本质上就是为了有效维护其相关的诉讼利益。因此，我们将前台阶段，相关制度设定所寄予律师的第一种期望角色界定为"诉讼利益的维护者"。

---

① 龙宗智：《英国对沉默权制度的改革以及给我们的启示》，《法学》2000 年第 2 期。

二、舌绽莲花的雄辩者

众所周知,诉讼律师的核心工作是建立在有效沟通基础之上的。据此,我国《民事诉讼法》规定:"人民法院审理民事案件时,当事人有权进行辩论。"①《刑事诉讼法》则规定:"犯罪嫌疑人、被告人除自己行使辩护权以外,还可以委托一至二人(含律师)作为辩护人。"② 同时,相关的程序法设定当中,还围绕律师的辩论问题设置了许多专门的制度。例如,《民事诉讼法》专门设置了法庭辩论的顺序:"首先由原告及其诉讼代理人发言,然后由被告及其诉讼代理人答辩,此后由第三人及其诉讼代理人发言或者答辩,最后是相互辩论。"③ 同样,《刑事诉讼法》中也明确规定:"经审判长许可,公诉人、当事人和辩护人、诉讼代理人可以对证据和案件情况发表意见并且可以互相辩论。"事实上,"辩护人"这一称谓当中的"辩"字便充分展示了律师的诉讼代理工作不仅要进行必要的案情陈述,更重要的是代替当事人进行充分、有效和高质量的辩论,以查明事实、澄清真相。与此同时,回顾西方律师职业的演进之路,我们发现,诉讼律师最初便是以一种"雄辩家"的姿态登上了历史舞台,"在没有权威的法律专家的情况下,法律在雅典存在的唯一的历史意义就是诉讼演说。在雅典人的法庭上,诉讼人言词的可靠性并不是在于对演说者预先存在的信任,而在很大程度上是通

---

① 参见《民事诉讼法》第十二条。
② 参见《刑事诉讼法》第三十三条。
③ 参见《民事诉讼法》第一百四十一条。

过演说本身建立和确立的"[1]。律师的辩论是一种特殊的技艺，必须建立在对相关法理和具体法律规定熟练掌握的基础之上，所以，律师作为一种专门人才，需要一个较长的知识学习和积淀过程，并以其"法律人"的独特色彩与其他形形色色的职业形成了区别；同时，律师的辩论又必须以相应的证据和事实为基础，其辩论实则是一个将相关法律规定与具体案情相结合，予以巧妙加工和重构的过程；此外，律师的辩论还需要具备相关的技巧，包括辩护词的撰写技巧，沟通的技巧和说服的技巧，因此，某种意义上来说，律师的辩论也需要具备一定的艺术性特征。总而言之，从接触当事人伊始直到最终的庭审论辩，律师始终都在全程运用其口头表达能力，而优秀的诉讼律师也必然能够在法庭之上慷慨陈词，展开"滔滔雄辩"。所以，在前台表演阶段，我们将制度设定所寄予律师的第二种期望角色界定为"舌绽莲花的雄辩者"。

三、势均力敌的决胜者

现代司法制度的相关研究表明，合理的庭审结构是维护和实现当事人诉权平等的重要保障。[2] 在前文的图 3-1 中，笔者绘制了 Q 县人民法院的布局图。仔细观察法庭的布局，我们发现，法庭作为

---

[1] Steven Johnstone, *Dispute and Democracy: The Consequence of Litigation in Ancient Athens*, Austin: University of Texas Press, 1999, pp.1-2，转引自蒋保：《演说术与雅典的民主政治》，复旦大学博士学位论文，2005 年，第 72 页。
[2] 参见冯春萍：《论控辩平等与被控人人权保障》，《法律科学》1998 年第 6 期。

一种特定的法律职业"前台",其布局中实际也蕴含着制度设定对于不同法律职业的角色期望。律师在法庭上的席位设置至少体现和表达着司法所赋予律师职责的下述使命:①律师的席位视不同的案件需求而有所差异,但始终凸显着其职责指向。例如,在民事诉讼中,当律师作为原告的诉讼代理人时,其席位便在原告一方;同理,当律师作为被告的诉讼代理人时,其席位便在被告一方。律师与其代理人的席位紧密相连,揭示出在法庭上,双方是一种"利益共同体"的关系。在此阶段,律师的职责便是争取和维护当事人的最大利益;而在刑事诉讼中,律师的席位则与公诉席相向而设,体现出双方在法庭上是一种相互"角逐"的关系,意味着律师肩负着与控方进行交锋与对抗的使命;②审判席与原告方席位(含控方席位)和被告方席位(含辩方席位)的距离大致相等,在民事诉讼中,意味着原被告双方的地位均等;在刑事诉讼中,也意味着在制度设定上,"控辩"双方地位平等。当律师展开辩护时,应当不惧来自对方"公务"身份的压力,充满自信,不卑不亢,落落大方;③在法庭中,法官的席位位于三角形的顶点处。这样的设置方式,一方面有助于法官(含人民调解员)更加清晰地观察辩护区的活动变化,并倾听双方的陈词,另一方面也凸显了法官所代表的法律的威严。同时,这种布局也意味着,律师在庭上担负着说服法官接受自己辩护理念的重要使命。总之,按照理想的制度设定,在刑事诉讼过程之中,"控、辩、审"三方之间的角色关系理应是一种"正三角形"的关系[①],法

---

① 目前,无论是英美法系还是大陆法系的法庭均属于这种"正三角形"的基本布局。当然,不同法系之下,三方的力量对比关系是有区别的。

官作为裁决者,保持其"中立"的地位,而检察官和律师则是作为势均力敌的双方,将通过自己的司法"表演"在法庭之中展开激烈的博弈与对抗,并最终实际决出胜负。因此,笔者将前台实战阶段,制度设定所赋予律师的第三种期望角色界定为"势均力敌的决胜者"。

综上所述,我们发现,在"前台"实战阶段,我国的相关制度设定和社会预期赋予了律师以"诉讼利益的维护者""舌绽莲花的雄辩者""势均力敌的决胜者"这样三种美好的期望角色。分析表明,上述三种期望角色的相关制度设定均带有规范化、抽象化和符号化的总体特征,并且这三种期望角色也基本上能够与当前西方发达国家所普遍寄予律师的"期望角色"接轨。这种状况,既体现了我国律师角色相关制度设定的"现代性"色彩,同时也在客观上展示了这样一种角色设定的"舶来品"色彩。

第三节 司法实战阶段律师真实的"实践角色"呈现

现在,让我们进入关于律师"实践角色"的相关讨论。如前所述,律师的"实践角色"指的是"个体根据他自己对角色的理解而在执行角色规范过程中所表现出来的实际行为。即个人在社会互动过程中实际扮演的角色"[①]。尽管相关制度设定赋予了律师以明确的

[①] 喻安伦:《社会角色理论磋探》,《理论月刊》1998年第12期。

角色定位，且社会各界对于律师这种职业也抱有许多金光闪闪的想象，但事实上，律师是一种充满不确定性的、时刻面临着压力与挑战的职业。实际的调查表明，在滇西北的少数民族乡土社会环境之中，即便是在基层民众普遍抱有强烈期待的前台实战阶段，律师真实的"实践角色"也往往会在多重社会因素的挤压之下而发生严重的形变。尼科洛夫认为："人在情境中，是根据身份使用自身的力量，也只有如此，他的力量和能力才得以发展。"① 同样，律师必须在具体的司法情境之中来展示自己的身份力量，而他自身的力量和能力又会受到具体司法情境的限制。在下文中，我们也将主要依循时间脉络，依次展示律师在不同角色情境之下所呈现出来的三种不同的"实践角色"。总体而言，笔者认为，从静态视角出发，可以将律师在前台实战阶段所实际呈现出来的"实践角色"具体概括为"孤立无援的自由职业者""苦口婆心的'基层司法居委会'成员"以及"在套路化的庭审过程映射下艰难求存的司法探路者"三种角色。

一、孤立无援的自由职业者

尽管从制度设定上来说，律师的角色之中当然蕴含着对当事人诉讼利益的维护这一根本使命，但事实上，律师能否真正维护当事人的相关诉讼利益，将在很大程度上取决于律师自身所拥有和所能

---

① ［保加利亚］尼科洛夫：《人的活动结构》，转引自黄连枝：《社会情境论》，（中国香港）中华书局1992年版，第145页。

够行使的权利范围,以及这种权利能否得到有效的落实和保障。例如,辩护律师能否在犯罪嫌疑人被侦查部门控制之后及时介入案情,将严重影响犯罪嫌疑人所做供述的真实性和客观性,同理,如果律师的阅卷权和调查取证权不能够得到有效保障,则辩护律师将很难及时制定出有利于维护犯罪嫌疑人相关权益的辩护策略。可以说,在刑事诉讼中,当律师首次以辩护人的身份介入侦查程序时①,尽管案件还远没有走到最终的庭审对抗阶段,律师实际上已经进入了某些重要的法定"前台"。从此刻开始,律师围绕案件而发表的言论和实施的行为均会对最终的案件判决结果产生重要的实质性影响。② 因此,笔者认为,研究既定地域范围内,律师在审前阶段的实践角色定位,可以把刑事辩护律师相关权利的落实与保障情况作为重要的观察视窗和切入点。说到底,在审前阶段,律师相关权利的落实与保障状况实际折射的是律师与当地公安、检察院以及律师协会等等多种重要司法主体之间的关系问题,这种关系实质上能够揭示律师在基层司法体系之中所处的位置,也能够决定律师对当事人权利的维护范围和限度。下面我们将依次考察律师的执业权利落实状况和律师的人身权利保障情况,并以此来揭示前台实战

---

① 自 1996 年开始,按照我国《刑事诉讼法》的规定,律师可以在侦查阶段为犯罪嫌疑人提供法律帮助。尽管学界对于目前律师在侦查阶段的相关权利范围及其保障方面还存在很多争议,但总体上都认为应当进一步扩大这种侦查阶段的"获得律师帮助权"。

② 由于在多种诉讼程序之中,尤以刑事诉讼案件的审前阶段最为特殊,严格来说,其属于正规刑事诉讼程序的重要组成部分,因此,在本部分内容中,我们也将重点从刑事诉讼的角度出发来审视律师的实践角色。

阶段，律师所实际扮演的第一种实践角色。

（一）有待改进的律师执业权利落实状况

律师权利，是指律师在法律保障的范围内执行律师职责而由法律赋予的各种权利的总称。[①]针对诉讼过程而言，律师权利主要体现为相关法律所授予律师的权利和委托人赋予律师所代为行使的权利两个部分。2015年，相关部门印发了《关于依法保障律师执业权利的规定》[②]，其中便规定，人民法院、人民检察院、公安机关、国家安全机关、司法行政机关应当依法保障律师知情权、申请权、申诉权，以及会见、阅卷、收集证据和发问、质证、辩论等方面的执业权利，不得阻碍律师依法履行辩护、代理职责，不得侵害律师合法权利。[③]上述规定既明确了相关侵权主体的构成，也同时清晰地展示了当前我国律师所享有的"执业权利"范围。据此，笔者也在Q县对相关执业律师进行了访谈，了解其执业权利保障状况。访谈结果显示，多数律师都认为，近年来，Q县的执业环境有所改善，但也存在着一些问题，其中一位律师的访谈内容颇具有代表性：

> 我觉得这几年，律师执业环境肯定是有改善的，特别是他

[①] 王师：《论如何保护律师在司法活动中的人身权利》，《理论界》2007年第11期。
[②] 2015年，最高人民法院、最高人民检察院、公安部、国家安全部、司法部印发了《关于依法保障律师执业权利的规定》。
[③] 参见《关于依法保障律师执业权利的规定》第2条。

们（指司法部门的工作人员）的工作态度和工作方式都有一些变化。毕竟，他们的管理也比以前更严格了，确实因为一些小事情起冲突的话，对他们自己也不好。另外就是，基本上所有当事人都有手机，谁都害怕当事人偷偷录像，所以这几年过去办事，他们客气多了。我觉得这些地方是有明显改善的。但要说满意，肯定也说不上，特别是刑事案件，办起来还是很有难度。要具体说是哪个环节也不好说，但就是不顺畅，这里遇到点问题，那里遇到点障碍，每个环节都出点状况，最后就变成很麻烦的事情。所以我觉得，最难的地方倒不是说案子有多复杂，我们这里的案子基本上也不算很复杂，律师的专业水平肯定是够的。最难的是前面的那些环节，就是会见啊，阅卷啊，调查取证这些。这些也算不上什么新鲜事，上面也天天都在说改革，但改来改去，还是觉得难。比如会见，上面总说必须安排律师单独会见犯罪嫌疑人，实际上很难做到。如果警察守在旁边，难道你真的一本正经跟警察说，请你出去？都是一个地方的人，天天低头不见抬头见的，他也有他办案子的难处，你也得理解他的难处对不对？但有警察守着，嫌疑人就很害怕，我们也不方便询问，最后问来问去，也没有什么意思；又比如说，要求侦查部门在审讯的时候必须全程录像，其实究竟哪些录了，哪些没有录，我们也不清楚，也不可能真的撕破脸去调查。就算真查了，基本上也不太可能拿到实据对不对？所以我很不喜欢接刑事案子。有时候，我办刑事案子是法律援助，没有办法；有时候，是很熟悉的人绕了好几个圈子找过来的，那

也没办法，只好办了。我当然希望每一个案子都胜诉，每一个程序都走好，但实际上很难，真的很难。(IN18110)

调查显示，近年来，随着基层法院信息化建设水平的不断提升以及各项制度对于基层司法部门和公务部门工作情况的规范化管理，司法人员的工作态度和工作方式都有显著改善。在访谈中，许多律师也都提及，随着各地智慧法院建设水平的不断推进，律师在立案环节的程序已经大大简化，同时，案件进入法院之后的进展情况也都能够以短信的方式得到法院方面的及时反馈……这些点滴的变化无疑都为律师执业带来了便利，但与此同时，多数律师也如同上文访谈中谈到的一样，认为问题还是存在的。

尤为值得注意的是，律师谈到，会见时难以解决警察在场的问题，并不是说法律没有相关规定，而是因为"大家低头不见抬头见"，同时律师也知道，在办案子时，警察有他的难处。因而，基层的这种"熟人"氛围促使律师选择了"理解警察的难处"。当然，就笔者的观察来看，除了理解之外，律师的顾虑还包括不能因为某个案子而冒犯警察，毕竟律师要长期在当地执业，真正得罪了警察的话，即便在某个案子当中暂时居于上风，从长远来看，却不利于其长久的职业发展。可见，基层的熟人文化氛围会渗透在律师各种下意识的选择和判断之中，深刻影响和塑造着律师的实践角色。

那么，在"会见权"这个问题上，外来律师会不会相对好一些呢？毕竟，外来律师不必考虑到如何在当地长远执业的相关问题，从而也会在执业过程之中少受一些束缚。针对此问题，笔者对部分外来律师展开了访谈。访谈的结果表明，外来律师在会见嫌疑人时，同样并不轻松，而他们所遭遇的，往往是另外一种与当地律师截然不同的阻力。下述个案是笔者在Q县调研访谈时，听一位"外来律师"谈到的案例。办案的陈律师来自重庆，在这一个案例中，陈律师在要求会见嫌疑人时，多次受阻：

【个案3-1】

陈律师行使"会见权"多次受阻案例

被告人吴某系云南省大理州Q县人，其所涉罪名为"失火罪"。得知吴某被Q县公安机关逮捕后，吴某的母亲花某立即联系了远在重庆的远房亲戚陈律师，希望陈律师能够为自己的儿子担任辩护人。陈律师本人是重庆市一家律师事务所的执业律师，在接到花某的电话后，他对自己的工作进行了简单安排，立即乘飞机赶往昆明市，后转乘火车到达大理州大理市，在大理市继续转乘大巴赶往Q县。陈律师在周四上午到达Q县，得知吴某被关押在A看守所，便按照相关法律要求前往看守所要求"会见"。看守所查看了陈律师的资料后，发现其所提供的委托书上没有加盖律师事务所的公章，从而拒绝了陈律师的会见申请。陈律师阐明了自己来自异地，委托人在本地，因时间紧急，导致委托书上存在瑕疵的客观状况，请求通融。看守所工作人员不予理会。陈律师无奈，只好紧急联系律师事务所，将委托书电子版发送给了工作人员，要求工作人员打印并加盖公章后快递过来。快递在第二天（周五）下午才到达了花某的住所。当陈律师拿着加盖了公章的委托书到达看守所时，已临近下班时间。看守工作人员遂以"临近下班时间，一律不安排会见"为由，再次拒绝了陈律师的会见要求。陈律师阐明了自己来自重庆，异地办案时间有限等具体困难，询问是否可以通融，在周六上午安排会见，看守所的工作人员不予通融，并强调："周末和节假日一律不安排会见。"陈律师再三陈述困难，看守所工作人员不予理会。好不容易等到周一上午，陈律师再次要求会见时，又一次遭到了工作人员拒绝，而这一次的拒绝理由居然是："按照我国《刑事诉讼法》第三十九条的规定，辩护律师持律师执业证书、律师事务所证明和委托书或者法律援助公函要求会见在押的犯罪嫌疑人、被告人的，看守所应当及时安排会见，至迟不得超过四十八小时。"①看守所工作人员认为，距离陈律师首次提出会见的要求"已经超过了四十八小时"，因而认为其不符合法律规定，拒绝会见。后来，经过陈律师据理力争，并向看守所领导提出申诉，最终，在看守所领导的协调安排之下，陈律师终于艰难地完成了自己的首次会见。

尽管上述案例极为特殊，但是案例背后所折射出来的问题却引人深思。在Q县调查走访的过程中，笔者也听很多外地律师谈及，尽管近年来，当地的刑事执法环境在不断地好转，但看守所的

---

① 参见《中华人民共和国刑事诉讼法》第三十九条第二款："辩护律师持律师执业证书、律师事务所证明和委托书或者法律援助公函要求会见在押的犯罪嫌疑人、被告人的，看守所应当及时安排会见，至迟不得超过四十八小时。"

相关工作人员仍然会因为种种缘由，人为扩大"经侦查机关许可"会见的案件范畴，或者将明显不属于三类案件的其他案件也直接划入其中，并以此为由来阻挠律师的会见。现实中，还有律师因为看守所维修、看守所排练节目等理由而被拒绝会见的经历；有律师因为文件的字迹、格式等问题而被拒绝会见。

当案件移送到检察院之后，主要与律师之间产生角色互动的对象便转成了检察院的相关办案人员。与之相匹配，在此阶段，律师在执业权利落实方面所遭遇的问题便从"会见难"转变成了"阅卷难"和"调查取证难"的问题。在前述的第二章中，我们从总体上讨论了律师调查取证实际上会遭遇的一些难题。我们发现，如果进一步在刑事诉讼环境之下来审视取证问题，则不仅前述第二章中论述过的多数现实障碍均有可能在刑事诉讼过程中存在，并且刑事诉讼环境之下，这个问题还会变得更加棘手。围绕刑事案件的"取证"问题，一位当地律师的访谈也颇具有代表性：

笔者：代理刑事案件时，您会去自行调查取证吗？

律师：一般情况下都不会。

笔者：为什么呢？

律师：一个是人力本身的限制，我们这里律师比较少，办案子已经很辛苦了，基本上不可能派专人去取证，而且取证方面肯定也不如公安有优势；另一个就是，即使你辛辛苦苦采集到一些证据，法庭也不会认可这些证据，还会给你自己带来执业风险。这种吃力不讨好，又很危险的事情，何必去做呢？对不对？

笔者：您刚才提到，自己取证会面临风险，是指人身安全方面的风险吗？

律师：确实也有人身安全风险方面的问题。还有一个就是，目前，我没有听说我们这里的律师因为"妨碍作证罪"入刑的情况，但听说其他地方有。只要有这种风险，律师肯定都很害怕。所以，一般情况下，我们自己不取证，也有这方面的顾虑。

笔者：那您如何掌握相关案件的证据情况呢？

律师：主要就是去检察院阅卷。所以我觉得，对于刑事案件来说，阅卷很重要。

笔者：通常情况下，阅卷过程顺利吗？

律师：我跟检察院的人挺熟的，所以我去阅卷时，他们一般也不会刻意为难我。当然，他们也不会很放心，肯定要有一些监控手段。因为实际上，他们也害怕你会不会在阅卷的过程之中做什么手脚，给他自己带来风险。（IN18121）

诚如访谈中所展示的那样，尽管我国《刑事诉讼法》赋予了律师"调查取证权"，但在实践中，律师作为一个没有任何公权力傍身的个人，这种调查取证的行为往往得不到居民的支持，很难展开。退一步说，即使律师通过自行调查获取了"证据"，这种证据也由于缺乏法律上的认可，而至多被视为一种证据材料，或者证据线索。此外，我国《刑事诉讼法》所规定的律师申请调查权，也未能得到有效落实。现实中，我国《刑法》第三零六条所规定的"妨碍作证罪"还令刑事律师的调查取证行为面临着巨大的个人风险，在事实上成为了一柄悬在律师头上的"达摩克里斯之剑"①。多重因素叠加之下，久而久之，多数刑事辩护律师便在实践中放弃了在刑事诉讼过程之中自行展开调查取证这一项重要的权利。

笔者在 Q 县的实际调查也显示，目前，当地律师在办理刑事案件的过程中，基本上都是采用"阅卷"的方式来形成辩护思路。而实际的调查结果表明，在"阅卷"过程中，律师又会面临着一些因"利益冲突"而带来的实际干扰。由于目前，我国的刑事诉讼制度实行的是"案卷移送制"，也就是侦查机关将全部案件移送到检察机关，检察机关又将全部案卷移送到法院。这种移送方式客观上决定了，最终能够进入我国刑事法庭并得到"质证"的证据，主要是来自侦查方的证据，有部分是来自公诉方补充的证据，而律师通常都只能够在上述"证据"范围之内，通过"阅卷"的方式来形成辩护思路。由于按照制度设定，在刑事案件之中，律师和检察官的角色被设定为"对手"的关系，本质上存在着双方之间的诉讼利益冲突，因此，检察部门出于维护自己诉讼利益的目的，实际上对于律师的"阅卷"问题持有一种紧张和戒备的态度，自然也就容易在阅卷过程之中或多或少地给律师设置一些相应的障碍。同样，访谈结果显示，对于"本地律师"来说，由于他们往往同当地的检察官相熟，因此，其在检察部门"阅卷"时所遭遇的阻力主要表现为一

---

① 参见陈瑞华：《刑事辩护的艺术》，北京大学出版社 2018 年版，第 31—42 页。

种被检察部门全程监控的执业氛围;而对于"外地律师"来说,作为一种"陌生人",便要面对来自检察部门的某些阻碍。

那么,律师在执业受阻的情况之下,该如何维护自己的相关执业权利呢?查阅相关的律师执业权利救济途径,我们发现,按照制度设定,在刑事诉讼中,当律师认为办案机关及其工作人员的行为阻碍了律师依法行使相关诉讼权利时,"可以向同级或者上一级人民检察院申诉、控告"[①]。但事实上,在访谈过程之中,多数律师都对于向检察院申诉、控告这一法定的"维权"途径十分的不以为然。

总而言之,访谈的结果显示,无论是常驻 Q 县的"本地律师",还是受当事人委托偶尔到 Q 县办案的"外来律师",律师们多认为,目前在 Q 县的执业权利落实保障情况有待提升,而其中最为突出的问题又集中表现在"会见权、阅卷权和调查取证权"这三大权利的维护和保障方面。当然,如前所述,我们发现,在相关执业权利保障方面,"本地律师"与"外来律师"所受困扰的具体影响因素并不完全相同。对于"本地律师"来说,由于他们往往同当地的警察和检察官极为相熟,所以执业过程之中,警察和检察官很少会动用各种程序性的环节来为难律师,相应地,律师也会容忍警察和检察官对一些相关执业过程的监控,以平衡双方之间的利益关系;而对于"外来律师"来说,作为一种"陌生人",几乎从一开始,其个体角色行动就会受到当地公安部门和检察部门的某种阻挠。尽管原因不尽相同,但在审前阶段,刑事律师执业难却是客观存在的社

---

① 参见《关于依法保障律师执业权利的规定》第 42 条。

会现象。

（二）难以缓释的"孤立无援感"

在对Q县律师进行调查访谈的过程之中，有一个细节给笔者留下了深刻的印象，那就是，几乎所有律师都会提到自己的工作极为艰辛不易，而谈及这种艰辛的原因，多数律师都认为，这其中既有律师工作本身的烦琐性和复杂性所带来的执业困扰，同时还有非常重要的一点就是，律师作为一种"自由职业者"，其在办案过程中往往并没有真正享受到"自由"所带来的身心愉悦，反而时常会因为身后缺乏一种有力组织的庇护而深感自己孤立无援。在这个问题上，Q县丙所C律师的个人感悟也很有代表性。在转型成为律师之前，C律师曾担任过当地公安局法制科科长。

> 我之所以辞职，主要是考虑到律师工作更自由一些，换换工作，更能发挥自己的专长。然而，真正辞职之后，我觉得，作为律师看似自由了，其实不得不把更多的时间投入工作。律师工作，很多是对抗性的工作，工作的不足和失误，在法庭上会被无限放大，确实需要更多的责任心。没有人可以帮你，只有你自己，这就是律师与公安工作最大的不同。在公安机关，无论多大的事，都有单位和组织。（IN16145）

笔者走访过程中发现，许多律师都会发出类似C律师那样的感叹，认为自己身后缺乏一种"组织"的有力庇护，从而使自己不得不独自面对执业过程中遇到的大量困境。这种困境既表现为执业过程之中的孤独感，有时，甚至会表现为一种人身权利受损，面对人身安全威胁时的无力感。调查过程中，笔者就律师的人身权利侵害问题对相关律师进行了访谈，在谈到律师的人身安全问题时，一位律师给出了非常详尽的解答：

  笔者：我看到新闻报道上说，有些律师会被当事人殴打、辱骂，有些严重的，甚至会被当事人拘禁，在您的执业过程中曾经遇到过类似的情况吗？

  律师：办案子的时间长了，跟当事人之间有些误会或是摩擦是必然的，殴打倒不至于，不过有时候情绪激动起来，也难免会互相推搡几下。非法拘禁这种事，应该没有吧！至少在我们县，我没有听说过。

  笔者：您刚才提到，误会和摩擦？这代表着两种引起冲突的原因吗？

  律师：对！我觉得多数时候是误会。比如当事人认为自己特别有理，案子肯定能赢，但实际上，当事人又根本没有办法举证。你跟当事人说，证据不足，不一定能够告倒对方，他也答应了，但最后败诉了，他还是想不通，就会觉得是不是因为你这个律师没有本事。

  笔者：也就是说，败诉的当事人更容易找律师的麻烦？

  律师：一般都是嘛！胜诉了，高兴还来不及，谁会想着找你的麻烦。

笔者：那么，这种误会要怎么解开呢？

律师：主要还是讲道理。有时候，当事人情绪比较激动，就找个借口，暂时先让他冷静一下。冷静下来了，多数当事人都能想得通。实在不行，也可以找人说和。

笔者：找人说和困难吗？

律师：也不算很困难吧！一般当事人找到你，多数都是有中间人引荐的，只要跟中间人说明情况，中间人也会去劝解当事人。

笔者：您说除了误会，有时也会发生其他摩擦？能够给我举一个具体的例子吗？

律师：主要是对你不尊重、不信任。比如有一次，我代理了一个企业家的案子，合同都签了，又不信任我，跑去找其他律师反复咨询。我知道了，就跟他说案子我不做了，我们双方解除委托。他又不干了，甩一叠钱出来，说他根本不在乎钱，就是要一个胜诉的结果。我坚持要解除委托，他的司机就上来动手动脚，威胁我。

笔者：那后来怎么样了？

律师：我坚持要解除委托，他服软了，亲自向我道歉。后来，这个案子胜诉了。

笔者：你不怕得罪了这些当地的所谓"权贵"人物，会惹来麻烦吗？

律师：如果我卑躬屈膝，只会更加让人看不起。毕竟我要长期在这里执业的，别的不图，就图个好口碑。而且我虽然不是什么大律师，但也有我自己的尊严。别的我都可以忍，但你要肆意侮辱我，我就不能忍。

笔者：跟司机对峙的时候，您害怕吗？

律师：当然害怕。我虽然懂一点法律知识，可真的冲突起来，我也不可能拿本法条砸过去，对吧？所以我觉得律师真的难。警察的工作也危险，但警察有警棍，甚至有枪。律师有什么？遇到危险时，谁来保护你？！（IN18133）

在访谈中，许多当地的其他律师也提及，由于当事人对于其执业活动和角色设定存在着种种误解，所以在执业过程中，也会遇到各种各样的问题。例如，有当事人错误地理解律师的"代理"作用和帮扶立场，在签署了委托代理协议之后，会带上一大帮亲戚朋友进驻律师事务所，表示自己"身后有人"，并以此来"敦促"律师尽责办案；有当事人在办案过程中，完全无视律师的前期工作与付出，只要在案件处理过程中与律师意见相左，便会蛮横无理地要求律师退回全部代理费用。一旦律师拒绝，这些当事人便会口出污言秽语辱骂律师。当然，通常情况下，最严重的问题发生在案件"败诉"之后。由于多数当事人都对于律师参与庭审的结果寄予了厚望，预先在内心深处为律师设定了一种"常胜将军"的角色期待，所以，一旦最终判决的结果不能够尽如人意，当事人便会将责任完全推到律师身上，轻则口出恶言，重则发生肢体冲突。

由于笔者调研的区域属于典型的少数民族聚居区，所以调研过程之中，笔者也曾好奇，律师人身权利方面所遭遇的问题是否同当地的"民族因素"有一定的相关性？然而，最终的访谈结果显示，律师们普遍认为，其所遭遇的问题，跟民族因素关联不大。对此，当地的一位律师也作了具体的阐释：

> 我觉得不能把这些事情随便跟"少数民族"什么的挂上钩。为什么呢？因为我们这里最多的就是白族，我也是白族人。我觉得我们白族人是非常讲道理的。当然也有几个山区的民族，民风偏于彪悍。其中还有个别民族是以"好斗"出名的，但并不是说，这些人就不通情理。关键是你要尊重他们的规矩礼仪，不要刻意去触犯他们的民族禁忌。其实在我看来，这些人多半都是有血性、讲规矩的人，相对而言，反而没有那么多花花肠子，比较容易打交道。只要你事先跟他（她）把各种可能的诉讼结果都说清楚了，即便最终败诉，他（她）也会认可这个结果。当然，你不能够骗他（她）。如果你一开始就把诉讼结果吹得天花乱坠，最后却根本不是那么一回事儿，那么，挨揍也是活该。（IN18137）

由于访谈过程之中，律师普遍认为自己身后缺乏一个有力组织的庇护，并由此而致使自己在执业过程之中，难以对抗彪悍的当事人。所以，另外一个令笔者深感兴趣的问题便是，律师在遭遇到严重的人身权利侵害时，究竟会向谁求助？正如前文的访谈之中，律师所提出来的质疑："遇到危险时，谁来保护律师？"

查阅相关的制度规定，我们发现，我国的律师管理分为内部管理和外部管理,"内部管理指律师事务所作为律师执业机构富有的管理职能,该自律性管理称为内部管理;外部管理是指律师协会或者司法行政机关对律师进行的他律性管理"[①]。从上述的相关制度设定之中,我们可以看出,律师至少对应着三种具有"组织"特征的机构、团体或者管理部门,即:律师事务所、律师协会和司法局。

既然按照相关的制度设定,有多达三种"组织"可以为律师提供相应的保护或者援助,那么,为何律师在执业过程之中还会普遍感到自己孤立无援呢?当律师遭遇人身权利侵害时,又究竟会不会依照法律规定的那样,向上述三种具有显著"组织"特征的机构、团体或者管理部门求助呢?为了验证这一问题,笔者对Q县的9位"本地律师"和23位从异地来到Q县人民法院代理案件的"外来律师"均进行了访谈,汇总下来,上述32位律师在遭遇人身权利侵害时的求助途径如表3-2所示。

访谈结果表明,多数律师在遭遇人身权利侵害时,主要选择是报警(81.3%)和私力救济(68.8%),同时,也有很大比例(62.5%)的律师选择了向政府部门求助(注意:在这里,律师选择的是向当地的政府部门求助,而并非单纯的司法局),同时,有少数律师(31.3%)选择向律师事务所求助,而排在最后的则是律师协会(28.1%)。那么,为何在现实的执业过程之中,律师不向上述三种法定"组织"寻求足够的庇护呢?这显然必须从这些组织的构成,以及律师与这些组织之间的关系入手来寻找答案。

---

① 参见陈卫东:《中国律师学》,中国人民大学出版社2008年版,第174页。

表 3-2　律师遭遇人身权利侵害时的求助途径统计分析表

选项（多项选择题）	频数	比例
报警	26	81.3%
私力救济	22	68.8%
向政府部门求助	20	62.5%
向律师事务所求助	10	31.3%
向律师协会求助	9	28.1%

注：数据来源于实际的访谈数据统计。

首先，我们发现，Q县律师与律师事务所之间的关系较为松散。笔者在Q县的调查表明，尽管当地的律师在身份上都隶属于某一个律师事务所，也就是说，律师们在理论上都拥有一重"单位员工"的身份，但由于目前，这些律师事务所要么属于转型期的"国资所"，要么属于小规模的"个人所"，所以，作为一种具有组织特征的单位，总体而言，这些律师事务所自身的力量都比较薄弱；同时，由于目前，这些身处滇西北少数民族地区的县域律师都属于"无底薪"工作，其收入基本上都来自于办案费用，属于"自收自支，自苦自吃"的性质，所以，律师与事务所之间的关系较为松散，这也在客观上使这些身处偏远县域的律师在遇到问题时，很难得到来自律所的庇护。

其次，调查显示，律师难以对律师协会产生组织依附感和认同感。尽管我国《律师法》第四十条规定，律师协会的职责之一在于"保障律师依法执业，维护律师的合法权益"以及"调解律师执业活动中发生的纠纷"。显然，这其中也蕴含着保障律师人身权利不受侵害以及为受害律师提供相应救济的职责和功能。然而，实际的访谈结果表明，律师们在遭遇人身权利侵害时，鲜少选择向律师协会求助这一途径，而关于其中的原因，一位律师做了如下解释：

> 我之所以优先选择报警，主要是因为打110比较快也比较直接，警察出警很快，而且警察对于当事人也比较有威慑力。一般情况下，当事人看到你报警，也就多少会收敛一些，不至于把冲突继续扩大；选政府部门是因为政府部门也比较有力量，真遇到问题的时候，还是政府解决起来比较直接；为什么不选律师协会？因为律师协会办事很慢啊，程序又烦琐。现场的冲突，不可能等着律师协会来解决，至于将来，如果遇到可以慢慢解决的问题，那我也许会考虑向律师协会投诉吧！确实这些年，我听说律师协会也慢慢有一些改善了。（IN18141）

综合所有律师的访谈结果，总结起来，笔者认为，律师之所以在遭遇人身权利方面的侵害时，更加倾向于"报警"以及向当地相关行政部门求助，原因在于：首先，这两种渠道使用起来十分便捷，能够对律师所遇到的困境做出快速反应，也就在客观上能够为律师提供一种现实可期的援助；与此同时，基层居民至今还保留着对于行政权力的天然敬畏与崇拜，相应地，也就更容易服从警察和政府所作出的决定；与之相较，我国的律师协会本身便带有一种尴尬的"官民二重性"色彩[①]，并且，从实际的运行效果来看，

---

① 参见蒋超：《通往依法自治之路——我国律师协会定位的检视与重塑》，《法制与社会发展》2018年第3期。

未能有效为律师提供相应的支持和援助，而在真正的所谓"基层官方组织"面前，又显得较为软弱无力。访谈过程中，律师们普遍认为，向律师协会求助，一来程序麻烦；二来问题不一定能够获得解决；三来即便最终事情能够得出一个结论，但等到一系列冗长复杂的程序走完，很多事情都已经"时过境迁"了，并不能达到预期效果。也就是说，与侵权行为的"突发性、即时性和紧急性"相比，一些制度层面的救济渠道往往显得复杂、滞后并且低效，并非解决问题的理想手段。特别是对于这些位于偏远区域执业的律师而言，律师协会多少显得有些"山高皇帝远"，在现实中，也就自然表现为"远水解不得近渴"了。总之，律师协会这种组织构架上的"先天不足"叠加上在类似Q县这样的偏远地区运行时的"有心无力"，也的确很难令律师发自内心地产生某种组织依附感和认同感。

综上所述，笔者发现，尽管制度设计赋予了律师以"诉讼利益的维护者"这样美好的角色期待，但事实上，律师能否有效维护当事人的诉讼权益，将在很大程度上取决于律师所拥有和所能够实际实施的权利。从本质上来说，"刑事诉讼是一个利益反映与实现的场域，不同诉讼主体由于其所追求利益的差异，决定了在刑事诉讼中所享有的权利及承担的义务不同，并由此决定了其在刑事诉讼中的地位"[①]。Q县律师在审前阶段所遭遇的角色困境，实际上反映的是Q县基层司法权力构架之中，侦查部门居于优势地位，同时，

[①] 尹茂国：《冲突与平衡：被追诉人权利保障研究》，吉林大学博士学位论文，2010年，第1页。

侦查部门和检察部门之间还存在着一种友好协作的"兄弟"关系，与之相对，律师则居于弱势地位，因而其执业过程往往极为艰辛，法律所规定的各种执业权利也往往很难得到具体的保障与落实；与此同时，由于当地的律师事务所尚处于初建阶段，力量薄弱，而律师协会又多少显得有些"山高皇帝远"，致使作为"自由职业者"的律师普遍感到自己身后缺乏一种有力组织的庇护，因而在执业过程之中显得极为孤立无援。在律师自身的执业权利和人身权利均得不到有效保障的前提之下，很多时候，即便律师有心维护当事人的利益，也会显得"心有余而力不足"。因此，总体而言，在前台实战阶段，笔者认为，可以将律师的第一种实践角色概括为"孤立无援的自由职业者"。显然，这样的实践角色同相关制度设定所赋予律师的"期望角色"相去甚远。

二、苦口婆心的基层"司法居委会"成员

在前述围绕"审前"阶段所展开的讨论中，我们主要分析了刑事辩护律师所面临着的现实角色困境；在"审判"阶段，我们则将分别考察民事代理律师和刑事辩护律师所实际呈现出来的"实践角色"特征。[①] 我们首先来分析在民事法庭这一重要的司法"前台"之中，民事代理律师所实际呈现出来的实践角色特征。尽管按照

[①] 由于 Q 县的案件主要是民事案件和刑事案件，严格意义上的商事案件不多，行政案件更少，因此本章中，我们也将主要围绕民事案件和刑事案件展开分析。具体 Q 县的案件构成情况，可参见本书第一章中的表格 1-6 相关数据。

制度设计和社会预期，进入审判阶段之后，律师理应在法庭之上旁征博引、舌绽莲花，展开滔滔雄辩，并且最终凭借着其精湛的论辩技艺折服法官和当事人，成为令人惊艳的法庭"雄辩者"。但实际观摩 Q 县的民事案件审理过程便会发现，事实上，多数情况下，Q 县民事案件的代理律师都是在尽职尽责地履行其"评理"工作，而这种"评理"过程中所实际需要的知识和运用的技巧基本上都与"雄辩"无关。

由于 Q 县是一个典型的农业县，所以基层人民法院所面对的民事案件当事人也以当地的村民和山民为主。这种情况决定了大量涌入法院的民事案件标的额都不大，在庭审过程中，争议双方所反复争执扯皮的，也大都是生活中一些鸡毛蒜皮的小事；同时，由于基层人民法院十分倚重于调解，因而，伴随着各类调解进程的推进，法庭中也时常会充斥着各种吵闹、对骂、哭泣、声辩甚至撒泼耍赖、恐吓威胁的声音，从而使民事法庭呈现出某种"婆婆妈妈"的味道。受其影响，庭审调解过程之中，各类司法人员也很难保持始终如一的职业态度，而不得不拿出更多劝勉、平衡甚至威吓的语言和态度来应对当事人的种种庭审反应。因此，从某种程度上来说，基层民事法庭上的各种司法人员都兼具某种"居委会大妈"的角色色彩，而律师作为当事人的诉讼代理人，也不能够免俗，自然成为了基层"司法居委会"当中重要的一员。

（一）鸡毛蒜皮的基层民事案件本色

在本书第一章中，我们曾经分析过 Q 县民事案件的构成特征与发展趋势。调查显示,尽管近年来,基层民事案件逐渐呈现出类型复杂化、内容趋利化和主体群体化等特征[1],但总体而言,基层民事案件仍然以民间借贷案件、相邻关系案件和与婚姻家庭继承相关的家事案件为主。同时,在Q县,因"滴水冲"权属争议问题而引发的纠纷长期占据着当地相邻关系纠纷的榜首,几乎成为了当地民事纠纷的"区域特色"。[2]下面提及的案例便是这样一桩典型的"滴水冲"权属纠纷案。

【个案 3-2】

相邻"滴水冲"权属纠纷案

这是一桩围绕相邻"滴水冲"权属问题而发生的纠纷。原告与被告相邻而居,原告居北,被告居南。由于被告户在准备新建房屋,×年×月,原告就与被告之妻董某某电话协商两户之间相邻滴水冲的距离问题。同月,原告申请村调解委员会成员赵某、彭某到两户人家进行现场调解,要求确定两户间滴水冲的距离。由于被告户新建房屋才砌好石脚,故当时调解委员会人员赵某等在原告西房南山墙处标注了两户三段滴水冲每段之间的距离。原、被告双方达成协议。协议内容为:"①李某以王某建房西段留足滴水0.85米;②中段南至北留足0.9米滴水;③中段东至西0.96米;④北段原有

---

[1] 关于基层纠纷的构成与变化趋势问题,请参见本书第一章第三节"地方司法环境"部分所做的具体分析。

[2] 关于"滴水"的概念,可参见本书第一章第三节"地方司法环境"部分的相关介绍。

0.87 米；⑤现双方留出滴水地段各一半。今后双方建房保持原现状不变；⑥王某户放大角超占部分李某户有权拆除。"次年 5 月，被告新建房屋已完工。原告对其中的三段滴水冲位置丈量后，认为被告建房已违反了协议第 1 条（中段墙体东至西应留足 0.85 米，现在只留 0.83 米）和协议第 2 条（中段墙体南至北留足 0.9 米滴水，现在只留了 0.86 米）。故原告李某向 Q 县人民法院提出的诉讼请求：要求判令被告拆除新建的房屋墙体超占部分 2 公分和 4 公分。

对于类似的案件，由于有前期的调解协议作为证据[①]，案情走向十分清楚，但实际上，律师在代理类似案件时，仍然感觉到十分棘手。原因便在于，"滴水冲"纠纷发生时，往往对方的侵害事实已经形成。例如，在本案中，被告方的房屋修建工作已告完成，因此，尽管原告手持调解协议，足以证明被告客观上存在着侵权事实，但当原告签署了委托代理协议，并告知律师，自己的诉求是要让对方拆除已建房屋多占墙体部分时，律师并没有立即答应，而是根据自己前期的执业经验判断，法院不太可能为了对方这多占的几公分墙体便要求被告大动干戈地拆除房屋。相反，律师分析了案情之后，劝解原告更改诉讼请求。律师认为，更加恰当的诉讼请求理由应当是："请求法院判决被告尽量弥补侵害损失，在合理范围内部分拆除墙体，并给予原告一定的经济补偿。"原告当场拒绝了律师的劝解，原因是他觉得"不服气"，明明是自

[①] 对于调解协议能否直接用作判决时的证据材料，学界还存在一些分歧和争议。但在 Q 县的实际判决过程中，法官均认可调解协议的证据力。

己这一方有理，为什么要妥协呢？他觉得，自己无论如何"要争一口气"。依循当地的惯例，正式开庭之前，法官建议为双方当事人主持调解，原告也明确拒绝调解，要求法官"公事公办，依法判决"①。

最终，果然如律师所料，法官经审理后认为，原告提出要求拆除被告多占墙体的主张，因为有悖于双方当事人当时达成滴水协议的目的，且实际上无法执行，最终判令被告对多占墙体部分的出檐位置予以部分拆除。原告不服，意欲提起上诉，律师再次分别对原被告双方进行了"背对背"的劝解②，一方面奉劝被告给予原告一定的经济补偿；同时奉劝原告本着"方便生活、团结互助"的原则，给对方一个机会，以便营造一个和谐的邻里氛围。最终，在律师的努力之下，原告放弃了再次上诉，双方达成和解。由此可见，尽管大量的基层纠纷都是一些"鸡毛蒜皮"的小事，但实际处理起来也不简单。甚至在法院做出正式判决之后，律师的工作仍没有结束，直至在双方当事人之间进行充分的说服动员工作，找到一个恰当的平衡点，修复了双方之间的紧张关系，案件才算是真正地告一段落。

（二）"调审合一"的民事案件审理模式

日本学者棚濑孝雄很早便意识到了纠纷解决过程的意义。他认

---

① 依照我国《民事诉讼法》的相关规定，调解遵循自愿原则，必须征得双方当事人的同意才能实施调解。参见《民事诉讼法》第九十三条。
② 调研过程中，笔者发现，无论是法官还是律师在实施"调解"的过程中，多采用"面对面"调解的方式，也就是把双方当事人聚集在一起，进行说服动员，但在特定情况下，也会采取"背对背"的调解方式，分别找双方当事人进行协商。

为，诉讼机制的单一"裁决"模式受限于其严格的程式化规定，实际上并不足以解决现实生活中的全部纠纷，因而，他主张审判程序和调解程序应当加以区别，与此同时，他也认为，两者之间也存在着相辅相成的流动性关系。① 近年来，我国许多学者的研究成果也表明，对于基层司法状况而言，调解方式"早已超越了国家中心和诉讼迷信"②，具有积极意义。当然，笔者在 Q 县实际进行的调研表明，人民法院的法官之所以特别青睐调解模式，并不完全是基于对纠纷解决这一现实需求的具体考量。事实上，笔者认为，尽管 Q 县法官的审理工作总是力图在程序方面做到如我国诉讼法规定的"以事实为根据，以法律为准绳"③ 等目标，但除了上述所谓"纸面上的规定"之外，实际上，法官更承担着通过案件的判决来平息矛盾和纠纷、维护社会稳定的重要职责。查阅 Q 县人民法院发布的各类文稿，我们发现，Q 县人民法院的重要工作目标之一便在于使那些进入法院的一审案件成功实现"息诉服判"，并以此为起点，努力形成"问题不激化，矛盾不上交"的稳定格局。例如，2013 年，Q 县人民法院制定了绩效考核办法。在 2016 年的请示文件中，县法院总结了相关工作业绩，进行了如下描述：

2013 年我院制定了《Q 县人民法院绩效考核办法》并经

---

① 参见［日］棚濑孝雄：《纠纷的解决与审判制度》，王亚新译，中国政法大学出版社 2004 年版，第 15 页以下。
② 范愉：《诉讼调解：审判经验与法学原理》，《中国法学》2009 年第 6 期。
③ 参见《民事诉讼法》第七条相关规定。

县人民政府批复同意,开始对全院干警的履职情况、工作实绩和党风廉政建设等情况进行考核。在案件大幅度上升,案多人少矛盾突出的情况下,通过《绩效考核办法》的实施,连续三年我院案件的各项量化指标在全州法院系统都名列前茅。今年第一季度我院共受理刑事、民商事、行政案件497件,旧存35件,审(执)结371件,结案率69.7%,结案率在全州排名第一;调解结案案件数为293件,调解率为76.16%,我院远远高出大理州法院系统调解率的平均值33.56%,占全州第一;一审息诉服判率为99.12%,位居全州第一,工作成绩显著突出,为人民群众矛盾纠纷的化解作出了不懈努力。①

在上述文件中,我们可以看出,衡量Q县人民法院工作业绩的主要指标有三项,其一为"结案率"。既定时期内,结案率是其司法效率与司法效果的重要评价指标;其二为"调解率"。在所有"结案"的案件之中,调解结案的案件数占比越高,便意味着法院的工作业绩越突出;其三为"一审息诉服判率"。同样,该比率越高,越能说明法院的工作成效显著。而显然,上述这三个指标之间是息息相关,存在一定因果关系的。甚至可以说,正是由于案件的"调解率"极高,才保证Q县人民法院"结案率"较高,并且成功实现了"一审息诉服判率"超高的局面。

调查表明,作为一批久经考验的基层"司法战士",我国基层

---

① 摘自2016年Q县人民法院《关于请求继续执行〈绩效考核办法〉的请示》。

法官想要运用手中的法律武器来实现结案的目标是相对简单的，但要做到快速结案，并且让双方当事人均"息诉服判"的话，单纯运用法律武器却远远不够。事实上，法官必须在审理过程中巧妙运用符合当地乡土民情的各种乡规民约和"事理人情"来说服当事人。换句话说，早在开庭审理之前，法官就已经对于案件的处理结果有了一个相对明确的倾向性判断，这个判断就是通过"息诉服判"来促进社会稳定。为了实现上述目标，Q县人民法院的法官都比较倾向于在审前首先对案件进行一轮至多轮调解。① 当然，案件办理过程中也有可能随时停下来进行调解。特定情况下，即便案件已经审结，法官仍会不失时机地继续进行调解，而以便尽可能地实现"案结事了"。

在这样的背景之下，作为长期在基层法院代理案件的法律服务工作者，Q县的律师们对于法官的上述目标也完全能够"心领神会"。并且，从某种意义上来说，"息诉服判"四个字背后所指向的平安、稳定、和谐局面也完全符合律师的个人利益。所以，久而之久，律师们不但熟练掌握了各种依法办案的相关程序，其自身也逐渐锻炼成了调解高手，完全能够在诉讼阶段配合法官的节奏，在"审判"

---

① 关于基层法院"调审合一"司法模式的利弊，学界存在一些不同的看法，有学者认为调审分离才有利于优化民事诉讼制度，保障司法公正，参见李浩：《调解归调解，审判归审判：民事审判中的调审分离》，《中国法学》2013年第3期；也有学者认为，"调判结合"契合我国司法现实国情，体现"实用道德主义"或"实用理性"的传统司法理念。参见王聪：《调判分离还是调判结合：再论法院调解的中国图景——为"调判结合"辩护》，《河北法学》2019年第9期。本书偏重于"实然性"分析，因此对于上述观点不做过多的评判，重点关注现实司法模式对律师角色的影响。在后文第四章中，还会进一步对此问题进行深入分析。

与"调解"的模式之中进行自由切换。与此同时，分析和观察民事案件双方当事人之间的关系，我们发现，在 Q 县，相当比例的民事纠纷是发生在"熟人"之间的纠纷，因此，案件双方当事人在长期的交往过程中常常会产生许多摩擦，而真正让事态失控甚至激化的纠纷往往只是"最后一根稻草"。正因为如此，许多当事人都喜欢在庭审过程当中"摆过程"。他们往往喜欢通过对彼此过往所累积的许多日常矛盾发生过程的回顾来证明自己"有理"，并向对方展开猛烈的人身攻击。

【个案 3-3】

杨某与张某房屋买卖合同纠纷案

原告与被告系邻居。×年×月×日，原告杨某购买了被告张某的房屋一处。双方签订了房屋买卖合同，合同约定：被告张某同意以 56 万元的价格将属于被告共同所有的一处房产卖给原告。由于在此之前，该处房产已经由被告设定了抵押，用于向当地信用社申请贷款（非房屋按揭贷款，后查明，被告的贷款主要用于经商），因而双方暂时无法办理房屋过户手续。据此，双方约定，原告方的付款方式为当场支付一半现金，另外一半则由原告代替被告按月支付其所欠信用社的贷款，直至付清全部贷款为止。双方同时约定，待原告付清贷款，双方即办理房屋过户手续。合同签订之后，原告陆续按照约定的方式支付了全部款项。然而，双方尚未办理房屋过户手续时，被告便因为经商失败，欠债太多，致使该处房产被其他债权人依法采取了保全措施，无法过户到原告名下。至此，原告方知，被告在该套房屋上设定了不止一次抵押权。原告因此提起诉讼，要求解除双方之间的买卖合同，并且要求法院判令被告补偿原告相关的经济损失。

这个案件的案情本身并不复杂，当然，在正式审判之前，法官也依循惯例，首先为双方当事人主持了调解。结果，令笔者大开眼界的是，在调解过程中，双方的言论很快便偏离了主题，几乎是不约而同地迅速围绕着对方的"人品"问题展开了相互攻击。例如，被告指责原告在日常生活之中态度冷漠，不履行赡养义务，"连自己家的老人都不管，你想他说的话能信吗？"而原告则是不断予以反击，说原告"天天打麻将，还酗酒……"试图以此说明对方人品恶劣。在双方关于大量生活细节的、种种截然相反的陈述过程中，被告开始发火，试图冲过去殴打原告；原告则往地上一坐，放声大哭。

在法官的提示下，原告律师迅速扶起原告，并且适时对原告和被告都进行了一番"有理有据"的劝告，大意总体分为两个部分，第一个部分是告诫双方当事人，如果公然扰乱法庭秩序，将会受到惩戒；第二个部分则是对原告和被告双方积压已久的矛盾进行了一番详细而耐心的"评理"和说服动员工作。后来，在法官和律师的共同努力之下，这个案子终于当庭调解成功。

通过此案的调解过程，我们不难看出，基层民事案件有其特殊之处。面对着大量发生在"熟人"之间的，矛盾累积过程堪称"年深月久"的案子，无论是法官还是律师都很难只用一把"法律"的尺子来衡量和处理案件。自然，在针对这些案件而具体展开的各种"评理"过程当中，律师也免不了时常需要根据各种"事理人情"来反复劝解当事人"各自退一步，大家好走路""凡事留一线，日后好相见"。自然，律师们也能熟练使用各种诸如"打一棒子给颗糖""一时扮红脸，一时扮黑脸"等等花样繁多的调解技巧。据笔者观察，Q县律师在调解过程中所表现出来的耐心、匠心和责任心，比起传说中的"居委会大妈"来毫不逊色，甚至，有了相应的法律知识打底，其调解工作比起居委会大妈来，可以说，已经完全达到了"有过之而无不及"的境界。

综合起来，通过上述分析，我们发现，总体上，进入Q县人民法院诉讼程序的民事案件不算复杂，多数都属于一些鸡毛蒜皮的小事情，但事实上，律师代理相关案件的过程也并不轻松。因为，除了解决法律矛盾之外，律师实际上还需要综合运用各种技巧，巧妙解开当事人思想上的疙瘩，案件才能真正告一段落。同时，由于目前，Q县人民法院实际执行着一种"调审合一"的民事案件审理模式。因而，我们发现，在这种审理模式之中，一种"基于民间情理的是非标准"应运而生[1]，在案件审理过程之中与各种法定的"裁判规则"并驾齐驱，协同发挥作用。与之相匹配，律师在案件审理过程之中所实际进行的沟通工作也就更多地表现为"评理"而非"雄辩"。据此，笔者将律师在前台实战阶段所实际呈现出来的第二种实践角色

---

[1] 根据我国《民事诉讼法》的相关规定，调解也主要是要"在事实清楚的基础上分清是非"。可见，我国正式法律规定的"调解"标准之中本身就蕴含着"基于民间情理的是非标准"这一套准则。参见《民事诉讼法》第九十三条。

概括为"苦口婆心的基层'司法居委会'成员"。显然,这样的实践角色也同相关制度设定所赋予律师的"期望角色"有一定距离。

三、在程式化的庭审过程映射下求存的司法探路者

我们接下来分析在刑事法庭这一重要司法"前台"之中,刑事辩护律师所实际呈现出来的实践角色。尽管相关的制度设定和社会预期寄予了刑事辩护律师以"势均力敌的决胜者"这样美好的角色期待,但实际的调查显示,在Q县的刑事案件审理过程之中,律师的整体辩护"表演"趋于沉闷,不但鲜少会按照制度设定的那样,针对案件的具体情况同公诉人之间展开激烈的对抗,而且事实上,由于律师在各种不同类别案件之中所使用的"辩护词"高度雷同,以至于稍不留意,便会给人造成一种律师的辩护词"大同小异",或者律师总是按照一个"以不变应万变"的固定套路来代理案件的奇特感受。

(一)"以不变应万变"的刑事案件辩护词

在Q县旁听律师的辩护过程时,有一个细节给笔者留下了深刻的印象,那就是,尽管律师面对的当事人与其所涉及的刑事案件案由千变万化,但大量案件中,律师的辩护词与辩护理由却十分接近。下述三段辩护意见均为笔者旁听过程中记录下来的辩护意见。三个案件涉及三种截然不同的罪名,第一段辩护意见所涉罪名为"非法经营罪";第二段辩护意见所涉罪名为"交通肇事罪";第三段辩护意

见所涉罪名为"故意伤害罪"。尽管三个案件涉及不同的罪名，律师的辩护意见也有所差别，但显而易见的是，这三段辩护意见中存在着许多共通之处。事实上，这三段辩护意见中所提到的诸如"自首，主观恶性小，被害人也有过错，认罪态度好，有悔罪表现，取得了被害人谅解"等等，也是笔者在庭审过程中反复听到的高频词汇。

【辩护词1】被告人李某某的辩护人犯罪事实和罪名无异议，但认为：1.被告人的行为是未遂，可以比照既遂从轻或者减轻处罚；2.被告人李某某系初犯，当庭认罪，有悔罪表现，也可以从轻或者减轻处罚；3.本案所涉及烟叶价格认定比实际市场价格偏高，对被告人不公平，请酌情予以考虑；4.被告人李某某家庭困难，有老人和小孩需要照顾。综上，请求对被告人宣告缓刑。

【辩护词2】被告人对指控被告人涉嫌交通肇事罪无异议，但提出下述意见：本案中的事故现场已被破坏，车辆相撞的前后存在疑点；鉴于被告人系初犯、偶犯、认罪态度好，且对被害人的经济损失作了部分赔偿，有悔罪表现，建议法庭对被告人作从轻处罚并适用缓刑。

【辩护词3】辩护人对起诉指控的罪名无异议，同时提出下述意见：本案是家庭纠纷引发的伤害案件；被害人也有过错；被告人在被公安机关询问过程中如实供述，符合自首的规定，应当认定为自首；被告人具有真诚地认罪、悔罪并取得受害人亲属的谅解等法定和酌定的从轻、减轻处罚情节。

仔细分析上述三段辩护词，我们发现，上述辩护词至少存在着下述几点共通之处：首先，律师均对所涉罪名没有异议；其次，律师在所涉证据方面也基本没有太多异议，或者仅有少量的意见；最后，律师辩护的着力点均在于被告人存在某些法定或者酌定的从轻或者减轻处罚的情节，因而建议法官"免予处罚、减轻处罚或者适用缓刑"。也就是说，律师的辩护并不以推翻检方提起的罪名为目标，而是重点围绕"量刑"的环节而展开辩护，旨在为被害人争取到一种相对较轻的量刑处罚。

在司法实践中，根据辩护所要达到的基本目的，"我国律师界将刑事辩护划分为五种形态，即无罪辩护、罪轻辩护、量刑辩护、程序性辩护和证据辩护"①。其中，"量刑辩护"指的是律师承认被告人有罪，但认为公诉机关提出的量刑建议不妥，并以此为前提展开的辩护；"证据辩护"指的是，律师承认被告人有罪，但认为公诉机关据以定罪量刑的证据存在疑点，或者没有达到刑法要求的"确实、充分"的证明标准，并以此为前提展开的辩护。例如，在上述第二段辩护词中，律师提到："本案中的事故现场已被破坏，车辆相撞的前后存在疑点"，则该律师的辩护词便被判定为含有"证据辩护"的内容。

---

① 参见陈瑞华：《刑事辩护的理念》，北京大学出版社2017年版，第31页以下。

为了进一步对当前律师在基层人民法院进行刑事辩护的状况和策略形成客观认识，同时，根据Q县民事和刑事案件的构成比例状况，笔者也提取了2017—2018年期间，Q县人民法院公布的刑事判决书共计380份。由于部分信息不够全面，经过筛选，共计获得有效判决书361份。在本书第一章中，通过样本分析，笔者所进行的统计结果表明，在全部的361份判决书中，被告人至少获得一名律师辩护的总计为142份，[①] 总体的律师辩护率为39.3%。

笔者进一步查阅了上述142份被告人获得律师辩护的一审刑事案件判决书，结果发现，其中139份判决书的辩护意见均为"有罪辩护"[②]，证明多数律师都对公诉机关提出的罪名没有异议，占比高达97.9%；而律师选择做"无罪辩护"的仅为3例。在这3例之中，又仅有1例取得了成功。同时，通过对上述139份"有罪辩护"判决书的相关内容进行分析，我们发现律师主要做"量刑辩护"，鲜少做"证据辩护"，并且没有任何一例的律师进行"程序性辩护"。

表3-3 律师辩护类型数据分析表

律师辩护内容	频数	比例
量刑辩护	116	81.7%
证据辩护	26	18.3%

注：数据来源于对"中国裁判文书网"相关裁判文书数据的统计分析。

[①] 具体数据参见本书第一章表1-4。
[②] 有罪辩护指的是律师认可公诉机关提出的罪名，认可被告人有罪，但对于公诉机关提出的量刑建议存有异议，并在此前提下展开的辩护；无罪辩护指的是律师认为被告人无罪，并以此前提出发而展开的，旨在推翻公诉机关指控的辩护。

统计结果表明，在全部律师进行了有罪辩护的 142 份判决书中，律师做量刑辩护的总计 116 例，占比为 81.7%；律师做证据辩护的概率相对较低，总计 26 例，占比为 18.3%。具体见表 3-3。值得注意的是，尽管在 26 个案例中，律师提出了证据方面的疑点，但由于缺乏具体有力的"反驳性"证据，所以最终，仅在 4 个案例中，律师提出的证据质疑被法官采纳。

分析至此，我们发现，正是由于律师几乎都清一色地选择了做"有罪辩护"，同时，又大规模地倾向于做"量刑辩护"，所以总体而言，律师的辩护意见中有较大比例是围绕"量刑"问题展开的，久而久之，上述关于量刑的辩护意见都近乎成为了某种"套路"，在各种案件之中反复套用：以至于稍不留神，就会给人留下一种"以不变应万变"的奇妙印象。

（二）"有罪判决"的基层刑事案件审理模式

调查显示，Q 县律师之所以倾向于做"有罪辩护"，实际上同当前 Q 县人民法院执行的"有罪判决"模式息息相关。这一结论可以得到相关法官"判词"分析数据的支持。分析表明，法官的判词中涉及大量具体的案情描述和证据列举，这些部分自然是根据案情的变化而有所不同。然而，值得注意的是，法官的判词中，针对律师辩护意见的部分也大比例地呈现出了某种极为相似的倾向。例如，针对前文所列举的三个刑事案件的辩护意见，法官的判词如下：

【判词1】辩护人提出关于被告人李某某的行为系未遂、价格问题和事实与相关法律规定不符的辩护意见，不予支持。其余辩护意见符合本案实际情况，予以支持。

【判词2】辩护人提出事故现场已被破坏，车辆相撞的前后存在疑点等辩护意见，不予支持。其余辩护意见符合本案实际情况，予以支持。

【判词3】辩护人提出被害人也有过错的辩护意见，不予支持。其余辩护意见符合本案实际情况，予以支持。

仔细分析上述三段判词，我们发现，事实上，这三段判词之中也呈现出了某种较为明显的共通规律。首先，法院所做的裁决均为"有罪判决"。也就是说，在这三个案例之中，法院对于检方所提出的罪名均持认可的态度；其次，辩护人所提出的辩护意见中，有关"事实和证据"部分的辩护意见，通常都鲜少被法官采纳[①]；最后，我们发现，法官并不会完全否定律师的

---

① 需要注意的是，法官不采纳律师关于事实和证据方面的辩护意见，不代表法官在做"枉法"裁判。事实上，如前所述，由于在现行的司法环境之下，Q县的律师鲜少实施直接的调查取证，而主要是通过"阅卷"的方式来形成辩护思路，因此，如果公安和检察院的前期工作做得比较扎实，则很可能律师所提出的，关于"事实与证据"方面的辩护意见也只是为了履行职责而提出的意见，未必一定代表真相。在本书中，笔者想着重指出的是在这种现象背后，实际存在着一种"法、检、律"三方围绕量刑环节而实现的隐性均衡。关于这个问题，第四章之中还会进一步详细地加以论述。

辩护意见，而是会有选择地采纳其中的部分辩护意见。并且通常情况下，法官都倾向于采纳律师围绕"量刑环节"而提出的辩护意见。

为了验证这一问题，笔者对 Q 县 2017 年至 2018 年期间，至少有一名被告人聘请了辩护人的 142 份判决书进行了分析，结果显示，其中的 141 份判决结果均为"有罪判决"。仅有一份判决书显示律师做了无罪辩护，并且最终取得成功。数据显示，在这两年之中，Q 县人民法院刑事案件的"有罪判决率"高达 99.3%。同时，笔者进一步分析了这 142 份判决书中，法官对于律师辩护意见的采纳情况，结果发现，在律师所提出的各种辩护意见中，被采纳比例最高的辩护意见依次为："存在自愿认罪情节；存在自首情节；认罪态度较好；社会危害小；有较好的悔罪表现；得到被害人家属的谅解；初犯；偶犯。"也就是说，法官通常都倾向于采纳律师围绕"量刑"环节而提出的辩护意见。据此，可以说，目前 Q 县的人民法院实际执行着一种"有罪判决"的刑事案件审理模式，而这种司法模式也在客观上对律师的辩护策略产生了重要的影响。①

那么，这样一个枯燥乏味的、充满程式感的庭审过程，是否意味着律师和法官在办案过程中不够尽力，甚至存在着某种"草率定案"的嫌疑呢？事实上，首先必须承认的是，随着近年来我国司法改革的不断深入推进，以及自上而下层层压实责任，相关基层

---

① 关于这个问题，后续的第四章之中还将进一步分析说明。

司法部门的办案水平也在不断提升。所以，Q县"有罪判决率"高的局面，首先是因为经过公安和检察部门的两级"筛选"之后，错案率在不断降低，公诉部门提起的多数罪名都属于"罪当其名"，是一种司法进步的表现。当然，就此问题，笔者也对当地的律师展开了广泛的访谈。访谈结果显示，多数律师均坚持认为，自己之所以做"有罪辩护"，实在是迫于无奈。其中一位律师的答复也基本上代表了多数律师的意见：

> 我办理刑事案件，肯定想作"无罪辩护"。你想想，如果一个嫌疑人已经先后被公安和检察院都认定为有罪，但经过我的努力，最终变为无罪，是多么有成就感的一件事情？所以，我敢肯定地说，当律师，肯定都想作"无罪辩护"。但实际上，要作"无罪辩护"，真的是太难了。首先，所有案卷的卷证材料都是由公安和检察院那边做的，肯定体现的就是他们自己关于案件的想法。你看着他们做的材料，想要从中找出漏洞来，一举推翻他们所做出的判断，肯定是一件高难度的事。然后就是，他们实际上也很担心自己办的案子变成"错案"，所以，一旦你实施"无罪辩护"，各种压力马上就起来了。（IN18153）

诚如律师所言，作为必须在当地长期执业的律师来说，"无罪辩护"方式所蕴藏着的压力与风险都会令律师望而却步。当然，如果深入分析刑事辩护律师的具体处境和立场，便会发现，实际的情况还不止于此。首先，在当前我国"侦查中心"的司法模式之下①，公安部门在刑事案件的定罪量刑问题之上拥有较大的决定权；其次，如前所述，在当前刑事案件审理结果"择期宣判"的制度环境之下，实际上，最终能够对案件判决结果施加影响的"实际决策人"也并不局限于办案法官本身，而很有可能延伸到庭审结束之后的若干行政审议或者决断环节（例如由审判委员会做出决断，由院长做出决断，或者院长在请示相关领导后做出决断）。② 在这一前一后两个制度环境的夹击之下，相对而言，真正的刑事案件庭审过程反而未必能够对案件的实际判决结果发挥决定性的影响作用。在这种情况下，刑事诉讼案件的庭审过程便在很大程度上变成一出由"检、法、律"三方按部就班、相互配合"走程序"的过程。这样的庭审过程自然不可能真正产生激烈的博弈与对抗。现实中，刑事辩护律师真正能够对案件施加影响的空间便被压缩了。事实上，访谈过程中，当地的律师即便没有深入思考过背后的原因，却也凭借着其丰富的执业经验而普遍认为，在刑事案件代理过程之中，律师最能够实际发挥作用，甚至能够真正撼动案件罪名的时期，实际上是"审前"阶段。更确切地说，应该表述为犯罪嫌疑人被拘留之后，直至被批捕之前的37天之内。因而，在刑事辩护律师圈子之中，这37

---

① 关于"侦查中心"司法模式及其弊端，我国诉讼法及司法制度领域的许多重要专家进行过深入论述。具体可参阅熊秋红：《刑事庭审实质化与审判中心改革》，《比较法研究》2016年第9期；以及何家弘：《从侦查中心转向审判中心——中国刑事诉讼制度的改良》，《中国高校社会科学》2015年第3期。
② 具体行政力量对于基层司法庭审过程的干扰形式和干扰过程，可参见本书第五章的详细论述。

天时间又被称为"刑事拘留后拯救亲人的黄金37天"。

然而，在Q县，这宝贵的"37天"时间却往往容易被当事人及其近亲属在一种"精打细算"的谋划之下而不经意地轻易错过。在笔者调研期间，频频遇到犯罪嫌疑人的近亲属在案件被检察院向法院提起公诉之后，才急急忙忙走进律所向律师求助的情况。究其原因，一方面是在事情没有一个"定论"之前，许多近亲属还怀着一种侥幸心理，认为当事人不一定会被起诉，因而持着一种"观望"的态度；另一方面，更主要的是，在Q县的社会经济发展水平相对落后，当事人支付能力有限，且支付意愿严重缩水的情况下，许多犯罪嫌疑人的近亲属考虑到律师费用比较昂贵，认为过早聘请律师显得"很不划算"。因而，本着一种"好钢要用在刀刃上"的态度，直到案件已经被确定要提起公诉后，许多当事人的近亲属才终于下定决心聘请律师介入案件。殊不知，当事人的上述决策，已经使律师错过了宝贵的"黄金37天"。[①]一旦公诉机关已经确定了犯罪嫌疑人的罪名，并且已经向法院提起公诉，案件在很大程度上就已经"定型"了。这个时候介入案件，律师的辛劳与付出将会变得事倍功半，甚至再辛苦都于事无补。[②]

分析至此，我们可以看出，律师之所以在刑事案件的"庭审"环节进行一场堪称沉闷的"表演"，日复一日撰写着一些"以不变应万变"的辩护词，主要原因便在于，当前Q县的司法环境中，在多重因素的综合影响之下，Q县人民法院实际执行着一种"有罪

---

① 关于"黄金37天"形成的具体原因，可参见本书第五章第四部分的相关分析。
② 关于"量刑辩护"的问题及其成因，第四章之中还会进一步讨论。

判决"的刑事案件审理模式。在这种模式下,律师在庭审阶段的辩护权利空间被大幅削弱。既然律师不能够在庭审环节"尽情演出",那么,也就只能够尽力在审前阶段的各种制度夹缝之中来探寻解决问题的良机。而一旦错过了审前阶段的所谓"黄金37天",很大程度上,辩护律师也的确只能够围绕"量刑"环节来做些文章了。可以说,一个"程式化"的庭审过程,其实映射着辩护律师的真实处境。据此,笔者将前台实战阶段,律师所实际扮演的第三种实践角色界定为"在程式化的庭审过程映射下求存的司法探路者"。显然,这样的实践角色也同制度设定所赋予律师的期望角色有一定距离。

本章小结

本章着重从"静态"视角出发来展现前台实战阶段,律师"期望角色"与"实践角色"之间的现实距离。回顾本章的内容,我们发现,在前台实战阶段,律师的角色不仅受到乡土社会"礼俗"文化环境的深刻影响,也同时受到基层政治权力结构与基层司法权力结构的双重制约,因而律师两重角色间出现了断裂现象。明显,在此阶段,制度设定所赋予律师的第一种期望角色是"诉讼利益的维护者",但由于当事人的诉讼利益维护情况实际上与律师自身权利的保障状况息息相关,而调查表明,目前,不仅Q县律师的人身权利和执业权利保障方面还存在着一些现实难题,而且,身为自由职业者的律师也常常会因为身后缺乏一种组织机构的有力庇护而深感"孤立无援"。在这种情况之下,即便律师有心维护当事人的各种诉讼利益,也会时常显得"心有余而力不足"。因而,其实践角色实为"孤立无援的自由职业者";制度设定所寄予律师的第二种期望角色是"舌绽莲花的雄辩者",但由于Q县的司法案件以民事案件为主,而基层人民法院又实际执行着一种"调审合一"的民事案件处理模式,致使"基于民间情理的是非标准"应运而生,在纠纷解决过程之中与"司法裁判标准"并驾齐驱,协同发挥作用。因此,律师在民事庭审阶段的职责也就主要体现为"评理"而非"雄辩"。与之相匹配,其实践角色实为"苦口婆心的基层司法居委会成员";制度设定所寄予律师的第三种期望角色是"势均力敌的决胜者"。这一角色期待寄予着当事人希望刑事辩护律师能够在法庭之上与检察官展开充分博弈并最终决胜法庭的美好诉求。而事实上,在当前"侦查中心"的司法模式之下,法庭的裁决功能被虚化,致使整个刑事案件的庭审过程呈现出了一定的"程式化"色彩。与此同时,由于刑事辩护律师实际处于整个基层司法权力配置结构的底端,所以,律师的辩护权利空间有限,并且其案件代理过程也十分不易。在此情况下,律师的实践角色实为"在程式化的庭审过程映射下求存的司法探路者"。总之,这一阶段律师两重角色之间的现实距离不仅在客观上揭示了律师的实际处境,同时也展现了作为个体角色行动者的律师与基层乡土文化结构、基层行政权力结构及司法权力结构等多种"结构性"因素之间的相互嵌入和形塑过程。

第四章　庭审博弈过程中律师两重角色间的现实距离再审视

在前述第三章中，我们着重从"静态"视角出发分析了前台实战阶段，律师"期望角色"与"实践角色"之间客观存在着的现实距离。由于这种"静态"的视角不够全面，因而还存在一些缺憾，例如没有彻底解决律师与其他各种司法主体之间的关系问题，以及缺乏对于律师主观能动性的观察和思考。为了弥补上述缺憾，我们有必要再次聚焦于法庭这一核心的司法"前台"，在"动态"的庭审博弈过程之中来对律师与各种司法主体之间的角色互动过程进行深度观摩，并据此讨论律师与法官（也包括检察官）之间的关系，律师与当事人之间的关系，以及律师对待法律和事实的实践态度等重要命题。与此同时，在本章中，我们还将重点考查各方司法人员通过各自的角色"表演"所共同营造出来的庭审氛围（或称为"心灵的场"）究竟具备何种特征，这种氛围会对律师的角色产生什么样的影响。毕竟，无论各种结构性因素在基层司法判决中发挥着何等重要的作用，我们都必须承认，法庭审理终究是一个能动的过程，各方司法人员的主观庭审过程一定会对最终的庭审结果产生直接或间接的影响。为达成上述目标，在本章中，我们将通过对两个具体案件审理过程的详细描述来具体解析律师角色的断裂过程。根据前述第三章的分析结论，这两个案例将分别对应着两种最具有基层司法案件办理特色的具体模式，亦即民事领域"调审合一"的审理模式，以及刑事领域"有罪判决"的审理模式。

第一节　影响庭审结果的三类重要因素

无论在什么样的场合下提到"场"这一概念，我们脑海里第一时间呈现出来的总是一个有着明确边界的空间，例如广场、会场、剧场。尽管自然界中也有大量的"场"是看不见也摸不着的，例如磁场、电场、重力场、原子核内的粒子之间产生的核力场等等，但这些"场"仍然具有特定的作用范围，可以让我们通过各种方式观察到其力量的存在边界以及这些力量间的流动、制约和反制关系。与之相类似，很多优秀的社会学家在研究过程中发现，围绕着"司法"这一社会现象，有许多重要的社会力量在以各种方式发挥其作用。因此，以案件为轴心，各种社会力量展开斗争的空间范围也很像是自然界中的某种"场"。其中最具有代表性的，是著名社会学家皮埃尔·布迪厄及其所提出的场域理论。[①] 根据布迪厄的观点，

[①] 参见［法］皮埃尔·布迪厄、［美］华康德：《实践与反思——反思社会学导引》，李猛等译，中央编译出版1998年版，第131—145页。

场域中的人可能存在一个空间上的联系，但更重要的是在特定空间中，根据权力（资本）关系构建而成的人际网络秩序。在这个特殊网络之中，不同的人占据着不同的权力（资本），从而产生了距离、鸿沟和不对称关系。场域既是规则之所以形成和赖以运行的力量源泉，又同时是一个争夺的空间。行动者将根据自己在场域中的位置和力量来制定不同的策略，以便维持或者改变场域中的力量构型。其中，"场域"是其行动和实践的场所，"惯习"是行动者的行为模式，而权力（资本）及其构型则是决定行动策略和行动逻辑的原动力。关于三者之间的关系，布迪厄曾做出一个比喻：如果将场域视为一场游戏，那么权力（资本）和惯习则是其中的两张王牌。这些王牌决定了游戏的形式和结果。同时，布迪厄也专门撰文对"司法场域"及其运行方式作了如下描述：

>法律的社会实践事实上就是"场域"运行的产物，这个场域的特定逻辑是由两个要素决定的，一方面是特定的权力关系，另一方面是司法运作的内在逻辑，前者为场域提供了结构并安排场域内发生的竞争性斗争（更准确地说，是关于资格能力的冲突），后者一直约束着可能行动的范围并由此限制了特定司法解决办法的领域。①

从布迪厄的相关描述中，我们可以看出，强调从"场域"的视

---

① [法]皮埃尔·布迪厄：《法律的力量——迈向司法场域的社会学》，强世功译，《北大法律评论》1999年第2卷第2期。

角来审视司法，本质上是将司法视为一组相互关联的人在特定社会关系网络中进行的权力（资本）之争的过程。现在，再来回顾本书第二章和第三章的相关描述，我们发现，尽管是基于不同的研究目的和分析框架来展开论述，但我们同样可以在"场域"的视角下，或者说是"权力（资本）关系"构型的视角下来对相关的社会影响因素加以统合。由于既定的时间和空间范围内，人们之间的权力（资本）关系具有相对的稳定性[1]，因此，某种程度上来说，即便最终的庭审还没有开始，但人们已经可以通过对上述权力（资本）关系构型的认识而对案件可能的结果产生一种预判。

与此同时，美国法学家卡多佐则认为："（在法庭中），更为微妙精细的是那些深深掩藏在表象之下的力量，只有将它们归于下意识一类才合乎情理……我们每个人都有一种如流水潺潺不断的倾向，不论你是否愿意称其为哲学，却正是它才使我们的思想和活动融贯一致并有了方向。"[2] 据此，笔者认为，当我们把复杂的"司法场域"中各种流动的力量重新聚焦于法庭这一核心的司法前台中时，我们发现，除了在"场"下便已经默默定型了的一些重要的决定因素之外，实际上，在法庭这一司法前台之中，还有一种重要且不可忽视的重要力量，那便是各种司法参与主体通过自己"下意识"的司法"表演"所营造出来的某种庭审氛围。这种氛围又反过来会

---

[1] 笔者在这里论及的"权力关系的相对稳定性"，是指一种普遍意义上的权力结构的稳定性，而不是指每一个具体案件中的稳定性。比如，在Q县，特定法官、检察官和律师之间的权力结构是相对稳定的，但同样的司法人员放在不同的案件当中，权力结构就有可能发生变化。

[2] ［美］本杰明·卡多佐：《司法过程的性质》，商务印书馆1997年版，第3页。

对各种参与主体的情绪与心灵产生影响，使其产生一连串的心理活动，从而各自形成了一个关于案件的"心灵的场"。

据此可知，现实中，将对庭审结果产生重要影响的要素实际上有三类：第一类是案件本身的事实与证据、具体的法律规定，以及司法运行的内在规律。借鉴相关"场"的概念与原理，我们称其为"法律与事实的场"；第二类是源于社会制度和结构的，由权力（资本）在斗争与流动过程中所构成的社会关系秩序。我们称其为"社会关系的场"；第三类则是经由"思想"和"感情"的媒介所表达的，能够影响和感染法官（或者当事人）的庭审氛围。我们称其为"心灵的场"。我们发现，在现实的法庭之中，"法律与事实的场""社会关系的场""心灵的场"相互叠加，交替发挥作用，共同影响着最终的判决结果。

为了简化研究，在本章中，我们将借鉴物理学"磁场"的相关原理[①]，将影响律师执业角色呈现的上述三类相关因素都视为某种具体的磁力线，以便使我们能够更加全面而清晰地观察各种影响因素究竟是怎样在一个具体的庭审过程之中发挥其作用。在"磁现象"的语境之下，无论是哪一种原因下产生的磁力线，总之，其遵循着自然界简单的法则：磁力线越密集，则代表该磁场的磁力越强，越有可能战胜对手。因此，在庭审过程中，律师的任务就是最大限度地为当事人挖掘出那些无形却可能存在的磁力线，强化己方磁场的密度；同时尽力削弱对方的磁力线。按照制度设定，在理想的情况

---

① 关于磁场和磁现象的相关原理，可参见 [德] 艾·爱因斯坦等：《物理学的进化》，周肇威译，湖南教育出版社 1998 年版，第 97—102 页。

下，法官应该是一块不带任何磁性的纯粹铁条。那么，法官被一方当事人及其代理律师打动的过程，也就可以形象地描摹为一个被"磁化"的过程。

第二节　庭审博弈过程中律师角色的断裂过程描述

在前面的第三章中，我们分析过，当前，Q县人民法院实际执行着一种"调审合一"的民事案件审理模式。① 由于"调解"方式有利于案件双方的当事人"息诉服判"，实现真正意义上的"案结事了"，并且在客观上有利于维护社会稳定，因而普遍受到当地政府部门和司法部门的认可。在这种社会氛围之下，即便案件已经做好了全部的审理准备，且双方当事人及其代理人均已到达庭审现场，但在正式开庭审判之前，法官仍然会再一次征求双方当事人的意见，试图再进行一次当庭调解。如果调解成功，则案件将顺利地以"调解"方式结案；一旦调解失败，法官也会立即启动正规的裁决程序，按照民事诉讼法的相关规定进行司法裁决。

同样，在第三章中，我们也详细讨论过，当前，Q县人民法

---

① 关于"调审合一"司法模式的现实价值和改革难题，可参见田平安：《调审分离论：理想图景与双重背叛——兼与李浩教授商榷》，《湖南社会科学》2015年第5期。在本书中，笔者偏重于事实呈现，以及在"秩序"的视角之下来分析问题，而不强调对相关问题的"是非"判断。

院实际执行着一种"有罪判决"的刑事案件审理模式。多数情况下，法官都会认可检察机关针对犯罪嫌疑人所提出的"有罪"指控。与之相匹配，笔者发现，多数情况下，律师也主要进行"量刑辩护"。[1] 也就是说，在这种司法模式之下，律师的辩护并不以推翻检察机关所提出的罪名为目标，而是在认罪的前提之下，律师主要围绕着"量刑"环节展开辩护，有时也会针对证据问题提出一些特定的质疑。

由于 Q 县的案件主要由民事案件和刑事案件构成[2]，因此，也可以说，上述两种司法模式实际上已经覆盖了 Q 县绝大多数案件的裁决模式。据此，笔者认为，透过上述两种司法模式来对律师两重角色间的现实距离进行再审视，可以让我们深入认识欠发达地区真实的庭审结构面貌，同时也有利于我们窥见庭审博弈过程中，Q 县律师角色断裂问题的真相。

一、民事案件"调审合一"模式中律师角色的断裂过程描述

如同前述第三章分析过的那样，按照理想预期，当一个案件刚刚进入法庭时，理应还保持着其原初的案件本色。在严格的制度框架设计下，双方当事人理应处于相互敌对却彼此平等的地位；如果

---

[1] 关于几种辩护模式的具体特征及其影响，参见陈瑞华：《刑事辩护的理念》，北京大学出版社 2017 年版。

[2] 具体数据参见本书第一章表 1-6。

双方当事人都聘请了律师，则这两个代理律师都理应精通相关的法律，并且在庭审过程中都站在当事人一方，恪尽职守，忠诚担当，为维护当事人的司法权益而尽心尽力。每一方当事人自带一个磁场，理论上说，这两个磁场的磁力线密度仅受到"法律"与"事实"两个因素的影响，那么，"有理"的一方自然呈现出一个较为强力的磁场[1]；相反，"无理"的一方则呈现出一个较为薄弱的磁场。同样，在理想状态下，法官应该是公允无私的，事先对于案件不带任何倾向，在案件审理过程中能够公允地听取案件的全部事实，并且最终能够根据法律和事实作出公允的判断。也就是说，在理想的法律制度设计当中，法官应该始终如一地保持着其"铁条"本色，不带丝毫磁性。

下面，我们将通过实际案例中，各方司法人员的博弈过程来描摹和观察，在"调审合一"的司法模式之下基层民事庭审过程所呈现出来的独特面貌，并据此来观察律师角色的断裂过程。同时，在此过程中，我们也将进一步关注该种模式下的庭审过程中，各方司法主体的磁场变化，并着力寻找那个盘旋在案件审理过程中，能够让律师顺利达成目标的"心灵的场"。下述个案（个案4-1）是笔者调研期间实际观摩到的一个财产纠纷案例。甲所的 J 律师作为原告方（张某，男方）的诉讼代理人；乙所的 T 律师作为被告方（王某，女方）的诉讼代理人。

---

[1] 在本书的语境中，"有理"一词实际上有双重含义。在这里提及的"有理"指的是按照法律相关规定，其中一方所提出的"事实"证据占优；在更多的情况下，本书提及的"有理"则指的是符合民间情理的相关判断。

【个案 4-1】

张某诉王某婚约财产纠纷

张某（男方，本案原告）与王某（女方，本案被告）于 2015 年经人介绍认识。举行婚礼前，双方家庭经介绍人从中协商，男方张某家向女方王某家支付了彩礼款共计 88000 元。按照当地习俗，收款之后，女方退了 2000 元给男方。因此，男方实际支付的款项为 86000 元。原、被告用彩礼款购买了一辆五羊 125 女士摩托车、一个矮柜、三个沙发、一个六门柜、一个梳妆台、一个茶几、一对金耳环、一对耳钉、一枚金戒指、一只金手镯、一条金项链、一条银链子、一对银手镯、一台液晶电视机、两套行李（含毛毯和丝绵被一床）、被告穿的四套衣服、两个大洗脸盆、一个小洗脸盆、两个水壶和一个鞋架。上述财物除金银首饰由被告随身携带外，其余均放置在原告家。同年 3 月 8 日，双方按农村习俗举办了婚礼，被告到原告家生活，但未进行结婚登记。双方一起生活了数月之后，被告离开了原告家。于是，原告诉至法院要求被告归还彩礼。

双方对于上述过程当中涉及的重要事实问题均无异议。其异议分歧主要表现在如下两个方面：其一，双方对于应否返还彩礼款存在不同看法。男方认为，双方并未办理结婚登记手续，女方又已自行离开，因此，女方应当返还自己全部彩礼款；女方则认为，其与原告虽未领取结婚证，但双方举办婚礼后一直以夫妻名义共同生活。彩礼的目的已实现，因此彩礼款已经没有返还的必要；其二，双方对于共同购买物品所花费的钱款存在争议。男方认为，除女方放置在男方家中的财物外,女方尚应返还余下的全部彩礼款,共计64460元;女方则认为,原告给付的彩礼已经支出65340元购买了嫁妆,剩下的2万多块钱,也因办酒席而花完了。现除衣服和首饰外的物品都在原告家,其他东西都在被告家。衣服和首饰理应归原告所有,放在被告家的,原告也不打算取回,因此,双方之间已经互不相欠。

(一)进入正式诉讼环节之前,双方当事人的"磁场"特征分析

首先,在事实和法律方面,我们发现,尽管这是一个围绕"彩礼"问题而发生的案例,但由于双方没有实际举办婚礼,所以本质上是一桩婚约协议的纠纷。在初始状态下,按照我国法律的相关规定,以及客观证据所呈现的来龙去脉,原告(男方)明显是"占理"的一方,自带一个强力磁场;其次,简单分析一下本案中所涉及的"社会关系的场"。从案件的社会结构角度来看[1],双方当事人都来自农村,且不富裕。并且,从后来的庭审过程来看,双方都没

---

[1] 笔者认为,布迪厄所主张的"场域"理论中,由权力(资本)构型所呈现的"社会关系的场"要比布莱克所提到的"案件的社会结构"的外延范围更广阔。但"案件的社会结构"仍然是我们认识司法场域的重要路径之一。按照布莱克的相关理论,分析案件的社会结构,将重点关注:"谁与谁发生冲突;谁会作为第三方参与冲突,如律师、证人和法官。这些参与者之间的社会距离有多大?谁的社会地位高?谁的社会地位低?"参见[美]唐·布莱克:《社会学视野中的司法》,郭星华等译,法律出版社2002年版。

有提及自己身后的"显赫亲友",而只是围绕大量生活细节反复拉锯。据此,我们可以初步判断,此案中也没有涉及其他复杂的社会力量的干预。双方的代理律师都来自 Q 县,在 Q 县均享有良好的口碑。两位律师与办案法官均很"熟悉",基本上可以判断为双方"势均力敌"。据此,我们初步判断,该案在"社会关系的场"方面磁力线密度基本对等。综合起来,在庭审之前,男方的磁场明显占优。由于这个案子的主要争议焦点在于财产分割,因此,我们可以判断,在此案中,法官掌握着较大的自由裁量权。综合分析此案的初始状况,我们发现,这是一个在 Q 县人民法院非常常见的普通民事案件,只要法官能够在一个"合理"的范围内做出判决,该案并不会引起太多的社会风险。初步判断,此案符合经典基层民事案件的特征。

  尽管如此,在正式开庭之前,法官仍然进行了一轮调解。原因在于,首先,对于此类婚姻家庭继承纠纷,Q 县人民法院的惯例便是先进行一轮调解,无法达成合意的再进行判决;其次,通过种种途径,法官得知,此案的女方当事人(被告)[①]极为难缠,事实上,此案在进入法院之前,已经经过了村委会的一轮调解,女方当事人对于调解结果极不满意,在村委会大闹了一场,继而到县政府的信访部门进行了"上访"。种种迹象表明,一旦 Q 县人民法院的最终判决结果不能如女方所愿,女方极有可能继续通过各种途径"闹事",最终仍会变成"案结事不了"。因此,在庭审之前,法官专门

[①] 为了表述上和阅读上的方便,在本部分内容中,笔者主要用"男方和女方"来描述双方当事人,而不采用更加符合法律职业习惯的"原告和被告"称谓。

对女方的代理律师 T 律师强调："你要多做做她的思想工作。"在此，我们发现，尽管双方当事人的社会地位基本对等，但由于女方比较"难缠"，客观上使女方更加容易成为某种社会的"不稳定"因素，因而无形之间，其周围的磁力线已经开始增密。

（二）案件的审理过程描述

法官简明地表达了自己的"调解"意图，并在正式调解之前，严肃地看着两位律师，表达了一定要"妥善解决此案"的意愿。为了显示对于此案的"看重"，法官又专门强调："我们这次专门在法庭上进行调解，为什么？因为这是一个讲法律的地方，我们都要依法办事。"[①] 显然，法庭的严肃氛围起到了良好的效果。坐进被告席之后，那个传说中一直很"难缠"的女方当事人显得很安静，甚至微微地露出了一丝怯意。男方则自始至终没有看女方，一直低垂着脑袋。

调解开始之后，女方先发言，声明"我们虽然没有领结婚证，但所有人都晓得我们结婚了"。紧接着，女方的律师列举了许多事实细节，阐明了女方在延续"数月"的婚姻生活中尽到了应有的责任，"于情于理"都应该得到这些彩礼；代理男方的 J 律师则开始阐述，男方所在村庄较为贫穷，是典型的"光棍村"，男方家几乎是"倾尽全力"才凑出了这些彩礼钱。如今女方没有实际嫁给他，

---

① 在 Q 县旁听庭审的过程中，笔者发现，所有的庭审（含民事和刑事）都是用方言进行的。法官、公诉人、律师和当事人都说方言。尽管他们中多数人的民族是白族，但庭审过程普遍都是用当地的汉族方言展开的。

又带走了彩礼，无疑将把男方，甚至是男方全家人都逼入绝境。因此，让女方返还全部彩礼款是一种"合情合理"的要求。男方律师还进一步指出，女方这种"不诚信"的行为，完全带有"骗婚"的嫌疑。女方听到"骗婚"两个字，情绪开始激动，站了起来，厉声斥问男方："你说，我晚上有没有跟你睡一个被窝？我到底有没有哄你？"男方被吓了一跳，迅速地低下头，小声地说："没有……我没有说你骗我……"男方继而抬头看着律师，"是他……"从庭审反映来看，男方显然是一个极为胆小怕事的人，并且试图把相关责任推到律师身上。J律师显然很了解男方，并且对于法庭上会出现的这种状况也有所预判，所以J律师并没有丝毫激动，从容地安抚了男方的情绪，示意他不要说话。同时，法官也适时地制止女方："我说过了，这里是讲法律的地方，大家都要好好说话。你如果再像这样大声喧哗，我就要喊法警请你出去了。"女方听到"法警"两个字，立即又恢复了安静，但坐下后，仍然显得愤愤不平，小声地对律师说："我就说嘛！他肯定要赖人……"

然后，在法官的主持之下，双方开始就彩礼款购买的物品一一进行价值确认。对于大部分东西的价款，双方偶有争执，都被法官很有经验地平息。最终，最大的争执发生在摩托车和家具的价款方面。对于女方被告提供的家具和摩托车的收据，原告有异议。原告刚说了一句："根本不是这个价钱"，女方立即气势汹汹地反问："你说这个话是哪样意思？你觉得我造假噶！"眼见法官脸色不悦，T律师立即示意女方安静。男方低声说："确实不是这个价钱！"然而他并不敢抬头看女方。J律师又不紧不慢地说："摩托车的事情很好办，我们现在就可以拿出手机，上淘宝看看价钱嘛！就算运到我们这边以后，价钱比网上高，也不会高得太多嘛！"法官目视T律师，T律师立即说："我们再沟通一下。"T律师把女方当事人拉到一边，小声劝说了片刻，再回到座位上时，女方已经不说话，由T律师代表女方重新报了一个家具和摩托车的价格。法官看向男方，男方小声地说了一句："还是不对！"J律师挥手制止了男方，然后跟男方耳语了几句，男方便不再说话。

待相关的事实都基本查清了，双方大致对于所花费的彩礼款数额也达成了一致意见后，法官便看向女方，严肃地说："彩礼本来就是为了结婚才支付的。既然双方没有办理结婚证，彩礼款应该返还。"女方立即又站起来，大声反对："我们摆了酒席，我晚上也跟他睡一个被窝了，我们咋个没有结婚。"T律师再次安抚了女方激动的情绪，然后向法官陈情，说明按照Q县的习俗，一旦办了酒席，大家就都知道女方结婚了。事实上，这种情况对于女方后续再次嫁人一定会造成影响，甚至，"可能下一次，她就再也要不到彩礼款了！"T律师因此表示，请法官一定要考虑到女方的现实处境，把这些彩礼款判归女方，以补偿其损失。女方听律师这么说，便开始止不住地抹眼泪。

法官点头，说："当然！在这件事情中，被告肯定也是遭受了一定损失的，也应该适当得到补偿。"

男方听到这句话，很着急，赶紧大声说："她嫁过来以后，天天吃我的，用我的……连她脖子上那个金项链也是我买的……她咋个会有损失。"J律师再次安抚了男方，示意他坐下，然后出具了男方家的照片，以及邻居和村委会提供的证明，证实男方家境极为困难，凑出这笔彩礼款确实很不容易。J 律师同时说明，由于目前，男方所在的村庄男多女少，男性娶妻困难[1]，因而，即便是按照当地的习俗，女方第二次嫁人摆酒，也不会影响彩礼款的收取。男方当事人听到律师的说辞，赶紧补充说："是的！我表姐第二次嫁人，彩礼款比第一次还多呢！"女方当即站起来说："你看嘛！我就说调解不成。我不要调解了。"此后，T 律师多次劝解女方，女方均拒绝调解，要求法官判决。

法官又跟两个律师交换了一下意见，两个律师都拉着当事人走到法庭一角，开始低声地跟自己的当事人交谈。有意思的是，笔者发现，在此阶段，没有经过任何"合谋"，双方的代理律师便都不约而同地采取了一个劝解己方当事人的立场和态度。笔者分别倾听了两位律师对于当事人的劝说，发现唯独在此过程之中，律师才真正展露了自己关于此案的判断。例如，男方的代理律师劝解其当事人，"不要说她（意指王某）不是你媳妇。你们举办了婚礼，亲戚朋友个个都认得了，她咋个不是你媳妇？好歹也是夫妻一场，不要把事情做得太绝。你以后还要再讨媳妇呢嘛，四邻八舍呢人都在看着你。所以，我也是为你考虑，不要留下一个坏名声。如果判下来，差不多点，也就可以了。"女方的代理律师则劝解其当事人，"你看，事情跟我估计呢也差不多。该说呢我也说了，照我说，这次这个事情，按同居关系来处理就是最好呢结果了。现代人，哪个

---

[1] 关于 Q 县部分村庄男多女少、娶妻困难的具体情况，可参见本书第一章中的具体描述。

不晓得只有领了结婚证才算是真正结婚？如果你坚持把关系闹得太僵，让他（意指男方）以后出去到处乱说，你还咋个嫁人？所以，要听法官呢话，钱肯定是要还呢。当然，我还是会帮你说话，尽量争取少还一点。"

由于在调解的阶段，双方对于事实和证据都基本达成了一致意见，所以真正进入法庭审理阶段之后，只是按部就班地走了一圈程序。在庭审过程中，双方当事人都几乎没有说话，只由代理律师适时发表意见。双方律师都站在当事人一方，再次简明地陈述了相关的观点。最终，此案没有当庭宣判，而是在后续择期宣判。尽管没有当庭宣判，但是双方律师已经透过种种蛛丝马迹对案件的结果有了一个预判，所以庭审结束之后，双方律师都"语重心长"地再次劝诫了各自的当事人，总体使用了"万万不可得理不让人"，毕竟以后还有见面的机会，"总要给对方留点面子"等等话语。在这个过程中，女方当事人似乎很能听进律师的劝诫，全程表现很安静。

从最后的判决来看，法官认为，该案是围绕彩礼问题发生的纠纷。按照我国法律的相关规定，双方未缔结婚姻关系，女方应当返还彩礼款。鉴于女方也在这场纠纷中蒙受了一定的损失，可以酌情缩小还款范围。在该案中，由于双方用彩礼款购买的金银首饰和衣物实际由被告（女方）占有使用，因此，法官认为，上述金银首饰和衣物理当判归被告所有为宜。最终，法庭判决被告应返还彩礼64000元，扣除归原告所实际占有财物的价值24000元，被告还应返还余下的40000元。由于在整个调解及审理过程中，法官与双方的代理律师都充分运用了各种符合当地乡规民约的道德原则和"事理人情"对当事人"循循善诱",进行了"苦口婆心"的劝解。最终,双方当事人都接受了判决结果,均未再提起上诉,女方也没有再次"闹事"。

(三)调解与审理过程中各方司法人员的"磁场"变化

纵观整个调解和审理过程,我们发现,双方真正用于提出证据和查清事实的时间并不多,多数时候,双方都是依据事理人情在表达自己的观点。在整个过程中,律师似乎全程都在"据理力争",但其实,如果注意观察就会发现,律师很重视法官的表态,并不断根据法官的态度调整着自己的策略。当女方大声喧哗,引起法官不满时,T律师立即制止女方;同样,当男方的表现有"脱轨"的倾向时,J律师会及时地将他拉回来,制止他说话。当法官没有就此案表露自己的倾向和态度时,双方律师都站在当事人一方,依据当地的风俗人情来展开陈述。然后,当法官逐渐表露了自己关于本案的态度之后,双方律师也相应调整了自己的办案策略,开始转而劝解自己所代理的当事人,实质上是给当事人打好"预防针",以便双方都在一个可以接受的范围内适当让步,最终达成某种"均衡"。

再看法官的表现。法官全程以倾听为主,很少主动发言,但每次说话都很有分量,事实上完全掌控着整个调解和审理过程的节奏。比如在调解过程中,法官第一次发言,强调了法庭的严肃性;第二次发言是制止女方大声喧哗;第三次发言是调查相关证据的真实性;第四次发言时,法官忽然一板子拍向了女方当事人,申明按照法律规定，女方必须还钱，打了女方一个措手不及；第五次发言时，法官却又温情脉脉地表示，女方理应得到适当补偿。至此，法官虽然说话不多，但通过适当的表态，不但使整个调解过程非常严谨有序，没有发生大的波动，并且事实上，已经将自己关于案件的倾向性判断表露无遗了。有了这样的基础，法官在庭审过程中也表现得非常地"胸有成竹"，干脆利落地引导双方当事人走完了全部程序，没有出现什么意外状况。

由此，我们可以看出，当事人双方的磁力线固然会随着事实与证据的变化而发生扩张与收缩（例如关于摩托车价格的争议及变化），但实际上，在法官和双方律师的尽职"表演"过程中，一种以"事理人情"为核心要素的"心灵的场"也在客观上发挥着至关重要的作用。与此同时，在此过程中，我们发现，法官并没有如同制度设定的那样，始终保持着其"纯粹铁条"的本色。事实上，法官自带一个磁场，并且，这个磁场的主要用途是"调和"与"平衡"。无论哪一方出现了破坏"均衡"的局面，法官的磁场就会发挥出其应有的威力，把整个案件重新拉回正轨上来。如果我们没有忘记的话，在调解开始之前，法官说过两句至关重要的话，第一句是告诫 T 律师："你要多做做她的思想工作"；第二句话是告诫双方律师："一定要妥善解决此案。"单独听起来，这两句话十分正常，但如果我们熟谙中国文化的符号表达系统，并结合当时的具体场景，就能发现这两句话的背后有着"弦外之音"，而律师其实也可以从这两句话中初步解读出法官的思路。比如，为何法官要强调多做做女方的思想工作呢？显然，这句话背后的意思是：女方肯定要还钱。因为，只有在女方必须还钱而女方又因此想不通，甚至会"闹事"的情况下，律师才需要"多做做她的思想工作"。第二句话放在第一句话的背后，其实就是表达了双方都不可过于执拗，需要适可而止，适当让步的意见。从后续的发展来看，双方的代理律师显然都"听懂"了法官的话，并且也在自己的角色设定范围内做出了适当的努力。

（四）基层民事案件"调审合一"司法模式的基本特征分析

在上文中，我们分析过，案例 4-1 属于那种几乎每天都会在 Q 县人民法院发生的，不涉及太多复杂社会背景的，具有代表性的案例。透过此案，我们可以总结出基层"调审合一"司法模式的一些基本特征。我们发现，这出司法"戏剧"的演出过程与制度设定颇有出入，却显然十分贴合基层办案的特点。

1. "调中有审"和"审中有调"的兼容模式

尽管从法理上来看，"调解"和"审判"程序背后具有各自不同的价值理念，但在 Q 县的民事案件办理过程中，又可以清晰地看到两种程序之间近乎"行云流水"的兼容。首先，透过此案，我们可以看出，作为一种"非正式"程序，调解程序有其自身的优势。比如，在调解过程中，当事人双方都可以得到更多情绪宣泄的机会；法官和律师都更加放松，可以在一种较为宽松的氛围下陈述自己的观点；更加重要的是，调解过程中，双方都可以围绕"事理人情"展开充分的论辩,而相较于冷冰冰的法条来说,充分说理显然更加有利于构建一个能够令当事人和法官发生共振的"心灵的场",从而营造出一种有利于解决问题的良好氛围;其次,由于在"调解"过程中所查清的事实和所列举的证据都将进入正式的审判程序之中,因此,某种意义上来说,调解成为了一种正式"裁决"过程的前置程序。同时,正如法官在调解开始时所强调的话语,之所以将双方放到法庭上进行调解,是因为"这是一个讲法律的地方"。而实际的调解过程也显示,法庭的严肃氛围充分发挥了作用。至少,在法庭上,那个传说中很喜欢"闹事"的女方当事人并不敢太放肆,即便偶有"出格"的表现,也很容易便得到了遏制。在此案的调解与审理过程中,法官成功地结合了两种程序的优势,最终,也顺利实现了"妥善处理此案"的目标。[①]

2."均衡"导向型的纠纷解决方式

透过上述案例,我们可以看出,法官在调解和审理案件过程中执行的是一种"均衡"导向型的纠纷解决方式;而律师则是在这种导向之下,巧妙穿梭于法官和当事人之间,扮演着一种纠纷协调人的角色。出于双方共同的利益考虑,法官和律师都在实际审案过程中不约而同地选择了一种有利于平息矛盾的"均衡"策略。[②] 这个

[①] 参见王启梁等:《法官如何调解?》,《当代法学》2010年第5期。
[②] 高其才等人总结了法官调解的方式,认为法官经常运用预判术、隔离摸底术和"借力术"等调解技术。参见高其才等:《法官调解的"术"与"观"》,《法制与社会发展》2006年第1期。在前文的分析中,我们发现,实际上,为了配合法官做好调解工作,律师也需要精通上述花样繁多的调解技巧。

策略往往不完全以法律或者事实上的公平为基准,而是以达成当事人双方的"均衡"与"合意"为目标。当然,这里的"均衡"并不是不顾法律和事实的一刀切,或者简单化地将责任一分为二,而是要求双方当事人都要各退一步,"得理也要让人"。与此同时,我们也留意到,在判决过程中,法官实际上充分考虑到了后续案件的"执行"问题,所以按照一种有利于执行的方式来做出判决。首先,根据事实状态,女方已经实际占有了金银首饰和衣物,法官便判决上述物品归女方所有;同理,放置在男方家的物品则判归男方所有。对其余的财物,则酌情做出了40000元的赔偿判决。综合起来,法官在整个过程中所执行的"均衡"策略,最终仍是为了实现"案结事了"的目标,要让双方当事人在庭审结束后都做到"息诉服判"。

3. 律师挥洒自如的双向"表演"

透过此案,我们发现,对于律师来说,调解和庭审过程中的磁力线变化不仅仅取决于法律的规定、证据的力度,或者那些外在社会力量的影响。特别重要的还表现为,这种变化必须符合当事人"心灵的场",也就是让当事人感觉到"律师的工作发挥了实际价值"。因此,我们发现,在真实的庭审过程中,有时,律师不仅仅只是把"法官"视为自己最重要的"观众"。很多情况下,律师"表演"的对象,或者说是律师所认定的"观众"其实是当事人。所以,在案件调解和审理的过程之中,律师需要找到恰当的时机,把那些当事人希望其表达的话语和观点全部述说一遍,而且这些话语要说得真诚且"接地气",符合当事人的基本价值认知。因此,在庭审过程中,我们发现,有时,律师的目标并不在于将法官带入某种相对更容易被"磁化"的节奏,而是试图通过其奋力的"表演",为当事人营造出一种仿佛磁力线增加了很多的景象。

总之,我们发现,在"调审合一"的基层民事司法模式中,律师奋力的"表演",一方面是为了配合法官息诉服判的"均衡"目标;另一方面是为了迎合当事人的想法,令当事人感受到其工作的价值。所以,律师在法庭上的表现并不完全是追求一种法律或者事实上的"正义",而是通过角色互动情境的构建来营造一个最有利于双方当事人达成合意的"心灵的场"。所以,某种程度上来说,在该种模式下,律师扮演着一种类似于"润滑剂"的角色。在分析利弊的基础上,律师意图通过其充分而有技巧的氛围营造,使那些原本充满"铁锈"的齿轮能够相互咬合,重新运转。

二、刑事案件"有罪判决"模式中律师角色的断裂过程描述

接下来,我们将依据实际案例,通过对庭审博弈过程之中各方司法人员角色互动过程的深入描摹来具体揭示,在"有罪判决"的司法模式之下,Q县刑事案件庭审过程所呈现出来的独特面貌,以及在实际的庭审过程之中,律师角色的断裂过程。为了顺利达成这一目标,我们将重点关注在多方博弈的庭审过程之中,各方

司法主体的"磁场"变化，并着力寻找那个盘旋在案件审理过程之中，能够让律师顺利达成目标的"心灵的场"。案例 4-2 是一起因索债而引发的"非法拘禁案"。Q 县人民检察院指派检察员 M 出庭支持公诉。

【个案 4-2】

被告人万某等非法拘禁案

20××年 5 月 9 日中午 12:00 许，被告人万某、邵某、何某、杨某（审判时已死亡）等四人与发包方工作人员肖某、蒋某在 Q 县 T 村因工程欠款问题发生纠纷。万某、邵某、何某、杨某遂以索要工程欠款为目的，对肖某、蒋某等二人实施殴打后，将其二人强行拉到车上带至邻县的县城，并控制在车内。当晚 20:00 许，肖某、蒋某被公安机关解救。针对指控，公诉机关提供了报警记录，到案经过，抓获经过，现场勘验笔录、现场图及现场照片，辨认笔录及辨认照片，伤情鉴定文书，证人证言，被害人陈述，被告人的供述和辩解等证明材料，认为三被告人的行为触犯了《刑法》第二百三十八条第一款的规定，构成非法拘禁罪，且具有殴打、侮辱情节，依法应从重处罚；鉴于被告人何某在公安机关劝诫下，主动投案并如实供述自己的犯罪事实，属自首，并根据三被告人的犯罪事实和情节，书面提出对被告人万某、邵某判处有期徒刑六个月至一年，对被告人何某判处拘役三个月至六个月的量刑建议。

（一）进入正式诉讼环节之前，双方当事人的"磁场"特征分析

首先，在案件的事实、证据与法律方面，我们发现，这是一起索债型的非法拘禁案，案件既涉及民事问题、经济问题，也涉及刑事问题。并且，围绕"非法拘禁"问题，被告人既有可能构成一般违法行为，也可能构成犯罪，而现行法律对于两者之间的区别并没有做出详尽规定，这个制度区间将由法官结合具体案情进行"自由心证"。由此，我们发现，在此案中，控方和辩方都有较大的发挥余地。从初始证据来看，控方提供的证据较为充分，且能相互印证，因此，初步判断，在庭审开始之前，控方的磁场占优；其次，从案件所涉的"社会关系的场"方面来判断，当事人系工程发包方和承包方的关系。从社会地位上判断，控方的磁感应强度略高。并且，一般情况下，Q 县的刑事案件中，控方也相对辩方处于一个有利地位。[①] 综合上述分析，在庭审之前，控方的磁场明显占优。初步分析，该案中不涉及复杂的政治因素，也不属于重大敏感案件，该案符合 Q 县的经典刑事案件特征。

（二）案件的审理过程描述

案件的审理程序非常规范，按照刑事诉讼法的相关规定，控方和辩方都在所有环节尽职尽责地完成了自己的角色"表演"。尽管

---

① 关于这一问题，可参见本书第五章第四节的具体分析。

在这场戏剧中，控、辩、审三方都一如以往保持着平静从容的状态，全程端坐，情绪平稳，但由于该案有较大的发挥空间，所以透过这个平静的庭审现场表象，实际上仍能够感受到其中的暗潮涌动。① 在审理过程中，围绕该案，双方主要形成了以下几个主要分歧点：（1）对于被告人是否构成非法拘禁罪，双方存在争议。因为，我国《治安管理处罚法》第四十条规定，非法限制他人人身自由的，视情节分别处以拘留和罚款。可见，按照我国的相关规定，非法拘禁只有较为严重的才构成犯罪，而如果情节轻微、危害不大的则不构成犯罪。对此，控方认为被告人构成了"非法拘禁罪"；辩方则认为，被告人仅仅是一般违法行为，其行为尚达不到"非法拘禁罪"的构成要件；（2）对于被告人是否殴打了被害人，从而触发"从重"情节，双方也存在争议。控方认为，三被告人具有殴打、侮辱被拘禁人的情节，应当从重处罚；辩方认为，三被告人的殴打行为发生在"拘禁"行为之前，而非"拘禁"期间，因而并不构成法定的从重情节；（3）对于"拘禁"时间存在争议。控方认为，被害人从中午 12:00 许被带上车，被限制了人身自由，直至晚上 20:00 时许被公安机关解救，拘禁时间长达八小时。尽管在当

---

① 在本书第三章中，笔者详细描述过，我国基层的刑事庭审过程堪称沉闷，但值得注意的是，真实的庭审过程尽管不像影视剧中表现的那样富有戏剧性，但实际上，真正优秀的辩护也恰是这种需要围绕重要事实和证据而展开的，所谓"刀刀见血"的辩护。现实中，也有部分律师喜欢使用一种煽情而花巧的辞藻来进行辩护，表面上声情并茂，实际上却并没有真正围绕重要的法律和事实而展开。这种辩护尽管能够在一定程度上为当事人家属所喜爱，实际上沦为了一种取巧型的庭审"表演"。

日 13:00 左右，被告人万某让邵某停车并要求被害人肖某、蒋某结算工程款，被害人蒋某便通过电话与相关人员李某联系，其后有过换车行为。在此期间，被告人万某接到 Q 县公安局民警电话，让其将肖某、蒋某带回，但其仍然一路驾驶到了邻县，可见非法拘禁的状态并没有真正消除；辩方则指出，到达邻县后，被告人万某即带肖某到诊所医治，又安排二人吃饭，并且帮肖某买了一套衣服，种种迹象表明，从换车时起，双方的关系已经从"拘禁关系"转换为了一种"朋友"关系。据此，辩方认为，"拘禁"时间仅为当日 12:00—13:00 期间，不到一小时。

审理期间，控方和辩方围绕上述争议点展开了辩论。同时，辩方律师进一步指出了被告人"主观恶性不强，情节显著轻微，危害不大"的意见，主要包括：（1）该案是因索债引起的案件，被告人的行为实属迫于无奈，因而"情有可原"；（2）双方发生打架实属突然，并没有事前预谋非法拘禁的目的；（3）到达邻县后，万某给肖某治疗伤口、买衣服、招待吃住，显然是将肖某视作朋友，而非"拘禁"的对象。

此案没有当庭做出裁决，而是由法院另行择期宣判。最终，法官认为，被告人万某、邵某、何某非法剥夺他人的人身自由，其行为均已构成非法拘禁罪，公诉机关指控的罪名成立，予以支持；但公诉机关指控三被告人具有殴打、侮辱情节的事实，因三被告人属于在验收工程过程中发生争执而实施的殴打，且无证据证明在非法拘禁期间三被告人实施了殴打、侮辱行为，故该事实不予认定。其余指控的事实成立，予以确认和支持；公诉机关对三被告人的量刑建议，不符合案件实际，不予采纳。辩护人的辩护意见，于法有据的，已采纳，但其关于拘禁时间不到一小时以及被告人万某是一般违法行为的辩护意见，无事实和法律依据，不予采纳。三被告人属于共同故意犯罪，在犯罪过程中作用相当，不宜区分主从犯；被告人何某在公安机关劝诫下，主动投案并如实供述自己的犯罪事实，是自首，依法可以从轻或者减轻处罚。综上，三被告人索要合法债务、在拘禁过程中不具有殴打、侮辱等情节、对被害人积极进行医治，并结合拘禁时间较短，三被告人犯罪情节较轻，均可对三被告人免予刑事处罚，责令具结悔过。

（三）审理过程中各方当事人的"磁场"变化

纵观整个审理过程，显然，这是一起在 Q 县较为少见的，且律师进行了"无罪辩护"的案件。笔者留意到，庭审过程中，尽管律师主张"无罪"，但实际上，当控方提出"有罪"的主张时，律师并没有反复纠缠，而只是依循自己的思路进行了"有理、有力、有节"的辩护，依次列举自己的相关辩护意见。当然，在事后的访谈中，律师也谈到，综合考虑到案件本身的特点，以及其他因素，基本上从一开始，他就认为"无罪辩护"难度太大，所以，他在跟被告人家属沟通时的策略主张就是减轻刑事处罚，最理想的结果则是免于刑事处罚。其之所以在法庭上主张"无罪"，一方面是因为被告人对此怀有希冀，因此也需要在一定程度上照顾被告人的情绪；另一方面，更重要的则是为了营造一种具有"压力"的辩护氛围，有利于他将自己的辩护意见充分表达出来。因而，律师表面上是做无罪辩护，实际上的目标还是进行"量刑辩护"。事实证明，律师的策略十分正确。在案子推进的前半个阶段，公诉人一直显得"胸有成竹"，但随着律师将一条又一条可能指向"无罪"的重要意见列举出来之后，公诉人已经开始显得有些底气不足，法庭上的磁场已经不知不觉开始发生偏移。最后，在 L 律师已经取得显著优势的气氛之下，他并没有步步紧逼，反而谈起了事理人情，从各种角度论证当事人具有"可原谅"之处，给公诉人留足了面子，从而成功地营造了一个有利于实现当事人减刑目标的"心灵的场"。从最终的判决结果来看，律师实现了预期的最佳目标，在此案中，可以说，法官已经成功地被辩方"磁化"。

（四）基层"有罪判决"司法模式的基本特征分析

分析个案 4-2，我们发现，由于目前 Q 县人民法院的法官倾向于进行"有罪判决"，所以这种状况事实上从一开始就将辩方置于了极为不利的位置上，几乎从一开始，辩方的磁场就显得有些"先天不足"。尽管如此，律师也并非完全无所作为。我们发现，在此案的审理过程中，因"事实"和"法律"而引起的磁力线收放情况最为明显，但律师的辩护策略也发挥了良好的效果。由此，我们也可以看出，除了上文提及的律师的双向"表演"等显著特征之外，基层"有罪判决"司法模式还具有下述几个重要的特征。

1. 围绕"自由裁量权"而展开的争夺

我们发现，正如同案例 4-2 所显示的那样，在"有罪判决"模式下，很大程度上，法庭上的争夺是围绕法官手中的"自由裁量权"而展开的。毕竟，同样一个案件，究竟判三年还是判五年，对于法官来说，只是一个可以"自由裁量"的数字，但对当事人来说，却有着天壤之别。事实上，许多当事人在委托律师时，也并不指望律师翻案，其所看重的，也恰恰就是这个三年与五年之间的差别，从而希望律师能够动用自己的"能量"来弥合这种差别。既然法官手中的"自由裁量权"始终都是律师必须争取的重要资源，那么，毫无疑问，律师在制定一切辩护策略时，都必须考虑到法官的倾向，至少，一切"辩护"都必须以"绝不激怒法官"为目标而展开。

2. 围绕判决结果而体现的基层司法职业生态圈"共生关系"

当前，在 Q 县的司法环境下，律师在整个基层司法职业生态圈中相对处于弱势地位。[①] 然而，透过案例 4-2 的分析，我们会发现，尽管多数情况下，法官倾向于支持检察官提出的罪名，但同时，法官也并不会完全否定律师的工作付出。因为事实上，在当前滇西北少数民族地区的乡土社会环境中，居民普遍追求的"司法公正"还是一种"实体公正"，而居民对于律师工作的判断标准也非常简单，那就是律师必须在自己的案件中实际发挥了价值。那么，如何判断律师的工作和付出呢？显然，一个简单而直接的方法就是看法官最终是否采纳了律师的辩护意见，以及被告人最终有没有成功地实现减刑。案例 4-2 中，法官不但采纳了律师的大部分意见，

---

① 具体律师在基层司法执业共同圈中的地位及其成因的有关分析，请参阅本书第五章的第四部分。

而且最终做出了免于刑事处罚的决定，显然能够最大限度地满足当事人的委托意愿。值得注意的是，这个判决结果固然意味着律师的辩护极为成功，使法官发生了"磁化"现象；同时也不可忽略的是，这其中也包含着法官的一种隐性的"均衡"选择。

表 4-1　法官对律师辩护意见采纳率数据分析表

法官对辩护意见采纳率	频数	比例
完全采纳	4	2.8%
完全不采纳	9	6.4%
部分采纳	129	90.8%

注：数据来源于对"中国裁判文书网"相关数据的统计分析。

为了进一步说明此问题，笔者分析了 Q 县 142 份得到了律师辩护的一审刑事案件判决书[①]，统计了法官对于辩护律师意见采纳率的相关信息，结果如下述表 4-1 所示。总体而言，法官倾向于"部分采纳律师的辩护意见"。在全部 142 份判决书中，律师的辩护意见完全被法官采纳的共计 4 例，占比为 2.8%；律师的辩护意见完全未被采纳的共计 9 例，占比为 6.4%。其余 129 例均为法官"部分采纳了律师的辩护意见"，占比为 90.8%。由此，我们可以看出，尽管法官通常都倾向于支持公诉人提出的"有罪判决"，但同时，法官通常又都倾向于"部分采纳律师的辩护意见"。上述表 4-1 的

---

① 笔者从中国裁判文书网上提取了 2017—2018 年期间，Q 县人民法院公布的刑事判决书共计 380 份。由于部分信息不够全面，经过筛选，共计获得有效判决书 361 份。统计结果表明，在全部的 361 份判决书中，被告人至少获得一名律师辩护的总计为 142 份。总体的律师辩护率为 39.3%。相关分析数据可参见第一章表 1-4。

统计数据表明，在 Q 县，这并非个例，而是一种普遍现象。由此，我们可以得出结论，尽管通常情况下，法官在整个基层司法圈层中的地位高于律师，但法官仍然会在作出判决时考虑到律师的处境，在一定的尺度范围内维护着彼此的"共生"关系。

3. 围绕"量刑"环节而实现的隐性"均衡"

尽管在 4-2 的案例中，法官在法庭上没有太多的发言，也没有明确表达任何倾向性意见，但从最终的判决结果来看，显然法官在充分考虑"法律"与"事实"的情况下，还进行了多方权衡，并在其可以"自由裁量"的范围内提出了一个能够同时为控方和辩方接受的方案：一方面，法官认可了控方提出的"有罪"意见，那么，对于侦查部门和检察部门来说，这个案子就不会被认定为"错案"，可以说，充分照顾到了公安和检察院两方的意见；另一方面，涉事的当事人均免于"刑事处罚"，又充分体现了律师工作的价值，使律师和被告人都易于接受这个判决结果。

同时，围绕表 4-1 涉及的 142 份判决书的相关内容做进一步分析，我们会发现，通常情况下，法官都会部分采纳律师关于"量刑"方面提出的辩护意见，而在"量刑"判决中作出适当的让步。统计数据表明，在 Q 县，这同样不是个例，而是一种普遍现象。由此，我们发现，一种围绕"量刑"而展开的辩护，能够穿透重重障碍，在某种程度上同时满足"控、辩、审"三方的均衡需求。可见，尽管法官在庭审过程中没有明确表达，但实际上，在案件的判决中，法官仍然自带一个磁场，在法律和事实基础上，还会综合考虑控辩双方的实际情况，并善用其手中的自由裁量权来实现各方利益的隐性"均衡"。

第三节　庭审博弈过程中的"中庸"氛围及其对律师角色的影响

综合分析上述两种基层司法模式的基本特征，我们发现，尽管影响法庭判决结果的因素是多种多样的，但如果聚焦于最终的审理过程，并围绕控、辩、审三方"心灵的场"来思考问题，那么，我们会发现有一种重要且强大的力量贯穿始终，弥漫在整个庭审过程前后和庭审过程之中，左右和影响着法官、检察官以及律师的决策与思考。在前文的描述中，我们把这种力量称为"均衡"，而如果放在中国传统"礼俗社会"的背景下来看待问题，则对于这种力量更准确的描述叫作"中庸之道"的处事原则。我们发现，如果律师试图通过自己的司法"表演"在法庭上构建一个有利于实现自己目标的"心灵的场"，从而打动法官与当事人，必须具备两个要素：其一是富有逻辑与说服力的案件分析能力；其二是其庭审行动策略必须吻合"中庸之道"的"均衡"要旨。由于"中庸之道"的应用发乎于心，存在极大的变数，所以尽管这种磁力线在本质上也可以视为一种社会文化因素，但这种力量却很难在庭审之前加以预测，而必须经由庭审过程中的思想与情感交锋才能得到充分释放。

一、庭审过程中的"中庸"氛围及其具体表现

庞朴认为:"执两用中,用中为常道,中和可常行,这三层互相关连的意思,就是儒家典籍赋予'中庸'的全部含义"①。同时,庞朴借助英文字母概括了"中庸"的四种常见思维形式,进行了如下描述:

> 中庸的这些含义,又表现为四种常见的思维形式。最基本的形式,是把对立两端直接结合起来,以此之过,济彼不及,以此之长,补彼所短,以追求最佳的"中"的状态。这种形式可以概括为 A 而 B 的公式。A 而 B 的形式,主要在于以对立方面 B 来济 A 的不足;与之相辅的,还有一个 A 而不 A'的形式,它强调的是泄 A 之过,勿使 A 走向极端;它们的进一步逻辑推演,就出来了不 A 不 B 和亦 A 亦 B 这样的形式。到了不 A 不 B 的形式里,则要求不立足于任何一边,且把毋过毋不及的主张,一次表现出来,因而最便利于显示"用中"的特点,而取得一种纯客观的姿态;亦 A 亦 B 的形式,则重在指明对立双方的互相补充,最足以表示中庸的"和"的特色,并有别于以 A 为主的 A 而 B 的形式。

可见,"中庸之道"强调做任何事情的时候都需要兼顾"彼此",

---

① 庞朴:《"中庸"平议》,《中国社会科学》1980 年第 1 期。

力求寻找到"中"的状态。具体到日常生活中，将"中庸"作为一种处事原则，"我们在经验中便可以发现，大多数人的办事和处世原则既不会偏向理性，也不会偏向非理性，而是希望在两者之间做出平衡和调和"①。在礼俗社会的背景之下，原本强调秩序的"理"和原本照顾个体特殊性的"情"也在"中庸之道"的指引之下，以"礼"的方式得以兼容与调和，并在日常生活中演化出"于情于理""合情合理""通情达理"等一整套基本的"是非"判断标准以及在庭审过程中常见的，所谓"情理法兼容"的价值追求。②

通过上述两个案例的分析，我们发现，在庭审过程中，这种世俗化"中庸"思想的玄妙之处在于，其并非不顾法律和事实的简单切分，而是介乎于两者之间的一种"均衡"。这种思想以各种具体的"事理人情"为载体，以各种显性或者隐性的利益兼顾为主要特色，以纠纷与矛盾的"调和"为主要目标，初始时依托于法官的引领与权衡，最终却表现为在庭审过程中，通过各种司法主体的多方角力而共同营造出来的一种司法文化氛围，一种能够最大限度调和各方矛盾的"心灵的场"。在"调审合一"的基层民事司法模式中，这种世俗化的"中庸"思想要求当事人双方都能够"得理让人"，各退一步，以便达成合意；在"有罪判决"的基层刑事司法模式中，这种世俗化"中庸"思想则要求控、辩、审三方都表现出适当的"谦抑"，从而能够在一个合理范围内适当兼顾三方的利益。

---

① 翟学伟：《人情、面子与权力的再生产》，《社会学研究》2004年第5期。
② 参见陈亚萍：《情·理·法：礼治秩序》，《读书》2002年第1期。

如果从"磁现象"的角度来理解问题，则我们发现，根植在 Q 县各阶层人民血脉之中的、世俗化的"中庸"思想本身就是一个最为巨大的磁场，能够对置身其中的一切规则与制度都产生一种潜移默化的消解之力，使之发生显著的"磁化"现象。在世俗化的"中庸"思想的晕染之下，一方面，各种规则与制度不再显得冰冷机械、棱角分明、锋锐逼人；另一方面，世俗化的"中庸"思想又相应地使各种规则与制度失去了部分刚性与强度，发生形变。尽管这种形变缘于各种司法人物的思想交锋与调和，反过来，这种形变的过程又会对置身其中的各种司法人物角色产生一定的影响。

二、庭审"中庸"氛围对律师角色的影响

按照我国儒家经典对于"中庸"的具体阐释，"中庸"在本质上是一种儒家学术思想中的"矛盾观"，其强调一种对于事物"对立统一"规律的辩证认识过程。可见，作为一种哲学思想，"中庸之道"本身具有"中立性"的学术色彩。然而，在传统的礼俗社会背景之下，当"中庸"作为一种调节社会矛盾的"礼"而深入社会，逐渐成为根植于中国乡土社会血脉之中的处事原则之后，其又会结合各种不同的场景，依据具体的实践需求和实际利益的复杂交织而发生相应的变化，从而呈现出各种不同的利弊色彩。同理，对于律师来说，弥漫在庭审前后和庭审过程始终的，逐渐变得世俗化的"中庸"氛围也会同时对其角色的呈现过程产生有利和不利的双重影响。

(一) 世俗化的"中庸之道"对律师角色构建过程的有利影响

当我们把"中庸"思想视为一种重要的"礼",那么,我们发现,其在纠纷解决过程中具有显著的优势。毕竟,在本书第一章中,我们就已经详细分析过,时至今日,Q县的总体社会特征便是其尚处于从"礼俗社会"迈向"法理社会"的变迁过程之中,各种"礼"仍然在社会生活中发挥着重要的作用。具体到庭审过程之中,我们发现,"中庸之道"能够贯通不同阶层,呈现各种司法主体心灵上的"共通共融",且讲究一定程度上的"利益兼顾",强调并追求以"情理"为核心的实体正义,因此客观上会对律师的角色构建过程产生一定的有利影响。

1. 中庸氛围下的思想"共融"

如前文所述,在法庭上,律师的工作实际上就是要破除重重障碍,使法官与当事人(也含当事人双方)之间"心灵的场"发生共振。由于每个人的社会地位、知识结构、文化背景都不相同,并且双方当事人(或控方与辩方)分别位于案件利益的两端,所以围绕每一个具体案件,不同当事人所形成的"心灵的场"是完全不一样的。这也就在客观上给律师的工作造成了极大的障碍。然而,由于"中庸之道"具有融贯性,能够贯通不同阶层,所以,以"中庸"为精髓的各种"事理人情"在客观上便形成了一座沟通的桥梁,有利于庭审中对立的双方形成合意。"中庸之道"的这种优势无疑在调解过程中会得到最充分的体现。上述案例 4-1 的调解过程中,双方律师在论证自己的观点时，都会强调这种观点"合情合理"；法官在控制庭审节奏时，目标在于防止双方当事人"感情用事"；最终，为了达成合意，需要双方当事人各退一步时，律师也会积极劝服当事人"不可走极端"，而要作出适当的让步。可见，如果调解这出戏剧中需要一个"主旋律"的话，"中庸之道"所指向的为人处世的原则与道理就无疑是最为合适的载体。尽管在刑事案件判决过程中，各方司法主体的"均衡"表现不若民事调解过程中那样明显，但事实上，法官、检察官和律师仍然会注意自己言谈举止间的分寸感，各自在自己的权力范围内进行一种留有余地的让步与调和。既然"中庸"思想的这种"共融性"有助于形成庭审共识，那么，如果律师能够善用这种武器，自然也就更容易在法庭上营造出那个有利于解决问题的"心灵的场"，并顺利达成自己预定的目标。

2. 中庸氛围下的利益兼顾

"中庸"的另外一个重要功能就是讲究恰当范围内的"利益兼顾"。对于庭审而言，这个"恰当范围"便指的是在一个不违背（或者不过分违背）基本事实与法律的范围内，或者至少是，在一个不会导致法官受到纪律处分或者不会导致其被追责的安全范围内来考虑各方的利益兼顾问题。因此，也可以说，这个"恰当范围"指的是法官能够自主把控的"心证"范围。前文我们已经分析过，基层当事人对于律师工作价值的衡量标准简单而直接，往往就是看最终的判决中，法官到底有没有采纳律师的辩护意见，以及律师最终有没有通过自己的努力达成使当事人"减刑"的目标。由此可见，律师工作价值的"外在体现",很大程度上取决于法官的认可。实际观察 Q 县的庭审过程,我们也发现,只要律师在庭审过程中拿捏着适当的分寸,不要过分咄咄逼人,始终保持着对法官(也包括检察官)足够的敬意,给对方留足"面子"①,那么反过来,法官也能够理解律师收了当事人的钱,必定要在庭审过程中有所表现的实际情况,从而默许律师进行适度"表演"②,以满足当事人的心理需求;同时,在最终的判决中,法官也至少会部分采纳律师的意见,使律师能够对当事人有所交代。在这种情况下,即便律师只是围绕民事案件的细枝末节进行了一些乏善可陈的论辩,或者只是围绕刑事案件的"量刑"环节进行过简单辩护,只要这种意见最终得到了法官的认可,被法官采纳,其同样能够体现出自己的工作价值。可见,"中庸之道"这种"利益兼顾"的特色会在事实上减轻律师的执业压力。

3. "中庸"氛围下的实体正义

由于目前,我国滇西北少数民族地区的乡土社会正处于一个从"礼俗社会"迈向"法理社会"的发展与变迁过程之中。这样的社会背景决定了,目前,在 Q 县还多多少少存在着一些民间习俗与国家

---

① 调查表明,面子文化是交织在滇西北少数民族地区乡土社会中的重要文化现象。面子文化的形成原因错综复杂,通常认为与宗法制度有关。在本书中,笔者认为,由于中庸之道讲究"不偏不倚,凡事留有余地",实际上其中也就包含着给彼此"留面子"的内涵,因此在本书的语境中,笔者认为,庭审过程中大家彼此"留面子",也是中庸文化氛围的重要体现之一。关于"面子"问题的研究,可参见王轶楠等:《中西方面子研究综述》,《心理科学》2005 年第 2 期。
② 在本书中,"表演"是一个中性词,偏于褒义;但在这里,"表演"指律师的论辩不包含有利于当事人的实际内容,而仅仅是搭个花架子,糊弄当事人。

正规法律制度的冲突，而基层居民在纠纷解决过程中也普遍持有一种功利主义的法律态度，并且整个民间仍然笃信或者追求"实体正义"①的判决结果。具体到本章所重点讨论的庭审过程，我们发现，在"中庸之道"的氛围之下，当事人关于实体正义的追求便可以具体表现为一个"情理法"兼容的案件审理过程和一个"合情合理"的具体结果。换句话说，在"中庸"氛围下进行的庭审，本身体现的就是一种符合基层当事人"中庸"价值观的司法过程。如果这个过程最终也在合理范围内实现了当事人所追求的实体正义结果，那么当事人就会认可律师的付出，并且对自己的亲友大力推荐该律师，为该律师的未来发展积淀良好的口碑。② 我们发现，在这样的氛围之下，只要最终案件的判决结果符合当事人心目中的"情理"标准，基层当事人一般不会去纠结律师办案的程序是否严谨、适用法律是否正确、事实阐述是否详尽清晰、证据运用是否准确到位、代理过程是否尽职尽责等问题。也就是说，即便律师在办案过程之中有些瑕疵或者小错误，只要最终的大方向正确，也不会影响该律师未来的职业发展空间。这样一个具备"包容度"的环境显然有利于年轻律师的试错与成长。

（二）世俗化的"中庸之道"对律师角色构建过程的不利影响

尽管"中庸之道"在本质上是一种哲学思想，但由于其运行标

---

① 在法学界，关于"程序正义"和"实体正义"的争论由来已久，关于两者的具体概念以及主要理论争议可参见彭卫民：《在程序与实体之间：新时期中国司法正义的整体构建》，《社会科学家》2019 年第 4 期。

② 参见梁治平：《在边缘处思考》，法律出版社 2010 年版，第 47 页。

准较为模糊，在与各种具体场景及现实利益结合的过程中，其"亦A亦B"和"非A非B"的特征也就很容易滑向"折衷主义"或者"和稀泥"的状态，从而在各种世俗化的实践逻辑支配之下发生形变，使得原本明晰的"是非"标准变得模糊，并且也使得原本刚劲有力的制度变得疲弱。同时，在庭审过程中，这种力量还潜移默化地强化了律师对于法官的权力依附关系，并使律师的工作价值被稀释，客观上对律师的长期发展造成不利影响。

1. 被模糊的标准

当我们说，世俗化的"中庸之道"犹如一个巨大的磁场，会使置身其中的规则与制度发生"磁化"现象时，其对于律师角色最重要的影响便体现在，在世俗化的"中庸"思想指引之下，法庭审理的"调和"过程容易使原本明晰的"是非"标准、制度标准都变得模糊，从而大大增加了案件判决结果的不确定性，客观上使律师对案件结果的"预判"发生偏差。调查显示，这种影响存在于基层各类案件的审理过程之中，当然，表现最明显的，则是在案件的调解过程中。因为在"调解"时，甚至连案件本身的事实都需要被技巧性地进行某种"模糊化"处置，以便双方达成合意。如同案例4-1所示，在男方律师提出上淘宝网查询摩托车的价格之后，女方律师重新报价。按照当时男方当事人的庭审反应来看，这个报价可能仍然不符合其真实的价格，男方当事人对此存有异议，但男方当事人的质疑行为被律师制止了。原因很简单，当时女方当事人已经退了一步，甚至是一大步，那么，男方自然应该"得理也要让人"，退后一步，方能体现出应有的"和解"之意。同样值得注意的是，被模糊的标准还会造成大量"类案不同判"的状况，使基层司法的公信力大大受损。当司法无法在民间建立起应有的权威时，当事人的"投机"心理便会大大增加，从而更加期望律师能够动用其"灰色"能量来影响案件的判决结果，而不是用其专业知识来同步达成目标。长此以往，在利益的驱动之下，律师也会更加注重对地方"关系"网络的经营，而忽略其自身专业技能的提升。

2. 被强化的依附关系

尽管在上文的分析中，我们认为，受"中庸"氛围影响，一般情况下法官会将一部分权力让渡给律师，从而维护彼此在基层司法职业生态圈之中的"共生"关系。但需要注意的是，这种权力的让渡是以依附作为前提的。毕竟，在现实运行过程之中，世俗化的"中庸之道"不是孤立存在的，而是巧妙融合在一系列的社会规则之中，渐渐成为了调节社会运转的重要力量。我们不能忘记，在影响中国两千余年之久的"儒家思想"中，还有一整套关于"君臣、父子、男女、长幼、贵贱、尊卑"的等级森严的宗法制度。[1] 瞿祖同先生认为："这种富于差别性的规范即儒家所谓礼，亦即儒家治平之具。"[2] 并且，现实中，儒家"以礼入法"的尝试从汉代便已经

---

[1] 事实上，费孝通先生在提出"差序格局"这一重要概念时，也明确指出，"纲纪"就是一个最基本的差序。参见费孝通：《乡土中国》，人民出版社2015年版，第30页。

[2] 瞿祖同：《中国法律与中国社会》，商务印书馆2010年版，第377页。

开始，在隋唐之后则成为了中国法律的正统。① 因此，"中庸思想"尽管以"均衡"为特征，但实际运行过程中，这种世俗化的"均衡"仍然是附着于相应的宗法等级制度之上的，从而显示出某种"自上而下"的流动性特征。在基层庭审的"中庸"氛围营造过程中，由于法官的地位高于律师，所以法官对于案件所能够施加的影响力也远大于律师。因此，在制度设定中，庭审程序理应是法官倾听双方当事人及其代理人的意见（或者控辩双方的意见），然后中立地做出判断。然而，在世俗化的庭审"中庸"氛围的影响之下，法官自带一个用于"均衡"的磁场，并在事实上引领和把控着庭审节奏，部分出现了双方的庭审角色倒置，以至于律师在制定其庭审"表演"策略时，除了考虑法律和事实之外，还必须重点考虑法官对于案件的倾向性判断，从而及时调整自己的庭审策略。

在上述案例4-1的分析过程中，我们发现，如果一场以"息诉服判"为目标的案件审理能够同时符合法官与律师双方的利益，那么在此过程中，律师便会自觉或者不自觉地表现出某种"配合"法官思路办案的倾向。然而，值得注意的是，在实际调研过程中，笔者发现，即便在一些双方利益不一致的场合之下，律师有时也会选择性牺牲一部分现实利益（既包括律师自己的利益，也包括当事人的利益），积极"配合"法官来做当事人的工作，甚至是强制性地促使某些案件达成调解。如果说前一种"配合"过程之中多少蕴含有几分"利益驱动"的色彩，那么，后一种"配合"过程却更多的

---

① 瞿同祖：《中国法律与中国社会》，商务印书馆2010年版，第398—399页。

是一种理性的选择。同样，在刑事案件中，一旦律师意识到"有罪判决"将成为法官的倾向性选择之后，也会产生"迎合"法官的动机，相应地调整思路，从一开始就定下"有罪辩护"的目标。由此，法官和律师之间的关系会不知不觉进入一个怪圈：律师考虑到了法官的倾向而制定庭审策略——法官看到律师的策略，进一步坚定了自己关于案件的倾向——律师看到法官的倾向，更加坚定了自己的庭审策略……周而复始，双方的"配合"便会有使司法的"制衡"功能失守的风险，使当事人得不到应有的权力救济。

3. 被稀释的律师工作价值

从本质上来说，律师的工作理应是一种案件诊断专家。律师理想的工作状态理应是充分发挥其专业特长，利用其法律专业知识和专门技能来对一个案子进行技术剖析，并找出这个案子中间隐藏的问题与风险，最后从专业的角度给出解决方案。也就是说在理想状态下，律师只需要对案件的法律和事实负责。然而，在世俗化的"中庸"庭审氛围之下，律师将不得不把大量的精力用于维系其与法官的关系，以及用来进行案件中各种复杂利益的选择、判断与"平衡"；并且，在世俗化的"中庸"的氛围之下，即便在部分案件中，律师发挥极为出色，最终案件的判决结果也很有可能只是一种利益"调和"的产物，从而使律师的工作价值被稀释。在这样的庭审过程中，律师将不再是"法治"的符号，而有可能成为某种"礼俗"的载体。

总之，在经典的基层庭审司法模式中，我们发现，作为一种重要的文化现象，世俗化的"中庸之道"处事原则在庭审过程中扮演着极其重要的角色。对于律师而言，如果掌握了"中庸之道"处事原则的要旨并能够善加利用，无疑能够使其庭审论辩工作"如虎添翼"；然而，从本质上来说，当律师绕开"法律"与"事实"而过多地考虑各种案外因素时，无论对律师职业的长远发展还是"律师"这一社会符号所指向的"法治"根本精神而言，又无疑是一种错位，并有可能带来长期不利影响。

本章小结

本章重点从"动态"的庭审博弈过程来观察律师"期望角色"与"实践角色"之间的现实距离。在庭审博弈过程之中，我们实际可以同时观察到前面两章提及的各种显性或者隐性影响因素在法庭之中的交锋与碰撞过程。与此同时，在本章中，通过对两个典型案例的详尽分析，笔者提炼出了深具中国特色的重要精神力量"中庸之道"的司法内涵。笔者认为，作为一种根植于基层民众血脉之中，世俗化的"中庸之道"处事原则实际潜藏在各种司法主体下意识的选择和判断之中，并在客观上塑造出了一种深具中国特色的、极为独特的基层司法庭审面貌。这种庭审"中庸"氛围以各种具体的"事理人情"为载体，以各种显性或者隐性的利益兼顾为主要特色，以纠纷与矛盾的"调和"为主要目标，既依托于法官的引领与权衡，最终却表现为庭审过程中，通过各种司法主体的多方角力而共同营造出来的一种司法文化氛围。在"调审合一"的基层民事司法模式中，这种世俗化的"中庸"思想要求当事人双方都能够"得理让人"，各退一步，以便达成合意；在"有罪判决"的基层刑事司法模式中，这种世俗化的"中庸"思想则要求控、辩、审三方都表现出适当的"谦抑"，从而能够在一个合理范围内适当兼顾三方的利益。分析表明，在包含世俗化的庭审"中庸"氛围在内的多重结构性因素的综合影响之下，实际的庭审博弈过程之中，法官可能会脱离了自己的"中立"的立场和纠纷裁决者的角色，在事实上主导和引领着纠纷的解决；同时，律师也未完全忠实地站在当事人一边，而是根据具体情况左右摇摆，并且有意无意地表现出了"配合"法官办案的倾向，有时法庭之上可能会出现双方的庭审角色倒置的现象。总之，庭审博弈过程中，律师角色的断裂现象不仅在客观上揭示了律师在整个基层司法职业生态圈之中的从属性和依附性地位，同时也展现了作为个体角色行动者的律师与基层乡土文化结构、基层行政权力结构及基层司法权力结构等多种"结构性"因素之间的相互嵌入和形塑过程。

第五章 导致律师两重角色间产生现实距离的相关影响因素分析

现实中，不同职业角色的人群所实际面对着的角色困境往往并不只是其职业局限或者个人命运的问题，而是和全社会的结构性问题密不可分。所以，要理解特定角色情境之下个体行动者所遭遇到的角色困境，我们需要超越这些困境本身来看待它们。① 通过前文的分析，我们发现，如果将基层司法运行过程视为一出特殊的司法戏剧，那么，在其中"表演"并且完成各种角色呈现的人物"既是自由的，又无往不在各种枷锁之中"②。这些"枷锁"，有些来自社会经济发展状况的影响；有些来自基层民众法律意识的束缚；有些来自基层乡土文化的干扰；有些来自基层司法运行模式的限制；有些来自政策与制度壁垒的桎梏……更多的，则是上述五类因素交互作

---

① 参见［美］C.赖特·米尔斯：《社会学的想象力》，陈强等译，生活·读者·新知三联书店2005年版，第9页。
② 卢梭在其著作《社会契约论》的开篇便提出："人生而平等；但他却总是处于桎梏之中。"参见［法］让·雅克·卢梭：《社会契约论》，庞姗姗译，光明日报出版社2009年版，第4页。

用的结果。在前述的章节中，我们分别围绕着"后台准备阶段、前台实战阶段和庭审博弈过程"三个既有区别又密切相关的层面出发，详细探讨了律师"期望角色"与"实践角色"之间客观存在着的现实距离。在本章中，笔者将对上述"角色距离"之所以产生的具体影响因素进行详细的梳理与分析。

第一节 相对落后的社会经济发展水平及其影响

按照学界和大众都普遍认可的马斯洛需求层次原理①的基本观点，人们的需求总是沿着从低到高的方向发展，最先满足的是生理方面的需求，其次满足安全方面的需求，然后满足社会交往等方面的需求，最后过渡到满足自己得到尊重的需求和自我价值实现的需求等较高层次的需求。尽管披上了"司法"的外衣，但本质上，律师所提供的法律服务仍然受到市场规律的支配，可以被视为一种特殊的知识技能类"商品"。正如马克思所言："人们扮演的经济角色不过是经济关系的人格化，人们是作为这种关系的承担者而彼此对立着的。"②因而，显而易见，在法律服务的交易过程之中，律师带有明确的逐利目标，而当事人在法律服务"商品"的选择与购买方面也排序依然遵循从低到高、从基本需求逐渐过渡到高层次需求的

---

① 关于马斯洛需求层次原理的具体规定，可参见马斯洛：《马斯洛人本哲学》，吉林出版集团 2013 年版，第 5 页之后。

② 《马克思恩格斯选集》第 2 卷，人民出版社 2012 年版，第 128 页。

演进规律。为了客观展示 Q 县社会经济发展水平及其支配之下的法律"商品"消费状况，本书重点选取了"人均可支配收入"和"恩格尔系数"两个指标来作为区域实际支付能力的评估指标，并据此来进一步分析 Q 县城乡居民在法律服务方面的实际支付能力，以及这种支付能力对律师角色构建所产生的实际影响。

一、当地城乡居民的人均可支配收入偏低

城镇居民人均可支配收入是指反映居民家庭全部现金收入能用于安排家庭日常生活的那部分收入。它是家庭总收入扣除交纳的所得税、个人交纳的社会保障费以及调查户的记账补贴后的收入。

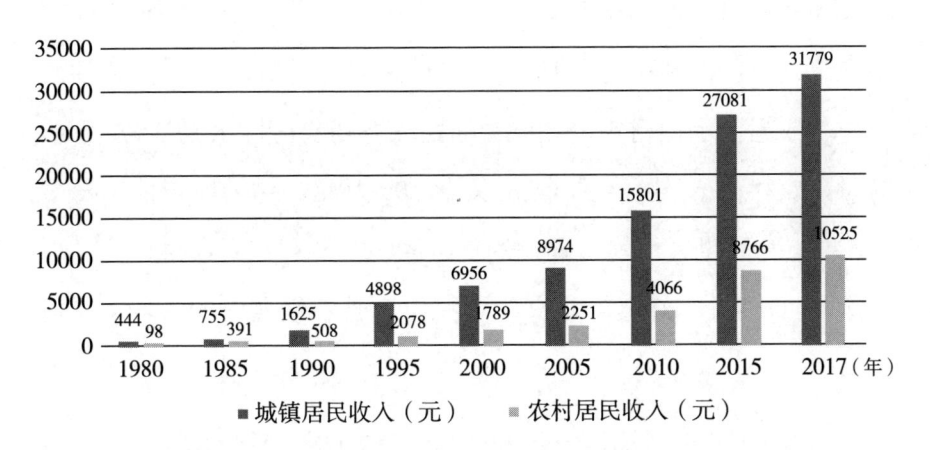

图 5-1 大理州城乡居民人均可支配收入变化图

注：数据来源于国家统计局。

首先，如图 5-1 所示，左侧柱状图代表城镇居民人均可支配收入，右侧柱状图代表农村居民的人均可支配收入。从绝对数值上来

看，自1980年以来，大理州城乡居民的可支配收入呈现逐渐上涨的趋势，特别是自2010年以来，城乡居民的可支配收入增幅较大，2017年的可支配收入较2010年翻了一番。这种状况，客观上为"律师服务"这种特殊"商品"提供了生存空间。

然而，考虑到当地的初始收入数据基准较低，并排除通货膨胀等因素带来的影响，我们发现，尽管大理州的人均城乡居民可支配收入连年上涨，但大理州位处我国的西南边陲，经济发展水平仍然相对滞后。截止到2017年底，大理州的12个县市中，有9个是国家级贫困县，另有2个是云南省贫困县①，虽然全州户籍总人口也就362万不到，但其贫困发生面却始终占据着较大比例。同时，对比城乡的相关数据可知，目前，大理州各县域的城乡人均可支配收入差距较大。2017年，国家统计局大理调查队对大理州12个县（市）187个调查小区1884户居民家庭开展的城乡一体化住户调查。数据显示，当年全州城镇居民人均可支配收入是3.17万元，同时，农村的人均可支配收入仅为1.05万元，约为城市的三分之一左右。② 可见，目前大理州的贫困问题主要存在于农村。

同时，对比2017年北京、昆明和Q县三地居民的人均可支配

---

① 近年来，由于国家大力推行精准扶贫政策，大理州辖域内的许多县份也终于摘掉了贫困县的帽子。例如本书所重点调研的Q县便在2018年底摘掉了贫困县的帽子，但正所谓"冰冻三尺，非一日之寒"，即便在国家的大力扶持之下，这些县域同发达地区的人均可支配收入仍然存在较大差距。

② 大理白族自治州人民政府：《大理白族自治州2017年国民经济和社会发展统计公报》，http://www.dali.gov.cn/xxgkml/c100174/201906/a43d928cedf9496ea97ba50cf375e0ba.shtml，2019年7月1日。

收入（参见表 5-1），我们发现，目前，在类似 Q 县这样的偏远县域，居民的人均可支配收入同国家的一线城市和省会城市相比还存在较大差距。数据显示，2017 年，北京市全市居民的人均可支配收入 57230 元，比上年增长 8.9%，扣除价格因素，实际增长 6.9%。其中，城镇居民人均可支配收入 62406 元，增长 9.0%；农村居民人均可支配收入 24240 元，增长 8.7%；扣除价格因素，城镇、农村居民收入分别实际增长 7.0% 和 6.7%。①

表 5-1 北京、昆明、Q 县三地居民人均可支配收入对比分析表

地区	城镇居民人均可支配收入	农村居民人均可支配收入
北京	62406	24240
昆明	39788	13698
Q 县	31954	9846

注：数据来源于北京市统计局、昆明市统计局和大理州人民政府发布的统计公报。

2017 年，Q 县的城镇居民人均可支配收入为 31954 元，农村居民人均可支配收入为 9846 元，整体处于大理州的中等偏低水平。Q 县执业律师所面对的当事人也以当地的村民和山民为主，因此，这里也重点选用"农村的人均可支配收入"来作为衡量当地实际支付能力的基本指标。通过数据对比可知，尽管与发达地区相比，Q 县律师收取的案件代理费用不算高，但对于当地居民，特别是来自当地农村和山区的居民来说，这仍然是一笔不菲的费用。可以说，相对落后的经济发展水平和收入水平在客观上限制了大理州城乡居

---

① 北京市统计局：《2017 年全市居民人均可支配收入同比增长 8.9%》，http://tjj.beijing.gov.cn/tjsj/sjjd/201801/t20180119_391238.html，2018 年 5 月 13 日。

民购买法律服务的能力与积极性。

二、城乡居民的消费结构有待于进一步优化升级

恩格尔系数是指购买食物的支出在消费总支出的比例。其数值越小，说明生活越富裕；数值越大，则说明生活水平越低。尽管有专家指出，用恩格尔系数来衡量居民消费水平的变化存在一些不科学之处。例如，有专家认为，近年来，中国的家庭支出结构发生了显著变化。由于教育、医疗、养老等支出大幅增加，因此，居民用于饮食的支出相对减少。这种饮食支出的减少不一定意味着家庭变得更富裕，而可能只是因为家庭用于饮食的支出更节省。然而，无论有多少质疑的声音，笔者实际在大理州Q县的城乡之间进行走访调查过程之中，仍然能够清晰地观察到，随着食物支出在消费总

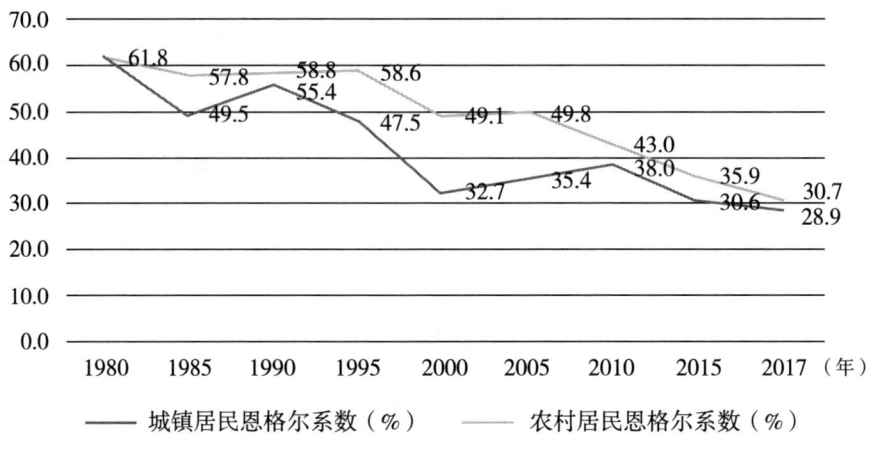

图 5-2　大理州城乡居民恩格尔系数变化趋势图

注：数据来源于国家统计局。

支出当中的比重日渐降低，人们的消费结构和生活水平所实际发生的提升与变化。因此，笔者认为，选用恩格尔系数作为衡量数据，依然具有重要价值。

如图 5-2 所示，位于上方的是大理州农村居民恩格尔系数，位于下方的则是大理州城镇居民的恩格尔系数。数据显示，自 1980 年以来，大理州城乡居民的恩格尔系数随着年份的不同而有所波动，但总体上呈现出了一个明显的下降趋势。食物消费所占的百分比从 1980 年的 61.8% 下降到了 2017 年的 30% 左右。大理州的恩格尔系数变化情况显示，目前，大理州居民的消费结构持续变化，食品支出在其全部支出中的比重日渐下降。据此，我们有理由认为，在这些增加的"非食物"支出中，将有一部分用于购买律师的法律服务，并且这种趋势还会随着当地社会经济发展水平的进一步提升而趋于明朗。

尽管如此，我们也注意到，我国东西部农村的居民消费结构还存在着较大差距。例如，部分针对一线城市展开的调查数据显示，近年来，随着一线城市农村居民收入的增加，恩格尔系数反而呈现出整体上升的趋势，与恩格尔系数的一般规律并不一致，然而多数分析认为，这种不一致并非意味着恩格尔系数的无效或者农村消费的降级。相反，这种变化意味着一线城市农村的消费结构在整体上正朝着一种更加高品质、高健康的方向转型升级。[1] 此外，相关研

---

[1] 参见薛军民等：《消费升级还是消费降级：来自上海市农村居民数据的测算——兼论恩格尔系数衡量居民生活水平的有效性》，《上海经济》2019 年第 2 期；另参见孟昌等：《城市化中农村居民消费演变的"反恩格尔"事实——来自北京市数据的测算》，《北京工商大学学报》2018 年第 2 期。

究也显示，党的十八大以来，尽管各个地区农村居民的消费结构都在不断的优化升级之中，但总体而言，"东部地区农村居民的消费结构要明显优于其他地区"①。因此，总体来说，尽管随着经济的发展，我国滇西北区域的城乡居民消费水平持续提升，但与东部发达地区相比仍存在较大差距，城乡居民的消费结构还有待于进一步地优化升级。

综上所述，笔者认为，从人均可支配收入方面来看，当前Q县的人均可支配收入同发达地区相比还有较大差距；从恩格尔系数来看，在Q县居民的整个消费结构之中，食物方面的消费支出逐年下降，但整体消费结构仍然存在着较大的优化升级空间。这种状况客观提示着，在当地居民的消费结构之中，类似于律师"法律服务"这样相对略显"奢侈"的商品实际上已经获得了生存与立足的社会条件，但总体上仍处于发展的初级阶段，短时间内，想要获得进一步的发展与扩张仍显艰难。这种状况客观上可以解释为何许多基层的当事人会因为在法律服务的"性价比"方面过度计较，以至于错过了聘请律师的"黄金37天"。当然，笔者认为，更为重要的是，相对落后的社会经济发展水平实际上也在客观上制约着当地的教育发展水平和法制文化发展状况，当然，扭曲的基层社会结构与政治结构也必然与此息息相关。可以说，相对落后的社会经济发展水平在客观上为律师框定了其展开个体角色行动的基本物质条件和精神框架，Q县的这一总体发展状况正是我们后续讨论其他律师角

---

① 参见吴星等：《十八大以来农村消费结构升级的地区差异研究》，《商业经济研究》2019年第5期。

色困境的前提和基础。

第二节 工具主义的基层民众法律意识及其影响

通过上文第一部分的分析，我们发现，限制当事人聘请律师意愿的重要因素之一体现为相对落后的社会经济发展水平及其所支配的收入水平和实际支付能力。应该说，这是限制律师职业在当地发展的首要因素。[①] 然而，进一步对比区域人均可支配收入与区域律师数量之间的关系，却会发现，两者之间并非一种单纯线性的正比或者反比关系。

表 5-2 2017 年大理州人均可支配收入占比前四位的县市拥有律师情况分析表

排名	2017 年人均城乡可支配收入	2017 年拥有律师数量
1	34014	140
2	32401	32
3	32381	26
Q 县	31954	9

注：数据来源于大理州人民政府发布的统计数据公报。

例如，如表 5-2 所示，2017 年，大理州人均可支配收入排名第一的是大理市。在大理市的律师事务所共分为两种，第一种是

[①] 左卫民教授所做的一项研究也证实，经济因素是限制欠发达地区律师行业发展的首要因素。参见左卫民：《刑事辩护率：差异化及其经济因素分析——以四川省 2015—2016 年一审判决书为样本》，《法学研究》2019 年第 3 期。

隶属于大理州司法局管辖的律师事务所，2017年，州属律师事务所共计有12个，共计拥有110名执业律师；第二种是隶属于大理市司法局管辖的律师事务所，2017年，市属律师事务所共计有17个，共计拥有140名执业律师。两种律师共计为250人，占据大理州全部律师的67.8%。排名第二的县，人均可支配收入仅比大理市低1613元，但拥有的律师数量却仅为32人；排名第三的县，人均可支配收入仅降低了20元，拥有律师数为26人；而排名第四的Q县，人均可支配收入又比第三名下降了427元，拥有律师数却仅为9人。[1]

通过上表的数据分析，我们发现，一方面，人均可支配收入与区域律师数量之间确实存在一定的正相关关系；另一方面，上述四个地区各自所拥有的律师人数差异情况实际上又远远比对应的人均可支配收入差距大得多。笔者认为，这种状况说明，除了经济发展水平之外，当地居民的受教育程度及其所实际支配的法律意识亦对律师的个体角色行动产生了重要的影响。梁治平认为："法律意识涉及人们观念中法律的性质与功用，涉及人们对规则的看法，也涉及人们对法律与正义的关系的看法。"[2]美国学者梅丽认为："法律意识是一系列复杂的意义和范畴，人们根据自己的经历和法律知识对这些意义和范畴产生了不同的理解……因而，可以将人们理解和利

---

[1] 笔者查阅到的数据主要指的是实际执业的"社会律师"，而不包括本身具备公务员身份的公务律师。因而，尽管Q县拥有正规律师资格的共计有12人，但排除了3个公职律师之后，在这个问题的分析中，笔者最终统计的是9人。

[2] 梁治平：《在边缘处思考》，法律出版社2010年版，第47页。

用法律的方式定义为他们所拥有的法律意识。"① 总之，笔者认为，法律意识作为一种"现代法治"运行效果在精神层面上的具体反映，在基层乡土社会之中扮演着重要而不可替代的角色。在本小节中，我们将重点讨论工具主义的法律服务付费意识以及工具主义的法律法规应用态度两种典型的基层民众"法律意识"对律师个体角色行动所产生的影响。

一、工具主义的法律服务付费意识及其影响

调研过程中，围绕着"法律服务"这一特殊商品，当事人和律师之间所展开的"斗智斗勇"过程给笔者留下了深刻的印象。笔者认为，这一过程之中，实际蕴含着区域民情文化与律师个体角色行动之间的相互影响和形塑过程。如前所述，目前，Q县的律师基本上只能够提供免费咨询，原因在于，首先，许多当事人都很难发自内心地真正将律师所提供的法律咨询服务视为一种需要支付相应对价的劳动付出，下意识地认为律师"不过是动动嘴皮子罢了！"与此同时，对于Q县的大部分"潜在当事人"来说，时间多的是，根本不足以被视为一种"资源"，因而他们也无法发自内心地珍视律师的时间价值，并由此而产生合理的付费意识。有意思的是，当事人不珍视律师的时间和劳动付出，律师却也不会总是白白提供免费的法律服务。相反，随着时间的推移，律师也逐渐在实践之中练

---

① [美] 萨利·安格尔·梅丽：《诉讼的话语》，郭星华等译，北京大学出版社2007年版，第7页。

就了一双火眼金睛。通常情况下，接到咨询或者接到委托之后，律师粗略判断一下案情，再分析一些相关要素，大致就能够判断出一个当事人的支付能力和支付意愿，并且会根据这种判断来客观地决定自己在每一次咨询之中的投入与付出。访谈中，一位律师也详细介绍了这种判断的主要依据：

> 当事人是不是真心想委托你办案子，还是说，他（她）来找你，纯粹就是只想来做免费咨询，当然也是有一些蛛丝马迹可循的。比如说，你可以看看他们的来源和穿着打扮。一般来说，从南边来的人（指县城以南的村庄）总体比较小气嘛，多数都是来做免费咨询的。对这些人，当然也就用不着太热情！北边来的人（指县城以北的村庄）总体上就比较大方，咨询完了之后当场就签协议的概率也比较高；还有，如果是比较靠谱的朋友推荐过来的，大家顾着彼此的面子，也就有可能签协议；如果是不太熟悉的人绕着弯子推荐过来的，就不一定会签协议；性别和年龄也会有些影响。一般女人比较放得开嘛，咨询完了就跑，你也不好多说什么。老人家就更是这样了，他（她）不签协议，你还得恭恭敬敬地送他（她）出去，提防他（她）碰着摔着。男人就比较顾面子。一般男人来做咨询，签协议的可能性就比较高了……肯定也有看走眼的时候，但总体上来说，这些方法还是比较靠谱的。（IN18106）

正如访谈内容所显示的那样，据当地的律师介绍，即便是在 Q

县这样一个偏远县域的中心"坝子"范围之内,不同村庄之间的风俗民情仍然差异很大。总体而言,县城北面的村庄,民风较为开放,居民的消费意愿较高,所以,相对而言,一旦认识到聘请律师的重要性,那些来自北面村庄的当事人也有很大概率会签署委托协议;反之,县城南面的村庄,民风倡导节俭,因而,从这些区域来的当事人,即便已经意识到了聘请律师的重要性,一旦真正进入签署协议和支付费用的阶段,他们仍然显得非常挣扎,一般仍然要经过一个较长的考虑周期才能做出最终的决定。不同的区域民情文化孕育了不同的法律服务消费意识和付费选择,与之相匹配,律师们也会根据自己的经验和判断来决定自己在每一次咨询中所需要投入的时间和精力。最终,只有那些真正有可能签署委托协议的当事人,才会得到律师的耐心接待和详尽沟通。区域民情文化与律师个体角色行动之间的相互影响和形塑过程也由此可见一斑。

二、工具主义的法律法规应用态度及其影响

区域民情文化对于律师角色的另外一个重要影响主要表现在当地民众工具主义的法律法规应用态度方面。如同上文所分析的那样,如今,我国滇西北少数民族地区正处于从"礼俗社会"迈向"法理社会"的发展与变迁过程之中,一方面,移动互联网深入农村[①],使得基层社会民众的信息获取方式发生了极大的变化,从而在基层

---

① 关于移动互联网的具体概念和本质特征,参见黄薇:《移动背景下大学生网络创业途径的可行性研究》,《高校教育管理》2014 年第 3 期。

社会开启了一场大规模的、似是而非的法律意识启蒙。这促使人们在遇到问题的时候开始寻求法律的帮助，甚至会聘请律师；另一方面，相对落后的社会经济状况和法律文化环境又决定了，人们理解和利用法律的方式仍然较为原始，并且透露出了浓郁的工具主义和功利主义色彩。下述案例是笔者在调研期间亲历的案例。透过这个案例，我们可以清晰地看到 Q 县群体性纠纷之中，当地民众所表现出来的法律意识。

【个案 5-1】

律师参与拆迁谈判案例

如同所有的拆迁故事一样，这是一场旷日持久的艰苦谈判。当笔者将这次事件纳入观察时，距离第一次拆迁方案的提出，已经过去了三个月时间，拆迁方案也在多方角力之下进行了多次修正。经过基层政府、街道和其他相关公职部门的反复动员，整条街道的一百多户人家中，已经有三分之二的人家签署了同意拆迁的协议。剩下的三分之一人家，因为对补偿方案不满，在三户人家的带动下，结成了防守联盟，所以，笔者参与观察的这一次谈判，主要发生在镇政府与这余下三分之一住户的家庭代表之间。政府派出的谈判代表，除了街道负责人之外，还有人民调解委员会的两位工作人员，一位司法所的工作人员和一位公证员。为何谈判人员中会有这么多兼具司法色彩的公职人员呢？原来，民众家庭代表聘请了一位律师来协助谈判。因为双方都有"司法"人员参与，所以在谈判的前半段，基本上能够围绕相应的法律问题展开，虽然时不时会被一些民众用一些无关紧要的琐事将话题岔开，但片刻之后，又能回到正题。真正困难的拉锯战发生在补偿方案的讨论上。到了这一部分，民众家庭代表，包括律师都在反复列举相邻数县的补偿方案，与镇政府的方案进行对比。在谈判过程中，不时有民众拿出手机，翻出各种上网查证的案例甚至法条来说明自己的观点。许多人态度强硬，交谈中，频繁冒出诸如"你们的方案是违法的"，"你们没有权利这样做"等等的语言。谈判很快变成了对骂，然后发展成了人身攻击。在骂战阶段，人们不再进行权利之争，而开始表示"××是我的兄弟"，"××已经表过态了！"，"你们如果胆敢动到××家的房子……"种种话语背后，隐约闪现着种种地方权贵势力的身影。原本谈判双方都使用汉语，但发展到骂战阶段，双方的谈判队伍中都有人开始不由自主地使用白族语言，显然，比起汉语来，白族语言是一种他们更习惯，使用起来也更纯熟的语言。在双方争执最激烈的时刻，一位中年男子甚至目露凶光，愤怒地咆哮："有本事你就拆，信不信我杀了你！"谈判至此破裂。

在这场谈判中，我们发现，当谈判处于还可以相对理性讨论问题的阶段时，人们会大量使用诸如"权利""违法"这样的法律字眼，而当他们发现法律并不足以体现自己想要的"权利"时，就会将"关系"当作更加重要的武器抛掷出来，以加强立场。此时，各种当地的公职人员的职务称谓（县长、局长最为常见，偶然会出现更高级别领导）和当地民众各种亲属的称谓（表亲关系最为常见，也包括姻亲甚至发小、邻居、同学关系）就会取代"法律权利"而成为谈判场上最重要的砝码。而到了最后，当人们认为武力比"关系"更有说服力时，便会毫不犹豫地回归到武力威胁的立场上来寻求解决问题的方法。由此可见，在当地民众的心目中，"关系"通常比法律更加有力，而本质上，在谈判过程之中，无论是"关系"还是"法律"，都只不过是他们用来争取自己实际利益的一种现实工具。正如梁治平先生所指出的那样，传统中国人并不一般地否认法律、规则及其与正义之间的内在联系。但如果规则妨碍结果的公正，就可能被违反甚至遭到抛弃。因而，可以说，与现代法治理念格格不入的就是这种根深蒂固的法律工具主义传统。①

在上述谈判过程中，笔者同时注意到，律师身为一个"法律人"，并没有在谈判过程之中有意识地将话题导向法律的轨道，相反，他带领当事人一起围绕着各县的补偿方案反复拉锯，一直在用各种"事实"而非"法律"依据来表达自己关于补偿方案的明确态度。当谈判暂时告一段落，笔者就此问题进一步询问律师时，律师苦笑着道出了其中的苦衷：

> 态度是第一位的，法律是第二位的。如果我认认真真围绕着法条讨论问题，当问题得不到解决时，大家就会怀疑我是不是被政府买通了。因为实际上，这些事情本来就没有一个绝对的标准，无论怎么分，总有人感到委屈。你再厉害，又怎么可

---

① 参见梁治平：《在边缘处思考》，法律出版社 2010 年版，第 47 页。

能把中间的所有复杂问题和复杂关系都兼顾得滴水不漏呢？所以，我唯一能做的，就是坚定地跟我的当事人站在一起，用最诚恳的态度帮助他们梳理观点、提出诉求。如果事情进展顺利，后续过程中，我当然也就有可能进一步引入法律依据，将事情导往法治轨道；如果进展不够顺利，至少也要让我的当事人感受到，我自始至终站在他们的立场上，真的已经尽力了。(IN18143)

律师的访谈表明，Q县相对落后的教育文化发展水平在客观上决定了，当事人其实很难对律师的相关法律素养作出恰当判断。因而，当事人对于律师执业能力方面的相关判断也就更多地集中在其"立场"和"态度"方面，而当事人对于律师立场和态度的认可又关联到律师在当地长期执业的"口碑"问题。在这种情况之下，律师为了自己的职业前途着想，也就自然而然地在实践之中练就了一身积极迎合当事人的现实需求来倾情"演出"的实战角色表演技巧。

综上所述，我们发现，区域民情文化在客观上影响着当地民众在法律服务方面的支付意识，而律师亦会相应根据这种法律文化来构建自己的价值判断体系，从而巧妙决定自己在具体个案之中的投入与付出；同时，随着时代的发展和社会的变迁，我们发现，许多基层民众的法律意识在觉醒，但这种法律意识，某种程度上还是一种工具主义的法律意识。某些时候，当地民众虽然选择了法律，甚至聘请了律师，但实际上并不真正尊重法律的权威性和客观性，也不在意法律的程序价值。纠纷解决过程之中，当事人实际上是把法律和律师当成了一种威胁人的武器，类似刀子和棒子；而另一方面,律师也完全明白当事人的这种工具主义价值追求以及当事人所实际看重的"立场"与"态度"等等主观方面的表现,因此也会相应采用一种迎合当事人现实需求的务实态度来谋求短期的个案认可和长期的口碑构建。可以说,特定区域的民情文化及其所实际支配的法律意识在客观上塑造着律师的执业角色,反过来,律师自身亦是重要的法律意识和法律观念文化环境的创造者,总是时刻以自身的个体角色行动影响和塑造着区域法律文化的实际面貌。

第三节　根植于基层民众血脉之中的"乡土文化"及其影响

在对 Q 县民众和律师之间围绕着"法律意识"问题所采取的斗智斗勇过程进行了必要的分析之后,让我们继续把目光投向基层乡土社会之中非常具有代表性的"乡土文化"问题。如前所述,当都市社会逐渐变成一个以"陌生人"为主的社会时,位处滇西北少数民族地区的 Q 县却仍然呈现出了其显著的熟人社会特征,也因此,许多中国"礼俗"传统所孕育出来的独特"乡土文化"仍然在当地的现实生活之中发挥着重要的作用。这里的"乡土"二字,来源于费孝通先生对于中国基层社会的相关解释。在《乡土中国》一书中,费孝通先生开篇便说道:"从基层上去看,中国社会是乡土性的"[①]。

---

① 费孝通:《乡土中国》,人民出版社 2015 年版,第 1 页。

他进一步指出，其之所以提出"乡土"二字，是为了同当时正在中国土地上孕育着的另外一种社会形态，也就是基本能够与国际接轨的现代"法理社会"形态相区别。同理，笔者在这里提出的"乡土文化"概念，也是为了与目前我国主流的、基本与国际接轨的"现代文化"相区别。当然，由于本书是围绕着"司法中的律师角色"这一核心命题而具体展开论述的，因此，本书所指的"乡土文化"也是一种狭义的概念，主要指的是前文讨论过的，同律师的角色构建过程息息相关的"关系信任、情理标准以及中庸原则"三种特殊文化现象，而并非是对传统中国礼俗文化的统称。在前述的章节之中，我们分别在不同的具体司法情境之下讨论了这些特殊文化现象与律师角色之间的相互影响和形塑过程，在此，笔者将进一步分析这些"乡土文化"作用于律师角色构建过程的共性机理。

一、基层司法中的"乡土文化"现象

由于在前文的讨论中，关于几种"乡土文化"的相关描述与解释是放在不同的章节之中，围绕不同的具体角色情境来分别论述的，因而在这里，笔者认为我们有必要首先对前文提及的这些"乡土文化"现象进行一个简要的梳理与回顾。在 Q 县的调查走访过程之中，首先进入笔者视线范围内的重要乡土文化现象是"关系"问题。笔者发现，律师和当事人之间往往是通过复杂的人际"关系"脉络连接在一起的；见面之后，双方也都比较倾向于通过酒桌等司法"后台"来快速破除陌生感，并且进一步强化彼此之间的"关系"；

如果律师要深入农村和山区取证，那么，律师的调查取证过程又会受到当事人的亲属"关系"圈子和乡邻"关系"圈子等等多种截然不同的干扰；同时，在实际的纠纷解决过程之中，我们发现，当事人通常都非常重视律师的"关系"运作能力，同样，律师也往往都将经营其与法官（也包括其他相关司法主体）之间的"关系"当作重要目标。显然，上文提及的多个"关系"概念和内涵并不完全相同，却又毫无疑问呈现出了某种相通之处，因此，笔者认为，可以将第一个值得高度重视的乡土文化现象凝练为"无处不在的关系信任"。[①]

然后，在观摩基层民事案件审理的过程之中，笔者注意到，由于Q县的人民法院实际执行着一种"调审合一"的民事案件审理方式，因此，司法调解在审案过程之中扮演着至关重要的角色。事实上，大多数进入Q县的民事案件都会视具体情况的不同，经历一轮至数轮不等的司法调解。正因为如此，在调解过程中，几乎所有司法主体都非常重视，并且熟练使用着一整套诸如"合情合理、于情于理、通情达理"等词汇和话语。在这样的司法氛围之下，笔者发现，基层民事案件的调解和审理过程，无论是法官、律师还是当事人都非常重视案件审理过程之中所昭示出来的"情"和"理"，并且心照不宣地依据这些情理标准来判断纠纷之中的是

---

① 有关"关系"的问题，笔者主要放在了第二章，即"后台准备阶段"来展开讨论，但事实上，"关系"问题贯穿于基层司法案件审理的全过程之中。多数时候，甚至在案件已经审结，但尚未正式宣判之前，"关系"仍然在发挥着重要作用。关于"关系"和"信任"的问题，笔者将在第六章中进行详细分析。

非曲直。事实上，在真实的基层民事案件审理过程中，"情理标准"与"司法裁决标准"并驾齐驱，协同发挥其作用。因此，笔者认为，第二个值得注意的乡土文化现象可以具体凝练为"基于情理的是非标准"。

在进一步的观摩过程之中，笔者发现，尽管有一整套具有融贯性价值的"情理标准"在发挥着重要作用，但实际的庭审博弈过程之中，法官和律师又都不约而同地表现出了一种"均衡"导向型的案件办理方式。例如，法官和律师要求民事案件的当事人双方都能够"得理让人"，各退一步，以便达成合意；与此同时，笔者发现，即便是在刑事案件的办理过程之中，控、辩、审三方也都会考虑到彼此的处境，从而各自在自己的权利范围内进行一种留有余地的让步。因而，在实际庭审博弈过程中，控辩双方非但没有什么滔滔雄辩、咄咄逼人的表现，反而呈现出了一种彼此留面子的"谦抑"氛围。因而，笔者认为，在基层的庭审过程之中，"情理"实际上是一种载体，而在"情理"背后，另有一种重要的精神力量在主导着整个庭审博弈过程。笔者认为，这种重要的力量实际上是一种世俗化的"中庸之道"的处事原则。因此，第三个值得注意的乡土文化现象可以具体凝练为"中庸之道的处事原则"。[①]

综上所述，笔者认为，在中国"礼俗"传统的影响之下，基层

[①] 有关"情理标准"和"中庸原则"的问题，笔者主要放在了本书的第三章和第四章中进行了讨论，但实际上，这些重要的文化现象在审前、审中和审后三个阶段皆发挥着显著作用，只是相对而言，在庭审阶段，其对于律师司法角色构建过程所实际呈现出来的影响效果最为直观。

乡土社会之中客观上存在着一些极为独特的、中国所特有的文化现象。在本书的语境下，笔者将其中与律师角色构建过程紧密相关的"关系信任、情理标准、中庸原则"等三种文化现象共同凝练为一种"乡土文化"。我们注意到，这些乡土文化根植于乡土社会人民的血脉之中，并在事实上对中国的基层司法运行过程产生了显著的影响和塑造作用。据此，我们有必要对其背后实际发挥作用的共性机理进行更为细致的研究和剖析。

二、"乡土文化"作用于律师角色构建过程的共性机理

在对前文提及的各种"乡土文化"进行了简要的梳理与回顾之后，笔者认为，更重要的是要提炼出这三种不同"乡土文化"作用于律师角色构建过程的共性机理。事实上，在前面的不同章节之中，我们已经分别在不同的角色情境之下讨论过上述三种乡土文化因素各自对律师角色构建过程所产生的不同影响，所以，在这里，我们要进一步将三者联系起来，着重探讨其背后共同发挥作用的共性机理。

E. B. 泰勒认为："文化或文明，从其广泛的民族志意义上说，是一个如此复杂的整体，它包括知识、信仰、艺术、道德、法律、习俗，以及人们作为社会成员所习得的其他能力和习惯。"[①] 可见，在人类学家的眼中，法律在本质上是一种文化现象。此后，Gray L.

[①] 塔拉勒·阿萨德：《英国社会人类学中的文化翻译概念》，谢元媛译，[美] 詹姆斯·克利福德等编：《写文化》，商务印书馆 2006 年版，第 182 页。

Dorsey 进一步提出了"法文化"的概念，认为法文化的核心是"安排秩序观念"。因而，有多少种法文化，就有多少种"安排秩序的观念"。①

在本书中，笔者是在实际观摩律师代理案件的过程之中提炼出了上述"乡土文化"，因而，笔者认为，从"秩序"的角度出发来理解这些乡土文化作用于律师角色构建过程的共性机理也最为适宜。从本质上来说，传统乡土社会是一种"礼治"社会。费孝通先生认为，"礼"是社会公认合式的行为规范。同时，在乡土社会环境之中，"礼"并不是靠外在的权力来推行的，而是经过教化过程而成为主动性的服膺于传统的习惯。② 因此，笔者认为，上述"乡土文化"实质上是一种基于儒家"礼治"传统而形成的，通过代代相传的"教化"而融入了乡土社会人民血脉之中，从而具有了普遍融贯性价值的基层人际角色互动秩序。

首先来看"关系"的问题。在前文的第二章之中，我们分析过，尽管律师在与不同角色之间展开互动的过程中，其所实际受到的多种"关系"干扰在呈现形式上有所区别，但事实上，这些"关系"又都可以通过乡土社会"差序格局"之下的"群我主义"③ 行动逻辑

---

① Gray L. Dorsey, "Toward World Perspectives", Sava Alexander Wojcanin, *Law, Culture, and Values*, Transaction Publishers, 1990.
② 费孝通：《乡土中国》，人民出版社 2015 年版，第 58—65 页。
③ 赵晓峰的研究表明，传统中国农民的"己"这个概念实际上并非单纯指个体，而是建立在一定组织结构之上的"群我"概念。对于此现象，赵晓峰引入了"大私"的概念来加以解释。笔者认同赵晓峰的相关解释。参见赵晓峰：《公私观念与传统中国农民的行为逻辑》，《华中科技大学学报》2012 年第 3 期。

来得到解释。乡土社会的"差序格局",实际上是由儒家的伦理文化传统和乡土社会相对静止的社会构成方式所共同塑造而成的。由于传统乡土社会是一个相对静止的社会,人们生于斯、长于斯、死于斯,所以这种"差序格局"最初便是沿着亲缘关系和地缘关系逐渐向外铺展。在铺展的过程之中,每个人围绕着具体的个人事务和必要的公共事务,以"群我"为中心所形成的人伦道德标准和相应的行动逻辑又形成了"内""外"之别,并由此衍生成了不同位置之上的差序标准。[①] 例如,我们在前文中讨论过,当律师向当事人的亲属取证时,亲属会将律师认定为陌生人,因而对律师采用一种"外向型"的防范策略;与此同时,亲属则会将当事人视为重要且亲密的人,因而会自发地对当事人采用一种"内向型"的维护策略,甚至不吝于任意修改证词来维护当事人的利益。[②] 这种行动策略所产生的社会影响及法律效果姑且不论,我们发现,在乡土社会环境之下,在不同的角色情境模式之中,如果每个人均根据基本的伦理框架以及对方与自己的亲疏远近关系来判断自己该采用的"内向型"策略或者"外向型"策略,并且具体围绕着"人情的馈赠与亏欠法则"来展开彼此的角色互动[③],那么久而久之,这种策略便会以一种"教化"的方式融入乡土社会人民的血脉之中并形成一种稳健的交往

[①] "差序标准"是笔者借鉴费孝通先生的"差序格局"概念而总结的一个概念。相关论述参见本书第二章。
[②] 贺雪峰教授将这种"内向型"的维护策略总结为一种"自己人认同"。笔者在前文的分析之中亦借鉴了这一概念。具体差序格局影响之下,律师与各种不同主体之间"关系"的表现方式,参见本书第二章,这里不再赘述。
[③] 参见贺雪峰:《论熟人社会的人情》,《南京师大学报》2011 年第 4 期。

习惯，并由此构建出了乡土社会的基本人际角色信任模式。[①] 最终，在日常生活中，当大家都按照这种约定俗成的策略来展开人际互动，客观上便构建了一种具有普遍融贯性价值的人际角色互动秩序。

接下来，再来看"情理标准"的问题。中西方的很多学者很早就观察到了中国在纠纷解决过程之中喜欢使用"情理标准"这一现象。所谓"情"，主要指人情，也包括感情、心情、情面和面子；所谓"理"，既包括民间习俗中的道理与条理，也包括天理。[②] 同时，人们也发现，将"情"和"理"联系在一起的实际上是"礼"。例如，勒内·达维德认为："中国人解决争端首先必须考虑'情'，其次是'礼'，然后是'理'，只有最后才诉诸法。"[③] 我们发现，在中国的"情理"语境之中，"情"最初指的是人的真实性情，然而这样的真实性情是缺乏限制、容易泛滥的，因而儒家提出了"克己复礼"的主张，希望通过克制人类性情中某些容易泛滥的成分，使这种性情能够服从"礼"的规训而最终达致与"天理"相容的境界。例如，"孝"原本是一种来自血缘纽带的美好性情，但在儒家"礼"的约束和规训之下，"孝"便超越于情感范畴，而成为了一种具有了普遍社会约束力的伦理规范，也就是儒家"礼治"所认可的"理"。事实上，儒家所倡导的"仁义礼智信"等等重要价值追求均经历了这样一个伦理约束与社会规训的过程。可见，在儒家的构思中，"礼"是用来连接

[①] 关于"信任"的问题及其价值，笔者将在本书第六章之中进一步阐述。
[②] 参见陈亚萍：《情·理·法：礼治秩序》，《读书》2002年第1期。
[③] [法] 勒内·达维德：《当代主要法律体系》，上海译文出版社1984年版，第486页。

天与人之间的通道。"天理作为一种自然的自身运化，具有普遍主义的色彩，而人情则带有无数的个人差异，具有特殊主义的特征。只有礼一方面讲究秩序，另一方面又照顾到个人的特殊性，因此才能将特殊主义和普遍主义糅合到一起。"① 在实际的人际角色互动过程之中，我们发现，在"礼"的干预之下，人们开始追求现实中的"通情达理"，相互交往过程之中的"合情合理"以及纠纷解决过程之中"情理法兼容"的现实效果。② 当然，在前文中，我们已经分析过，在乡土社会的具体角色情境之中，这种是非标准同样遵循着"差序格局"的排序规律。因此，可以说，乡土社会的"情理标准"固然是具有普遍融贯性价值的，却又并非是一成不变的，会因为对方与"群我"之间的亲疏远近之别而相应伸缩。总之，在长期的共同生活之中，相关的"情理标准"逐渐成为了衡量是非曲直的普遍性标准。这种标准以"教化"的方式融入了乡土社会人民的血脉之中，形成了一种稳健的是非标准。最终，当所有人都按照这种约定俗成的标准来评判是非，并据此实际展开人际互动时，便在客观上使得"情理标准"也成为了一种具有普遍融贯性价值的人际角色互动秩序。

最后，再来分析一下"中庸原则"的问题。在讨论情理标准问题的时候，我们发现，"情"与"理"，一个代表着个体性情的特殊性，一个代表着天理规则的普遍性，但两者最终在"礼"的约束与

---

① 翟学伟：《人情、面子与权力的再生产——情理社会中的社会交换方式》，《社会学研究》2004 年第 5 期。
② 关于"情理法"这种特殊法文化的发生与发展，可参见霍存福：《中国传统法文化的文化性状与文化追寻——情理法的发生、发展及其命运》，《法制与社会发展》2001 年第 3 期。

规训之下糅合到了一起。可见，中国的儒家哲学不喜欢对普遍主义和特殊主义做对立的二元划分，而是希望人们在中间找到一个"中"的状态，这便将我们引入了关于"中庸之道"的相关讨论。《论语·先进》章记载："礼乐不兴，则刑罚不中；刑罚不中，则民无所措手足。"可见，孔子认为，只有在"礼治"的过程之中贯穿"中庸"的思想，在刑罚之中找到那个"中"的状态，才能使相关的处罚措施变得恰如其分，让百姓明白自己应该依循的标准，从而不会显得"手足无措"。孔子围绕着"中庸"思想进行过很多讨论。总体而言，他主张在治国理政和待人处世方面都秉持中正而不偏不倚，不走极端，无过无不及，力求恰如其分。[1] 可见，儒家所主张的"中庸"是一种理想状态之下的哲学观。当然，如同前文所讨论的那样，在日常生活之中，世俗化的"中庸之道"具体演化成了一种为人处世的原则与方法。分析表明，这种原则与方法在客观上为"情理"标准提供了一种可以具体衡量的行为尺度，并最终使得儒家所倡导的"情理标准"转化成了一种可以在日常生活当中实际操作的是非标准。在世俗化的"中庸"原则指引之下，人们开始在日常生活当中奉行"得理让人"的处事原则，多数情况下都强调"不能走极端""不可感情用事"，并且讲究恰当范围内的矛盾调和与利益兼顾。现实中，秉持着这样的原则与方法来指引纠纷化解，便也就在客观上营造出一种融合了中国传统伦理价值观念的、注重"均衡"的、"情理法"兼容的解纷氛围。当然，也正如前文所分析的

---

[1] 黎千驹：《孔子的中庸之道及其当代价值研究》，《湘南学院学报》2019年第3期。

那样，世俗化的"中庸之道"实际上是附着于儒家伦理纲常框架之上的。因而，儒家所主张的"恰如其分"，并不是如同"法家"所强调的那样，以一种客观的绝对标准来衡量是非，而是认为"仁者人也，亲亲为大"[①]，"人人亲其亲，长其长，而天下平"[②]。由于儒家重视贵贱、尊卑、长幼亲疏之"异"，所以其所强调的"恰如其分"也是富于差异性、内容繁杂且因人而异的。[③] 无论如何，我们发现，在长期的共同生活过程中，世俗化的"中庸之道"以"教化"的方式融入了乡土社会人民的血脉之中，逐渐形成了一种相对较为稳健的处事原则与方法。最终，当所有人都按照这种约定俗成的原则与方法来规范彼此之间交往的界限与尺度，并据此实际展开人际互动时，便在客观上使得世俗化的"中庸之道"也成为了一种具有普遍融贯性价值的人际角色互动秩序。

综上所述，笔者认为，上述三种"乡土文化"实际上都是中国儒家礼俗传统所孕育出来的文化现象，因而也是中国所特有的文化现象。日常生活中，我们常说，中国是一个人情社会，又说中国是一个情理社会。我们发现，人情主要指的是一种"关系"，而"情理"则主要指的是一种维系彼此"关系"的具体标准。具体而言，乡土社会的差序格局客观上使乡土社会的民众均以"群我"为中心来构建自己的人际交往关系网络，并且依据彼此之间的亲疏远近关系来确定自己的"内向型"或者"外向型"行动策略。这种行动策略彼

[①] 出自《中庸·第二十章》。儒家认为亲亲为天下国家九经之一。
[②] 《孟子·离娄上》。
[③] 瞿同祖：《中国法律与中国社会》，商务印书馆 2010 年版，第 326 页。

此交织，由此产生了基本的"自己人认同"和"信任"关系。在此基础上，人们根据一套"人情的亏欠与馈赠"法则来维系彼此的亲疏远近关系，初步构建成了基层乡土社会人际角色交往互动秩序的基本面貌；与此同时，从大方向上来说，每个人的行动策略又受到儒家"情理"标准的约束与规训，而衡量某种行为是否符合儒家"情理"标准的具体尺度在总体上受"中庸之道"原则与方法的指引。在长期的共同生活之中，这些承载着儒家"礼治"传统的文化以"教化"的方式融入了乡土社会民众的血脉之中，呈现出了较高的社会融贯性价值，因而在实际的生活中，三者协同发挥作用，共同构建了一种"无声的秩序"，并在事实上引导和调节着乡土社会的有效运转。据此，笔者认为，在具体的司法运作过程之中，当律师作为一种现代"法治"的符号来具体展开自己的角色行动时，其行动实际上同时受到现代法治秩序与上述"乡土文化"所引导的基层人际角色互动秩序的双重束缚。因而，从本质上来说，律师在基层执业时所遭遇的其中一种角色困境实际上便是上述两种秩序之间冲突结果的具现。笔者认为，这就是上述三种"乡土文化"作用于律师角色构建过程，是引致其角色断裂现象的共性机理。

第四节 深嵌在政策实施目标框架下的基层司法运行模式及其影响

在分析了"乡土文化"作用于律师角色构建过程的共性机理之

后，让我们继续关注基层政治权力结构和司法权力结构等"结构性"因素给律师个体角色行动所带来的实际影响。笔者认为，本质上来说，上述两类权力结构实际上也是以"秩序冲突"的形式来对律师的角色构建过程产生实际干扰。关于这个问题，我们将结合下文第五小节的具体内容来做进一步的分析与概括。① 在本小节中，我们首先来看基层政治权力结构所带来的实际影响。

美国学者米尔伊安·R.达玛什卡认为，在不同的政府职能推动下，关于法律程序的目标也形成了两种截然相反的观念：一种认为，法律程序应服务于解决纠纷的目的；另一种认为它应当服务于实施国家政策。与之相适应，审判也具有两张面孔，一张面孔是着重于纠纷解决的"回应型司法"；另一张面孔是着重于政策实施的"能动型司法"。当然，在现实中，两种司法面孔常常是混合出现的。②

达玛什卡主要是基于西方的法律传统与制度背景之下作出上述论断，应该说，并不能够完全适合我国的具体国情。然而，考查我国基层司法部门的具体目标，却会发现，我国审判也兼具"纠纷解决"和"政策实施"的双重功能。比如，笔者在访谈过程中询问Q县的法官，司法的目标是什么？结果，既有法官回答，司法的目标是"司法公开、司法公正、司法效率"等等；也有法官回答，司

---

① 尽管同样是基层社会实际存在着的权力结构，但两者对律师司法角色产生影响的具体表现形式仍有较大差别，因而，笔者认为有必要将其列为两种不同影响因素来加以分析，后续再进一步提炼其发挥作用的共性机理。
② 参见〔美〕米尔伊安·R.达玛什卡：《司法和国家权力的多种面孔》，郑戈译，中国政法大学出版社2015年版，第114页。

法的目标是实现"政治效果、社会效果和法律效果的统一"。显然，前面的一种回答更加接近于近现代以来，学术研究界对于"司法目标"的理论认知[①]；而后一种回答中，则渗透着更加浓郁的"政策"色彩，实质上也更加接近于基层法官在日常判决过程中所秉持的理念与追求。事实上，在Q县人民法院的官方通报中，上述两套话语也同样是并行不悖的，被广泛而熟稔地应用于各类文稿之中。下述两段文稿就是笔者随手从Q县人民法院的官方通告文稿中摘录的相关内容。从文稿中可以看出，上述两套话语早已结合具体的语境被巧妙地"嫁接"在了一起。

文稿一：公正是法治的生命线。2016年11月，Q县人民法院司法体制改革正式启动以来，通过以维护司法公正为目标，以优化司法职权配置、加强人权保障、提高司法能力、践行司法为民为重点，扩大司法民主，推行司法公开，保证司法公正，审判执行中心工作有序有效开展，为Q县经济发展和社会和谐稳定提供强有力的司法保障。[②]

文稿二：该院将涉黑涉恶案件的审理与推进以审判为中心的刑事诉讼改革紧密结合，切实增强办案人员的责任意识，证

---

① 例如，我国学者姜小川认为，司法目标的构成要素为"公正、高效、权威"。参见姜小川：《我国司法目标的构成要素及相互关系》，《时代法学》2008年第6期。

② 摘自Q县人民法院的官方通告文稿：《Q县法院从容应对司改，审判执行工作出成效》，2017年11月17日。

据意识，确保在案件办理过程中能够准确把握涉黑涉恶案件的定性，确保案件质量，实现政治效果、法律效果和社会效果的统一。①

分析上述两段文献，我们会发现，事实上，在基层人民法院的审判工作中，"纠纷解决"是置于"政策实施"的目标框架之下的。或者说，"政策"所赋予司法的重要使命之一便在于"纠纷解决"，但在纠纷解决之外，司法事实上还承担着其他的多重社会功能与任务。比如，文稿一当中明确指出："以维护司法公正为目标的司法体制改革……旨在为 Q 县的经济发展和社会和谐稳定提供强有力的司法保障。"也就是说，以司法公正为导向的改革，必然惠及纠纷的解决，然而改革最终却指向了"经济的发展与社会和谐稳定"的政策目标；文稿二的行文思路则是将我国"扫黑除恶"的政策目标巧妙地融入了以审判为中心的刑事诉讼改革的话语体系之中。总之，实际观察 Q 县的司法工作，笔者认为，当前我国基层司法运行的目标是深嵌在整个基层社会治理的政策实施目标框架之中的，其职责设定本身便蕴含着为全盘基层治理政治大局服务的内涵和意蕴。在这样的背景之下，即便是作为"市场化"力量的律师群体，也自然会当仁不让"讲政治"，并根据具体基层治理的政策目标来相应地调整自己的角色。

---

① 摘自 Q 县人民法院的官方通告文稿：《Q 县法院六举措开展扫黑除恶专项斗争成效明显》，2019 年 1 月 23 日。

一、维护社会和谐稳定的目标框架下律师的调解自觉与办案风险

正如上述文稿一中所指出的，Q县司法运行的目标最终指向了"经济的发展与社会和谐稳定"。司法对于经济的促进作用可能是间接实现的，但对于社会稳定的促进作用则比较显而易见。如果说"纠纷"是一种当事人个体关系及社会关系的暂时性"失衡"，那么，通过审判使纠纷得以化解，便是扭转这种失衡状态，恢复社会稳定的重要举措。因此，从这个意义上来说，纠纷解决必然有利于社会稳定。也因此，当律师练就一身熟练的纠纷"调解"技巧，在民事案件处理过程中积极引导当事人寻求和解、"息诉服判"时，其本身便蕴含着律师通过自身工作来维护全盘基层稳定大局的"政策性"目标。当然，从现实效果来看，这种目标有其积极意义。然而，值得注意的是，在我国的现实语境下，"稳定"的内涵和意蕴要比"关系调适"宽泛得多。有论者指出，"中国的社会政治稳定是一种刚性稳定和压力维稳"[1]。这种刚性稳定追求一种静态的、绝对化的稳定秩序，并且将"稳定"简单化地理解为没有矛盾，没有纠纷，甚至是没有任何异议。在这种体制之下，对稳定的刚性追求又具体演化为一整套数量化、物质化的政绩评价模式和严格的领导责任追究制，从而诱发了一些地方行政部门的高压防控行为，以至于一有风吹草动，便立即出手遏制，务求"将破坏社会稳定的风险扼杀在摇篮之中"。

---

[1] 唐皇凤：《中国式维稳：困境与超越》，《武汉大学学报（哲学社会科学版）》2012年第5期。

在一些基层组织的压力之下，律师一方面养成了随时随地随手调解纠纷，以便能够及时平息矛盾的职业自觉；另一方面，当面对着那些可能破坏基层稳定局面的所谓"风险案件"时，其自身又承担着极为巨大的压力。在风险案件的承办过程中，一方面，律师的身上承载着基层民众对于"司法公正"的诉求和希望；另一方面，律师又必须根据形势的发展，将案件的影响控制在地方领导所希望的"稳定"框架之内，可谓步步惊心。对于近年来有增多趋势的敏感性和群体性案件，一位当地律师也明确地表达了自己的相关态度：

> 对于这一类的案子，我的原则是尽量不接。你也看到了，我实际上不愁案源，为什么要去冒这种无谓的风险呢？一方面，这种案子确实难办，但说实话，更主要的原因是，这种案子风险太高了。你表面上看到的是当事人，那么，在你看不到的地方呢？你怎么知道会不会有什么重要人物的相关利益牵涉其中？就算我暂时不考虑自己的安危，那我的家人呢？我这么辛苦工作是为了什么？不就是想让我的家人过得舒服一些嘛！（IN18164）

访谈过程中，多数律师都谈到，由于近年来，基层纠纷开始朝着复杂化、趋利化和群体化的方向发展①，所以在一些复杂的、涉

---

① 关于近年来，Q县纠纷的这种变化情况，可参见本书第一章第三节"地方司法环境"部分的相关论证。

及群体利益分配和利益调整的纠纷方面，当事人更容易因为觉得"不公平"而希望借助律师的力量来实现维权目的。然而，通常情况下，这一类的纠纷不但涉及一个群体的利益调整和分配，而且纠纷的背后还往往裹挟着许多重要地方势力之间的角逐关系，同时又必须兼顾当地政府维护社会和谐稳定的目标，无论拿在谁的手上都是一个"烫手山芋"。毕竟，对于这些县域律师来说，不仅他（她）的事业扎根在 Q 县；他（她）的家庭住址和家庭成员也能够通过各种熟人纽带而轻易地为各种当事人和相关部门所掌握；并且，作为土生土长的 Q 县人，他（她）的乡邻、同学、朋友也聚集在这片土地之上，时刻关注着他（她）在案件办理过程中所透露出来的人品、能力与价值观；同时，他（她）未来的职业发展空间在很大程度上也必须依赖于当地相关司法部门和行政部门的认可。上述种种因素都决定了，任何一个"风险案件"办理欠妥，轻则可能给律师的名誉乃至事业造成毁灭性的打击，使其无法在 Q 县立足；重则可能涉及律师本人及其家人的生死安危。在这样的重压之下，一些律师往往对各种"风险案件"敬谢不敏，或者在受案之后，也仅仅是在相关案件办理的过程中象征性地"走走过场"。

二、高度行政化的基层审判决策机制及其影响

除了基层维护社会稳定的目标客观上对律师的角色产生着重要影响之外，我们发现，实践中，高度行政化的基层审判决策机制也在客观上为行政权力干预司法提供了机会，而这一机制实施的现实

土壤正是"庭审结果决定权"后置的现实审判机制运行状况。正如前文所分析的那样，目前，在 Q 县，法官"当庭做出裁决"的比例较低，多数进入了正规司法审判程序的案子还做不到当庭宣判，因此，庭审结果将在很大程度上取决于庭审结束之后的法官判断、讨论与合议。按照理想的机制设计，在法官主持之下的刑事案件庭审过程理应充满了不确定性和激烈的对抗性，控辩双方的"攻击和防御都是瞬息万变的，随时都可以进球得分"[①]。但在庭审结果决定权后置的权力构型之下，无论律师的辩护有多么精彩，论证有多么充分，行政权力仍有干涉司法的空间。

自 2014 年以来，随着办案法官"司法责任制"的推行，在我国现行的司法运行秩序之中，合议庭与独任法官的司法裁决权力均得到了显著扩张，一般情况下，其裁判文书不再需要得到院长或者庭长的签发或者审批。然而，由于案件不能够当庭宣判，所以法官对于案件的真正判断与裁决是在庭审结束之后才进行的。也就是说，从庭审结束时起，直至法官做出真正的司法裁决为止，中间有一个周期。而在此期间，法官随时都有可能因为各种外界意见的干扰而改变自己的相关判断。并且，在这个考虑权衡的过程之中，除了案件本身的案情之外，法官实际上还要综合考虑很多因素。比如案件的判决结果能否真正实现"案结事了"的目标；能否适当兼顾"公、检、法、律"各方主体的相关利益，从而基本维持整个基

---

① [日]佐藤博史：《刑事辩护的技术和伦理》，于秀峰等译，法律出版社 2012 年版，第 191 页。

层司法职业生态圈的相对"均衡"状态[①];判决结果究竟会不会促使当事人走上信访道路,从而触发基层行政权力的干预和压制;或者判决结果会不会遭到社会舆论的猛烈抨击,从而给法官自己带来职业风险等等因素均在法官的考虑之列。在这样的情况下,对于辩护律师来说,能否把握机会,在恰当的时机将恰当的意见传递给具有最终决定权的法官,从而影响其判断权衡过程便显得至关重要。与此同时,由于目前,基层人民法院仍然保留着审判委员会制度,因而,法院的院长实际上仍然保留着对于许多"复杂""重大""疑难"案件的影响权和决定权。显然,在此类案件之中,律师的相关观点必须达致院长层面,才有可能真正撼动判决结果;此外,现实中,不同级别的司法系统之间还存在着一种事实上的垂直管理关系,因而,当下级法院遇到疑难和敏感案件时,其往往会预先向上级法院请示汇报,走一种"内核"程序。在一些刑事诉讼法学界的专家看来,这种现象甚至已经发展成了地方法院司法运行秩序之中的"潜规则"[②]。显然,这种状况又在事实上将司法案件的最终裁决权转移到了上级法院的相关负责人员手中。与之相匹配,律师的诉讼代理工作也必须随之扩展范围才能真正奏效。

由此可见,在当前的基层司法运行秩序之中,律师的案件代理任务往往并没有真正随着庭审程序的结束而宣告完结。相反,在"审后"阶段,律师事实上还肩负着围绕特定案件进一步据理力争、

---

① 在本书的分析框架之中,笔者将这样一种带有显著"均衡"色彩的判断界定为"中庸原则"指导下的司法判断。具体内容可参见前文第四章的相关分析。
② 参见陈瑞华:《刑事辩护的艺术》,北京大学出版社2018年版,第171页。

传递观点、协调关系，最大限度争取有利诉讼结果的重要任务。情况的复杂之处便在于，在法庭之上，有一整套相对完备的诉讼程序保驾护航，律师也相对更容易施展其专业才华；在法庭之外，律师想要争取一个有利结果，却往往需要穿透重重障碍，甚至动用自己的各种"人脉关系"来进行有效疏通，才能最终达成既定的诉讼目标。在前文的阐述中，我们已经详细分析过，现实中，基层民众通常都对于律师的关系运作能力寄予了厚望。[①] 通过上述分析，我们不得不承认，在某些特定案件之中，律师的关系运作能力的确在一定程度之上影响着案件的最终判决结果（有时候，这种结果也可能是一种曲线通往个案正义的无奈选择）。

综上所述，笔者认为，当前Q县的基层司法运行秩序是深嵌在整个基层社会治理政策实施目标框架之中的，因而，其职责设定本身便蕴含着为全盘基层治理政治大局服务的内涵和意蕴。在基层组织的压力之下，律师养成了随时随地随手调解纠纷，以便能够及时平息矛盾的职业自觉，并对那些可能破坏基层稳定局面的所谓"风险案件"保持着较高的职业敏感性；与此同时，由于在Q县的现行司法环境之下，地方司法决策机制高度行政化的现实状况又使律师陷入了两难的境地：一方面，法定的庭审诉讼程序已经结束；另一方面，为了真正获得有利的诉讼结果，律师在另外一些司法舞台之上的角色"表演"却仍然在延续。并且，在特定情况下，这些审后"表演"的重要性甚至超越了庭审"表演"过程本身。因而，

---

① 有关律师"关系运作能力"的相关讨论，详见本书第二章。

总体来说，笔者认为，在 Q 县当前的基层权力配置结构之中，行政权力某种程度上优于司法权力，而这种区域"行政与司法"之间的权力配置无疑对于律师的角色形塑过程产生了较大的影响，并容易引发律师角色的断裂。

第五节　基层司法职业生态圈中特殊的权力配置结构及其影响

在分析了基层政治结构对于律师角色构建过程所产生的重要影响之后，让我们继续关注基层司法职业生态圈之中特殊的权力配置结构所带来的实际影响。现实中，由于法律工作所具有的显著区别于其他职业的一系列独有特征，使其从业人员从各种千差万别的具体职业当中分离出来，被冠之以"法律人"的称谓。当然，对于"法律人"内部来说，还有一个大家更加喜爱的，带有"愿景"色彩的称谓专门用来指称各种司法工作者，叫作"法律职业共同体"。所谓法律职业共同体，指的是"由法官、检察官、律师、法学学者所构成，是一个意义共同体、事业共同体、解释共同体、利益共同体，表现为独立与互涉的特征"[①]。针对司法过程而言，我们又可以进一步缩小范围，将相关的司法主体所形成的职业圈层称为"司法职业共同体"。当然，目前，几乎所有法律人又都彼此心照不宣地

---

① 张文显等：《法律职业共同体引论》，《法制与社会发展》2002 年第 6 期。

认为，目前我国的司法职业共同体尚未完全形成，而最难纳入这个"共同体"的则是律师群体。① 在此，我们可以借助著名社会学家布迪厄的"场域"理论来认识这一问题。②

按照布迪厄的观点，场域中的人可能存在一个空间上的联系，但更重要的是在特定空间中，根据权力（资本）关系构建而成的人际网络。在这个特殊网络之中，不同的人占据着不同的权力（资本），从而产生了距离、鸿沟和不对称关系。场域既是规则之所以形成和赖以运行的力量源泉，又同时是一个争夺的空间。行动者将根据自己在场域中的位置和力量来制定不同的策略，以便维持或者改变场域中的力量构型。强调从"场域"的视角来审视司法，本质上是将司法视为一组相互关联的人在特定社会关系网络中进行的权力（资本）之争的过程。针对基层司法结构而言，笔者认为，在前台实战阶段，至少有两个层面的司法权力配置关系及其构型对律师的个体角色行动产生了重要影响：其一为侦查中心模式导致的权力配置结构现象；其二为"公、检、法"三机关与律师之间的权力构型。上述两种权力结构交互发挥作用，客观上改变了相关法律制度设定的意涵，使得律师的角色在实际的司法运作过程之中发生了某些断裂，被重新构建。

---

① 由于律师实际上并没有真正被纳入所谓的"基层司法职业共同体"之中，因而在本书中，笔者也将重点使用"基层司法职业圈层"这个概念来指称这种小范围的司法生态关系。
② [法] 皮埃尔·布迪厄、[美] 华康德：《实践与反思——反思社会学导引》，李猛、李康译，中央编译出版社1998年版，第131—145页。

一、侦查中心司法模式下的权力配置结构及其影响

目前,学界通常认为,在刑事诉讼司法领域,有两种彼此对立的司法模式。其中一种模式叫作"以审判为中心"的司法模式。这种司法模式"要求侦查、起诉活动面向审判、服从审判,同时发挥审判在认定事实、适用法律上的决定性作用"①。与之相对的司法模式则指的是"以侦查为中心"的司法模式。这种司法模式具有"以侦查为中心的特点,而庭审虚化是其表象"②。两种不同司法模式实际上揭示的是区域司法体系之中,"公、检、法"三机关之间的力量对比关系和地位问题。"审判中心"模式将意味着法院在司法体系之中居于核心地位,拥有较高权力;反之,"侦查中心"模式则意味着公安机关在司法体系之中居于核心地位,拥有较高权力。在前述第三章中,我们分析过,目前,律师不能够在刑事法庭这一核心的司法"前台"之上完全发挥作用,最重要的原因便在于,在当前的刑事司法环境之下,最能够体现律师价值的其实是"审前"环节,特别是侦查阶段,也就是当前我国刑事律师界所普遍推崇的所谓"黄金37天"之内。这种情况在客观上揭示了Q县的刑事司法模式总体上还是一种"侦查中心"的司法模式。这种模式意味着,公安机关在当地的刑事司法权力配置结构之中居于核心地位。为了清晰展示这种司法权力构型对律师角色构建过程所产生的实际影

---

① 龙宗智:《"以审判为中心"的改革及其限度》,《中外法学》2015年第4期。
② 何家弘:《从侦查中心转向审判中心——中国刑事诉讼制度的改良》,《中国高校社会科学》2015年第2期。

响，我们有必要对当前"侦查中心"司法模式下"黄金37天"局面的形成过程做一个简要分析。

（一）错案追究与国家赔偿制度的相关规定及其现实影响

近年来，随着我国司法改革进程的不断深化，国家对于司法人员的职责监督也在不断加强。特别是近年来，"公、检、法"三部门制定了一系列的错案追究制度。制度设定的初衷在于促使办案人员增强工作责任心，但实际运行效果却是令相关部门的办案人员均对自己所经手案件的"错案率"问题抱有极高的戒心。故此，对于律师来说，为了避免这种"错案"问题客观上可能对公安部门和检察部门办案人员带来的现实挑战，最佳的方法就是在上述两个部门尚未对案件最终定性之前便及时介入司法程序，争取通过自己的实际努力来对案件的定性问题产生重要影响。例如，我国《检察人员错案追究条例》之中明确规定，检察人员在执法办案活动中不履行、不正确履行或放弃履行职责造成错误或者超期羁押犯罪嫌疑人、被告人的，需要追究执法过错责任。[①]而现实中，检察部门认定"错案"的重要标准之一，就在于该错误是否引发了国家赔偿。进一步查阅我国《国家赔偿法》的相关规定[②]，我们发现，如果侦查部门是依法对公民采取拘留措施的，即使其后案件被撤销、不起诉或者判决宣告无罪的，也不会引起国家赔偿；然而，一旦检察院对公民采取逮捕措施后，又决定撤销案件、不起诉或者判决宣告无

---

① 参见《检察人员错案追究条例》第八条相关规定。
② 参见《国家赔偿法》第十七条相关规定。

罪终止追究刑事责任的,则会引起国家赔偿。由此可见,从犯罪嫌疑人被拘留,到检察院批捕之间的期间,如果律师证明犯罪嫌疑人无罪,或者提出其他有利于犯罪嫌疑人的辩护意见,通常情况下,这种意见不会对侦查机关和检察机关的办案人员造成太多的负面影响。因此,这个期间也正是律师可以充分发挥作用,甚至影响到一个案件"罪与非罪"重要界限的黄金时段。

(二)我国的刑事证据相关制度及其现实影响

第二类对"黄金37天"的形成产生重要影响的制度是与"证据"相关的一系列制度。我国刑事诉讼法在立案、拘留、逮捕、移送审查起诉这几个步骤中,关于证据的要求是层层推进、层层加强的。换句话说,只要"侦查部门认为有犯罪事实存在",即可立案,而"侦查部门认为犯罪事实极有可能是嫌疑人所为",即可实施拘留。然而,只有达到"有证据显示嫌疑人既有可能实施了犯罪,且已经有部分证据被核实无误"的标准才能实施逮捕;最后,必须达到"证据确实、充分"的标准,才能够移送审查起诉。也就是说,在犯罪嫌疑人被拘留,直到被批准逮捕期间,正是刑事案件证据形成并逐步得到加强的重要时间段。在此过程中,侦查部门还没有完成证据收集,还没有完全确定案件起诉的"罪名",也就是当相关司法人员还没有对案件形成某种先入为主的倾向性判断之前,如果律师能够及时介入,并阐述自己的意见,则很有可能对案件的定性问题产生实质性影响,并促使相关部门作出"撤销案件"或者"不起诉"的决定。尤其值得注意的是,在犯罪嫌疑人被拘留之后,将隔断与外界的联系。在此期间，律师将成为犯罪嫌疑人与外界沟通的唯一桥梁。律师如果能够及时在侦查阶段介入案情，也能够增强嫌疑人面对案件的信心，避免嫌疑人因畏惧而胡乱做出各种不利的供述。相反，一旦错过了"黄金 37 天"，辩护律师就将在案件的"证据"方面处于极为不利的地步。

同时，由于目前，我国的刑事诉讼制度实行的是"案卷移送制"，也就是侦查机关将全部案件移送到检察机关，检察机关又将全部案卷移送到法院。这种刑事案卷的移送方式客观上决定了最终能够进入我国刑事法庭并得到"质证"的证据，主要是来自侦查方的证据，有部分是来自公诉方补充的证据，而律师只能在上述"证据"范围内，通过"阅卷"的方式来形成辩护思路。尽管我国《刑事诉讼法》赋予了律师"调查取证权"，但如前所述，在实践中，律师作为一个没有任何公权力傍身的个人，这种调查取证的行为往往得不到民众的支持，很难展开。而即使律师通过自行调查获取了"证据"，这种证据也由于缺乏法律上的认可，而至多被视为一种证据材料，或者证据线索。① 此外，我国《刑事诉讼法》所规定的律师申请调查权，也由于实际的执行条件过于苛刻，不具备现实的可操作性而基本上被虚置，未能得到有效落实。② 总之，上述种种制度设定都决定了，律师将很难通过"证据"渠道来扭转案件的结局。此外，在案卷移送制的干扰之下，基层法官实际上很容易在其"阅

---

① Q 县律师"调查取证权"的具体落实情况，可参见本书第三章中的相关访谈和分析。
② 参见陈瑞华：《刑事辩护的艺术》，北京大学出版社 2018 年版，第 31—42 页。

卷"过程之中对案件判决结果形成一种"先入为主"的预判思路。而一旦法官的预判思路已经形成，律师试图说服法官改变其思路的工作将变得极为艰辛。[①] 上述种种状况都在客观上决定了律师唯有抓住审前阶段的"黄金 37 天"来积极干预案件的进程，才能最大限度地维护当事人的相关权益。

（三）司法部门的相关考评标准与考评办法及其影响

司法实践中，第三类对"黄金 37 天"的形成过程产生着重要影响的制度是各级各类司法部门的相关考评标准与考评办法。在司法改革的过程中，为了对司法人员的办案质量形成有效监督，我国相关司法部门出台了一系列相关的量化绩效考评制度。"量化"考核的好处在于通过一系列清晰可控的目标来实施管理，有利于形成制度化和规范化的模式；同时，其弊端也显而易见，那就是围绕各种考评"指标"，相关人员会采取一系列应对措施来"强行达标"或者"逃避惩罚"。当然，相关司法部门也逐渐意识到了一些量化指标带来的弊端，因而近年来，这些部门也在出台各种新的文件和政策予以适当调整。例如，有学者梳理了 2010—2014 年之间，最高检印发的相关检务考评文件[②]，其中的考评项目变化如表 5-3 所示。

[①] 关于刑事卷证移送制度的演进过程及其利弊，可参见陈瑞华：《案卷移送制度的演变与反思》，《政法论坛》2012 年第 5 期。另可参见蔡杰等：《刑事卷宗移动制度的轮回性改革之反思》，《法学评论》2014 年第 1 期。
[②] 沈爱民等：《检查业务考评体系演进轨迹的梳理与思考》，《北京政法职业学院学报》2014 年第 3 期。

表 5-3 2010—2014 年检察部门绩效考评项目变化表

文件名称	考评项目
2010 年实施意见	1.查办和预防职务犯罪工作，包括人均立案侦查数、人均起诉数等 9 项；2.审查逮捕、审查起诉工作，包括人均受理审查逮捕数，批准和决定逮捕后撤案率等 7 项；3.诉讼监督工作，包括人均监督立案数、人均监督撤案数、人均纠正漏捕数、人均提出刑事抗诉数、人均纠正漏罪漏犯数等 19 项；4.控告申诉检察工作，包括举报线索初核、初查情况，举报人奖励和保护情况等 11 项。
2011 年指导意见	1.查办和预防职务犯罪工作，重点考评职务犯罪案件办理情况、程序环节是否合法、执法行为是否廉洁公正等，不宜简单考评初查数（率）、侦查终结数（率）、撤案数（率）、退查数（率）等阶段性、过程性工作活动。预防职务犯罪工作，不宜简单把领导批示等情况作为加分因素；2.审查逮捕、审查起诉，不宜将受理审查数作为考评项目，不宜简单设置逮捕数（率）、起诉数（率）特别是不捕率、不诉率；3.诉讼监督工作，口头纠正活动等难以客观统计和准确掌握的活动不纳入考评；4.控告申诉工作，不宜简单考评接待来信来访数量、受理审查、立案复查刑事申诉案件数量；5.检察人员违法情况，检察人员在执法办案中发生违法违纪的，一般应当在考评中给予否定评价。
2014 年改进意见	1.检察业务核心数据，反贪污贿赂业务、渎职侵权业务等 9 项业务包括立案数（人）等 26 项考评项目；2.案件质量评查情况。对一些特定种类案件开展案件质量评查，改变过去简单通过数字指标评判执法办案质量的做法，包括公诉业务中的撤回起诉、法院判决无罪案件等；3.落实上级院重要业务工作部署情况；4.社会评价情况，将人大代表、政协委员以及人民监督员等对检察机关执法办案情况的评价或者对检察业务工作提出的意见、建议作为社会评价的重要内容纳入考评。

注：该表的内容来源于沈爱民、黄福涛的文章《检察业务考评体系演进轨迹的梳理与思考》。

从表 5-3 中显示的"考评项目"相关内容的变化来看，近年来，最高检也在极力纠正那种简单通过数字指标评判执法办案质量的做法。尽管如此，公诉案件的"撤诉率"和"判决无罪率"仍然是压在检察人员头上的重要红线，是评价一个检察人员办案质量的重要指标。事实上，2010年版的实施意见之所以提出了各种指标，也正是吸纳了检察部门长久以来的一些实际做法。这种影响，或者说是"积习"很难在短时期内得到彻底扭转。在现实中，相关办案人员仍然会千方百计地力争将自己起诉的案件办成"铁案"。在这样的背景下，一旦公诉机关提起公诉，便立定了将案件办成"铁案"的决心，绝不容许律师在法庭上来破坏自己的"工作成果"。这反过来也说明了律师在批捕之前的"黄金37天"之内介入案件的重要性。

二、基层司法职业主体之间的权力配置结构及其影响

通过上述分析，我们发现，如果律师能够把握住批捕前的所谓"黄金37天"来展开相关工作，将大大提升其工作质量，甚至能够成功地在审前阶段便力挽狂澜，扭转案件的走向。事实上，如果律师能够在这一阶段充分发挥其作用，也能够有效减少侦查部门和检察部门的"错案"发生率，从理论上来说，是对整个基层司法职业生态圈都极为有利的举措。然而，实践调查表明，律师在"审前"阶段的工作情况并不能够尽如人意。在前文中，我们已经通过调查数据详细分析过，目前，Q县律师的人身权利和执业权利保障方面还存在大量的现实问题，而这些问题与我国基层司法职业生态圈的权力构型状况密切相关。

依照我国相关的制度设计，"公、检、法"三部门之间理应是

一种"相互分工、相互制约"①的关系，但实际调查显示，目前Q县的基层司法结构中，三部门之间的关系表现为"配合有余，制约不足"。在这种司法格局之下，三部门之间的"制衡"功能未能有效发挥，而基层司法职业生态圈的权力构型也在实际上呈现为一种"三部门相互配合，辩护律师独立对抗"的状态。这种构型投射在司法实践领域，便表现为"定罪量刑"的权力依次在三部门之间平行流动，并保持着一种相对"稳定"的状态，不容易发生变化。也就是说，检察机关在实际工作中形成了倾向于认可侦查机关结论的习惯，而法官又在实际工作中形成了认可检察机关结论的习惯。这种局面，无疑将辩护律师置于了相对不利的位置之上。

与此同时，在乡土社会环境之中，一方面，"公、检、法"三部门的工作人员都具有共同的"公职"背景，容易产生身份上的认同和共鸣；并且，在当前我国的司法环境下，三部门的工作人员也会在实际工作中发生一些交集，例如召开联席会议商讨相关的工作安排，或者三部门联合办案；另一方面，在狭小的地域范围内，三部门的许多工作人员本就通过各种乡邻、同学、朋友的圈子产生了各种千丝万缕的联系。在日常生活中，三部门的工作人员也会通过当地各种频繁的"婚嫁丧娶"仪式而发生广泛联系，而Q县浓郁的熟人文化环境又会使大家在工作之中形成某种心照不宣的"默契"，彼此"留面子"，相互关照。在各种复杂"人情关系网络"的裹挟之下，侦查阶段所产生的一些问题，在经过检察和庭审两个阶

---

① 关于公、检、法三机关之间的关系，可参阅刘忠：《从公安中心到分工、配合、制约——历史与社会叙事内的刑事诉讼结构》，《法学家》2017年第8期。

段后，仍然有可能被保留下来，并且顽固地发挥作用，得不到应有的纠正。在这样的氛围之下，律师的处境无疑将变得更为复杂。

综上所述，笔者认为，在实际的基层司法运行过程之中，基层司法权力结构的构型至少从两个层面之上对律师角色的构建过程产生了重要影响：其一为"侦查中心"模式所导致的权力构型。在这种构型之下，公安机关处于刑事权力结构的顶端，法院的核心地位没有得到凸显，因而法庭的审理过程有可能被虚化。与之相匹配，法官和律师的司法功能也有可能被削弱；其二为区域司法职业圈层之中，"公、检、法"三机关与律师之间权力配置关系的构型。这里又包含两重含义，第一重含义指的是，在基层司法职业生态圈的"权力"配置结构之中，律师的司法地位显著低于"公、检、法"三机关的相关司法人员，实际处于整个刑事司法权力配置结构的底端；第二重含义则指的是，在实际的基层司法运行模式下，三机关之间的权力构架并没有按照制度设定所预期的那样发挥应有的"制衡"功能，反而在实际的司法运作过程之中表现出了一种彼此照顾的"合作"倾向[①]，从而在事实上将律师置于了相对不利的境地。与此同时，我们发现，基层熟人文化环境之下的"人情网络关系"又在客观上进一步加剧了这种权力构型所带来的实际影响。司法实践中，上述多重因素协同发挥作用，致使律师的角色发生了一定的断裂。

最后，如果从"秩序"的视角出发来审视问题，那么，笔者认

[①] 参见徐清：《刑事诉讼中公检法三机关间的"共议格局"——一种组织社会学解读》，《山东大学学报》2017年第5期。

为，实际上，我们也能够在本章第四小节和第五小节所讨论的影响因素背后进一步观察到两者作用于律师角色构建过程的共性机理。具体而言，笔者认为，在基层的司法运作过程之中，当律师作为一种现代"法治"的符号来具体展开自己的角色行动时，其行动实际上同时受到现代法治秩序与基层公职部门（含行政部门和司法部门）权力博弈格局控制之下的地方司法运行秩序的双重束缚。因而，从本质上来说，律师在基层执业时所遭遇的其中一种角色困境实际上便是上述两种秩序之间冲突结果的具现。笔者认为，这就是基层政治权力结构和基层司法权力结构具体作用于律师角色构建过程，并引致其角色断裂现象的共性机理。

本章小结

本章着重分析导致律师"期望角色"与"实践角色"之间产生现实距离的相关影响因素。我们发现，尽管我国的法律制度对于庭审结构、诉讼模式和律师的角色都进行了较为完备的制度设计，但实际的司法实践中，律师的角色通过各种非正式的司法运作方式被重新建构。在这些非正式的司法运作过程之中，相关的影响因素错综复杂。总体上，笔者将这些影响因素分为了五个类别，但如果进一步分析这些影响因素的具体作用机理，那么笔者认为，实际上又可以把这些影响因素所引发的问题具体归结为两个类别的问题：第一个类别可以在总体上归结为区域发展程度不足所引致的问题。具体而言，Q县相对落后的社会经济发展状况以及当地民众工具主义的法律意识等等相关因素所带来的问题均属此类问题；第二个类别则可以从总体上归结为秩序冲突的问题。笔者认为，当律师作为一种现代"法治"的符号来具体展开自己的角色行动时，其行动实际上同时受到现代法治秩序与多元地方秩序的双重束缚，因此，律师在基层执业过程中所遭遇的角色困境实际上便是上述两种秩序冲突结果的具现。分析表明，在诸多地方秩序之中，又尤以两类地方秩序对律师角色构建过程所产生的影响最为显著：第一类是根植于乡土社会人民血脉之中的、中国"礼俗"文化传统所孕育出来的"关系信任、情理标准和中庸原则"等等特殊乡土文化现象及其所引导的地方人际角色互动秩序；第二类秩序则指的是基层公职部门（含行政部门和司法部门）权力博弈格局控制下的地方司法运行秩序。总之，分析表明，在基层司法运行过程之中，律师"期望角色"与"实践角色"的断裂，固然与律师自身的素质有一定的关联，更多的却是基层司法结构乃至于整个基层社会结构的现实映射。因此，我们也必须超越律师所遭遇的角色困境本身来解析原因、寻觅答案。

第六章　基层司法中的律师角色重构路径探析

在前面的章节中，我们在基层社会变迁的背景之下讨论了律师"期望角色"与"实践角色"之间客观存在的现实距离，并从五个方面分析了这种距离之所以产生的具体影响因素。同时，笔者进一步分析了这五类影响因素的具体作用机理，认为总体上可以把这五类因素所引发的问题具体归结为两个类别的问题：第一个类别指的是区域发展程度不足所引致的问题；第二个类别则指的是现代"法治"秩序与多元地方秩序之间的并立、冲突与协调问题。显然，针对上述两类问题，我们也必须从"社会发展"和"秩序调整"两个角度出发来寻觅解决问题的具体答案。由于目前，基层社会的多元地方秩序之间客观上构成了一个文化互嵌、权力叠加、利益纵横的复杂关系网络，因而，笔者认为，全盘司法秩序的调整和问题的解决非朝夕之功，而必须放在整个改革开放和时代变迁的大背景之中，通过整个社会的发展进步来求解；当然，从实践操作层面来看，在发展大局之中，也可以具体探索一些实际可行的解决方法，率先进行一些局部的秩序微调。而在此之前，笔者认为，我们必须首先探讨和解决"乡土文化与现代法治之间的关系"这一前提性的问题，并据此认识我国法治建设所面临着的独特难题。笔者认为，唯有深入认识并且正视这一独特难题，我们才有可能真正探索出适合中国国情的法治建设与发展道路，并在此基础之上进一步探索出能够真正解决"中国"基层司法中的律师角色困境的具体路径。

第一节　重构的前提：正确认识乡土文化与现代法治的关系

谈到律师角色构建的思路与方向，我们很容易想到"法治化"三个字，毕竟，律师这种职业本身就是现代法治发展的产物。本书最终也的确要立足于"法治化"三个字来思考问题和探寻出路。那么，如何进行法治化建设呢？自然，我们也很容易联想到法律制度的构建和对一些所谓"西方先进经验"的借鉴。毕竟，近现代以来，西方社会在法制建设的探索方面走在了我们的前方，在这个过程之中也摸索出了许多值得借鉴的宝贵经验。然而，沿着这样的思路，很容易就会走上新中国成立前"法律移植"的老路，不仅与本书所秉持的"立足于中国现实状况"的宗旨背道而驰，事实上也会因为缺乏对中国问题之"特殊性"的洞察而无法正确地对相关问题"对症下药"。笔者认为，当前，经过了数十年的建设和发展，如果单纯从法律制度构建的方面来说，可以说，目前我们的法律制度已经较为完备了,即便面对新问题与新情况,需要出台新规则与新制度,法律的制定也总是相对简单的。真正困难的是执行与落实。事实上,在前文中,我们重点围绕律师角色所展开的讨论,主要也是在探讨"纸面上的规定"与"现实中的真相"之间客观上存在着的现实距离。综合前文的讨论,我们发现,影响律师角色构建的因素是多种多样的。其中,有些因素比较直观,比如律师的个人素养问题,以及律师的执业权利落实与保障状况等等。这一类问题属于比较容易"诊断",因而也相对比较容易对症下药的问题;有些因素涉及复杂的政治构架,比如基层维护社会和谐稳定思路对司法运行状况的影响。可以说,对于这类问题,很容易拿准病症,却不太容易对症"下药";还有一类因素则更加隐蔽,却又在事实上发挥着极为重要的作用,那就是在前文中,我们花费了大量笔墨来描述和讨论的"关系信任、情理标准和中庸原则"等等与律师的角色构建过程密切相关的"乡土文化"现象。[①] 这一类乡土文化因素深刻融入到了乡土社会人民的血脉之中,稳健而顽固地发挥其所用,属于既难拿准病症,更难对症"下药"的问题。

回顾以往学者的研究,笔者发现,法学界的相关学者虽然也非常重视提炼基层乡土社会的特殊性问题,但总体而言,其关注的重

[①] 笔者认为,上述因素主要是在长达两千年的传统儒家礼俗影响之下而形成的一些中国所特有的社会文化现象,但其由并非传统儒家的礼俗文化本身,而是这些文化在与社会实际相结合的过程中所形成的一些文化的剪影,因而将之称为"礼俗文化"是不恰当的。故本书借助费孝通先生"乡土中国"的设定,将之称为"乡土文化"。具体笔者对"乡土文化"内涵所作的界定,可参见本书第五章第三节的相关讨论。

点通常都放在了地方习俗与民间规则方面，着重强调其与正式法律制度之间的衔接与补充关系。笔者认为，实际上，正是上文提及的这些"乡土文化"因素及其所引导的人际角色互动秩序才从根本上塑造了中国社会与中国精神的独特面貌，也正是在这一点上，使中国的"法治"建设道路面临着自己的独特困境，从而也必然与西方社会的法治建设道路形成分野。因而，笔者认为，在讨论律师角色构建的具体路径之前，我们有必要对这类因素予以专门的关注，力求在深入认识其"建构性"与"破坏性"功能的基础之上来回答"乡土文化与现代法治之间的关系"这一前提性的重要问题。为此，我们需要回到角色互动的框架之下，对其中的"角色信任关系"途径进行梳理与反思。

一、传统人际角色信任的熟人"关系"途径及其价值

"人是为了满足各种需要而建立角色关系并进入角色互动的。同时，人们又必须在特定的社会情境之中，并通过对这些情境的共同定义来保证互动的顺利进行。"[1] 在前文中，我们重点从"期望角色"与"实践角色"之间的现实距离这一角度出发分析了律师在各种不同具体司法情境之下的角色断裂问题。我们在分析过程中所使用的"后台""前台"等概念即为角色互动的场合，也是角色情境的载体。律师在各种角色情境中具体实施了社会"表演"，在此过

---

[1] 秦启文等：《角色学导论》，中国社会科学出版社 2011 年版，第 288 页。

程中，我们发现，有一些重要的乡土文化因素自始至终发挥着重要的作用，并在客观上影响着角色互动的进程与效果，其中就包含了基层熟人文化环境之下的"人情关系网络"这一概念所实际指向的"角色信任关系"问题。

学界认为，德国社会学家格奥尔格·齐美尔最早在《货币哲学》中对信任问题展开了研究，认为"如果信任不能像理性证据或个人经验那样强或者更强，则很少有什么关系能够持续下来"[1]。此外，涂尔干、亚当·斯密等人也都从不同角度出发，在其著作中关注到了信任的问题。1958年，美国心理学家多依奇通过著名的"囚徒困境"理论将个人心理、个体选择和彼此的信任问题融入了具体的情境之中，并由此在学术界产生了广泛的影响。卢曼则是将信任的功能定位为一种简化机制[2]，认为人际交往本身是复杂的，而如果人们之间能够彼此建立信任的话，则这种信任将大大减少社会交往的复杂性，因而从本质上来说，信任是社会秩序构建的基石。近代一些学者的研究又进一步将信任分为了"态度、行为、结果"三个层面[3]，认为信任首先是一种主观态度，其次，这种信任将支配一种具体的行为，最后，这种行为将指向一个具体的结果。由此，信任的价值也就可以通过行为与结果之间的关系被具体观察到。

---

[1] 参见［德］齐美尔：《货币哲学》，陈戎女等译，华夏出版社2002年版，第178—179页。

[2] ［德］尼克拉斯·卢曼：《信任：一个社会复杂性的简化机制》，瞿铁鹏译，上海世纪出版集团2005年版，第10页。

[3] D. Weinstock, "Building Trust in Divided Societies", *The Journal of Political Philosophy*, 1999, 7 (3), p.298.

在《乡土中国》一书中，费孝通先生描述道："乡土社会里从熟悉得到信任。这信任并非没有根据的，其实最可靠也没有了，因为这是规矩。"① 据此可知，在角色互动中，人们之间产生人际角色信任最基本的途径是"熟悉"。因为，只有当互动过程中的个体彼此熟悉时，才能更多地知悉对方的知识水平、能力范围、道德品质等等相关因素，从而在彼此的互动之中得到某种"无言的保证"。我们发现，在传统的礼俗社会背景之下，基层的熟人关系网络之所以十分重要，就是因为，在这种关系网络结构之中，人们能够自然产生一种彼此之间的"角色信任"。与此同时，费孝通先生在《乡土中国》一书中谈到，中国基层社会结构是一种差序格局，"就好像把一块石头丢在水面上所发生的一圈圈推出去的波纹。每个人都是他的社会影响所推出去的圈子的中心，被圈子的波纹所推及的就发生联系"②。通过这个比喻，我们也可以看到，中国基层乡土社会中的"角色信任"关系也符合这样一种差序格局的特征。每个人都以"群我"为中心，并依据彼此的亲疏远近关系建立起各自的"信任圈层"③。距离中心越近，则信任度越高；距离中心越远，则信任度越低。当然，这种信任圈层固然是存在"远近亲疏"之别的，但这种"亲疏远近"的关系又并不是一成不变的。通过各种方式来联

---

① 费孝通：《乡土中国》，人民出版社 2015 年版，第 7 页。
② 费孝通：《乡土中国》，人民出版社 2015 年版，第 8 页。
③ 赵晓峰的研究表明，传统中国农民的"己"这个概念实际上并非单纯指个体，而是建立在一定组织结构之上的"群我"概念。对于此现象，赵晓峰引入了"大私"的概念来加以解释。笔者认同赵晓峰的相关解释。参见赵晓峰：《公私观念与传统中国农民的行为逻辑》，《华中科技大学学报》2012 年第 3 期。

络和维系感情,建立起新的"关系"认同之后,原本较为生疏的人也可以转化为"熟人",从而获得相应的信任。这种因熟悉而产生的信任是基于地缘和血缘关系网络形成的,因而,其内部自身也蕴含着一些重要的约束机制。这种约束机制主要表现为一种伦理道德上、情感上和口碑上的约束力。因为大家长期定居在一个狭小的地域范围内,长期互动,彼此依附,所以一旦有人破坏了彼此之间的信任,表现出了"失信"的倾向与行动,将在这片土地上遭遇整个熟人圈层的集体奚落、唾弃乃至于被排挤至无法立足。可见,人们之间因"熟悉"而建立起来的信任关系,实质上是一种传统礼俗社会秩序的维护和运行机制,从而也可以被视为一种非正式的社会控制机制。

二、社会变迁背景下的"一般信任"与"特殊信任"关系

当前,我国基层的乡土社会正处于从"礼俗社会"迈向"法理社会"的变迁进程之中。在社会变迁的背景之下,职业分工趋于精细,每个人都不可能再固着于其原有的熟人交际圈子,而必须大量与陌生人发生交集,这里便涉及人际关系角色信任的另外一种途径,即:基于身份和地位所产生的信任。比如,人们会在遇到困难的时候拨打110向警察求助,在生病的时候到医院向医生求助,然后在遇到纠纷和麻烦时向律师求助。在大量的现实情境之中,当人们发出求助信号时,警察、医生和律师相对于求助者而言还是

一种"陌生人"的身份。尽管这是一种建立在陌生人之间的信任关系，但在各种具体的角色情境中，我们也不难发现，这其中的"信任"是一种普遍意义上的"一般信任"。韦伯（1981）把信任分为"一般信任"和"特殊信任"，认为一般信任是基于信仰，特殊信任则是基于血缘和地缘关系。他认为中国的信任模式是"特殊信任"，只信任与自己有关的私人关系，而不信任外人。①

笔者认为，尽管中国的确没有普遍意义上的宗教信仰，但正如前文第五章中所分析的那样，乡土社会的差序格局客观上使得特定地域的民众均以"群我"为中心来构建人际交往关系网络，并且依据彼此之间的亲疏远近关系来确定自己的"内向型"或者"外向型"行动策略。这种行动策略彼此交织，由此产生了基本的"自己人认同"和"信任"关系。在此基础上，人们又根据一套"人情的亏欠与馈赠"法则来维系彼此的亲疏远近关系，并初步构建成了基层乡土社会人际角色交往互动秩序的基本面貌；与此同时，从大方向上来说，每个人的行动策略又受到儒家"情理"标准的约束与规训，而衡量某种行为具体是否符合儒家"情理"标准的尺度在总体上受世俗化"中庸之道"原则与方法的指引。② 在长期的共同生活之中，这些承载着儒家"礼治"传统的文化以"教化"的方式融入了乡土社会民众的血脉之中，呈现出了较高的社会融贯

---

① 参见彭泗清：《信任的建立机制：关系运作与法治手段》，《社会学研究》1999年第2期。
② 关于这三种乡土文化的"秩序"内涵及其形成过程，参见本书第五章第三节的详细分析。

性价值，因而在实际的生活中，三者协同发挥作用，共同构建了一种"无声的秩序"，并在事实上引导和调节着乡土社会的有效运转。笔者认为，这些"乡土文化"及其所引导的社会秩序有助于人们构建起相互之间的"一般信任"。因而，即便是在社会分工不太明显的传统社会背景之下，我们其实也可以直观地观察到这种"一般信任"的存在。

也是在这个意义上，笔者认为，中国并非如韦伯所言，只存在"特殊信任"。实际上，笔者认为，在我们的现实生活中，"一般信任"和"特殊信任"是交织存在的，并且会根据人们遭遇的角色情境的严重程度来交互发挥作用。以看病为例，假如我们患的是类似于感冒、胃痛等普通的小病，则基于对医生职业的一般信任，人们会直接到医院看病，并根据自己在生活中形成的正常"情理"标准来形成对医生的职业素养，特别是职业态度的相关判断，从而做出自己是否遵从相关"秩序"的选择与决断；然而，如果涉及需要做手术等相对较为严重的病症时，人们就需要通过自己的熟人"关系"网络来建立"特殊信任"，以便寻找到能够令自己放心的医疗资源。因而，从这个意义上来说，笔者认为，卢曼所说的"关系有助于简化人际矛盾并建立秩序"的观点也主要适用于这种可以对陌生人感到放心的"一般信任"的语境意义之下。在此，笔者认为，"特殊信任"又可以分为两个层次：一个层次是"情感渗透型"的特殊信任，也就是人们扩展这种"特殊信任"的主要目的在于情感渗透；另外一个层次则可以概括为"利益驱动型"的特殊信任。当然，上述两个层次之间也并非绝对泾渭分明，而是可以随时转化的。或者说，人们通过彼此强化关系，进行"情感渗透"的重要目标之一便是试图在自己遇到重大决策时，能够将这种"情感渗透型"的关系顺利转化为"利益驱动型"的关系，以便顺利达成特定目标。因此，在现实生活中，我们发现，面对孩子上学、求职就业、招标投标、职位升迁等重大问题时，人们仍然依赖于因熟悉而建立起来的"特殊信任"渠道，或者至少是，要寄望于这些"特殊信任"渠道的中介作用来扩展特定的人际关系网络，从而实现自己的预定目标。在这种角色情境之下，基于特定目标而构建的"特殊信任"关系实际上带有强烈的工具主义性质和逐利色彩。笔者认为，这种"特殊信任"关系在某种程度上破坏了社会秩序的正常运转，造成了人际信任的紧张（也包括制度信任的紧张），并在客观上增加了人们办事的实际成本。

具体到律师的个体角色行动，我们发现，在基层执业过程中，律师和当事人之间往往是通过复杂的人际网络渠道而联系在一起的。由于中国的乡土文化中实际上潜藏着一种"厌讼"的倾向，所以当人们聘请律师打官司的时候，"诉讼"通常都意味着一件生活中的"大事"。并且，由于在诉讼中，律师的个人素养（也包括当事人普遍看重的关系运作能力）会对于诉讼利益产生直接的影响，因此，在这种情况下，人们更加倾向于通过自己的熟人渠道来扩展人际关系圈层，直至最终找到"值得信任"的律师。因此，笔者认为，在基层乡土社会之中，律师与当事人之间关系中虽然也含有"一般信任"的元素和色彩，但主要属于一种"特殊信任"关系。也因此，对于在基层执业的律师来说，口碑至关重要。尽管有"熟人"作为中介来建立连接,但双方见面之后,仍然要通过各种途径来强化彼此之间的"特殊信任"。比如,我们发现,律师和当事人双方都非常热衷于在酒桌和饭馆见面沟通。显然,这是为了在酒文化的晕染之下快速破除陌生感,以便尽快融入对方"信任圈层"的一种具体举措;与此同时,在沟通交流的过程中,大家也非常热衷于通过各种乡邻、同学、亲戚关系脉络的梳理来构建起双方之间人际关系网络的重叠之处,以便强化彼此的关系连接,从而强化彼此的"角色信任"。在此阶段,笔者认为,律师与当事人之间的关系主要属于"情感渗透型"的特殊信任。而一旦当事人试图通过律师的关系运作能力来达成某种特定诉讼目标时,双方的关系就会转化为一种"利益驱动型"的特殊信任"关系",从而对现有司法秩序和制度造成侵害。

律师与基层司法执业圈中其他主体之间的角色信任"关系"又有所不同。我们发现,在基层角色互动的过程中,律师常常将其与法官、检察官以及其他相关人员之间的"关系"经营作为自己的重要目标。从"一般信任"的角度来说,律师唯有获得了上述人员的角色信任,才能最大限度地减少沟通和交际成本,构建起良好的执业秩序;从"特殊信任"的角度来说,双方之间通过长期互动、"情感渗透"而形成的良好关系也具有一定的积极意义(例如法官不会利用手中的职权来故意刁难律师);但如同前文所讨论的那样,笔者认为,这种角色互动的背后,实际上还包含着多重复杂的权力与资源交换关系。可以说,这种"特殊信任"关系从一开始就更加偏向于"利益驱动型"关系,从而对于基层司法运行秩序具有负面的影响，因而必须加以遏制。

三、中国乡土文化与现代法治的关系

在中国基层的现实语境之下将角色信任关系区分为"一般信任关系"与"特殊信任关系"至关重要，因为只有进行了上述区分，我们才能更加准确地解读出角色互动的具体情境之下，乡土文化所同时兼具的"构建性"与"破坏性"双重功能，并在此基础上来认识中国"法治"建设所面临着的独特难题。为了认识这一问题，我们首先要对"法治"的内涵作一个界定。从社会控制的角度来看，"法治在社会中的实践过程，可以认为是权力对社会的规范过程，这个过程主要包括三个方面的内容：第一，对个体行为的矫正；第二，对社会关系的塑造，尤其是对平等关系的塑造；第三，对是非标准的培育，重要的不在于个体行为的规范化，而在于人们中间形成有关正确错误的判断标准。法治还是一种权力的制裁过程，对于社会中的越轨行为，只有通过国家权力的介入和处理才能够形成法律的权威"[①]。因此，笔者认为，从社会控制的角度来看，"法治"既是一种国家权力的运作过程，更重要的则是其指引了一种社会秩序的构建。也正是在"社会秩序"这一焦点之上，乡土文化与现代"法治"之间搭建起了融贯的桥梁。

值得注意的是，在当前社会急剧转型与变迁的背景之下，我们

---

① 林辉煌：《法治的权力网络——林乡派出所的警务改革与社会控制》，华中科技大学博士学位论文，2013年，第375页。

发现，市场经济所倡导的逐利行为对于基层乡土社会原有的、建立在熟悉基础之上的"角色信任"产生了很大的冲击，使之逐渐丧失了原有的秩序和约束力。有论者认为，当前我国基层社会普遍存在的"杀熟"[①]现象即为这种"角色信任"丧失的最典型表现。此外，在基层社会"原子化"的背景之下，"人们之间的社会联系变得薄弱；在追逐自己的利益时，是以个人而不是以群体的形式行动……在这种人际关系中，除了利益的考虑之外，其他的因素已经明显减少"[②]。我们发现，在基层乡土社会从"礼俗社会"迈向"法理社会"的发展与变迁过程之中，基于"熟悉"而产生的信任遭遇了危机，与此同时，随着基层相关法律框架的建立，一种以"制度"为核心的信任机制开始出现并日益展示出其威力。例如，为了解决双方之间的信任问题，白纸黑字的契约开始在日常生活中大量出现。此外，比较具有典型性的还有公证制度。这种制度通过提供具有较强证明力的法律文书来引导信任机制的构建；又比如，在电子商务发展初期，制约网络购物的瓶颈问题之一便是信任问题。马云通过推出第三方平台支付宝来解决网民之间的信任问题，从而使完全发生在陌生网民之间的交易成为可能。

"制度信任"是卢曼提出来的，指的是要用外在的像法律一类的惩戒式或预防式批判来降低社会交往的复杂性。在卢曼的框架中，"社会学超越了心理的和人际的层面，突显了其中制度性因素

[①] 参见杨光飞：《"杀熟"：转型期中国人际关系嬗变的一个面相》，《学术交流》2004年第5期。
[②] 孙立平：《关系、社会关系与社会结构》，《社会学研究》1996年第5期。

的重要作用。从非正式的习俗、道德到正式的法律、规定,这些制度性因素通过其内化于社会成员后形成的约束力量来增进社会信任度,这时信任的意义在某种程度上被提升了;普通社会成员之间的相互信任,已经掺杂了该社会成员对涉及其中的社会制度的信任,于是社会制度就拥有了作为信任的保障机制和作为信任本身的一部分的双重义涵"①。笔者认为,从"法治"建设的角度来说,"制度信任"也可以被称为"制度及规则"的社会公信力,其实际指向了现代意义上的"法治"权威,或者至少可以被视为"法治化"社会控制的重要根基。然而,尽管有上述成功例证,我们发现,"制度信任"的构建过程也非一帆风顺,特别是伴随着近年来,食品安全问题、腐败问题、干群矛盾问题等的经常曝光,不断挑战着人们对于各种规则和制度,以及这种规则和制度所指向的"法治"根本精神的信任。笔者认为,现行社会与司法之间的矛盾,包括律师角色断裂的重要根源之一都在于司法公信力不足,司法有待树立起足够的权威。

总之,尽管在现实生活中,提起"关系"两个字,人们总是容易跟"腐败、特殊化、潜规则"等偏于贬义的词汇挂钩,但通过上述分析,我们发现,因熟悉而产生的"信任关系"客观上在传统乡土社会之中充当着一种"无声的秩序";而现代意义上的"一般信任"关系也有助于简化人际交往的复杂性,因而有其积极意义。同理,笔者认为,正常情况下,在基层日常生活中扮演着重要角色的"情

---

① 梁克:《社会关系多样化实现的创造性空间——对信任问题的社会学思考》,《社会学研究》2002年第3期。

理标准、中庸原则"① 等乡土文化作为产生"一般信任"的社会文化基础，实际上也在潜移默化地调节着社会矛盾，维护着社会秩序的有效运转②，从而呈现出了乡土文化所具有的"构建性"价值；相反，在社会转型的背景之下，由于"特殊信任"往往与人们生命历程之中的"重大事件"密切相关，更加容易诱发人们的功利主义目标，所以也在客观上呈现出其对社会秩序的"破坏性"功能。因而，笔者认为，乡土文化与现代法治之间并不是一种完全的对立关系。然而，情况的复杂之处也恰在于此。由于乡土文化中的"一般信任"与"特殊信任"是相互交织的，所以在现实生活中，我们会发现，当制度试图对这种"关系"文化发起挑战并加以遏制时，受到损害的往往是这种文化中潜在的"维护秩序"的良性功能；相反，当制度放松了对这种文化的监控时，利益驱动型的特殊信任"关系"又会乘机上位，进一步对现有秩序进行蚕食，并从根基上造成对"法治"精神的破坏。某种意义上来说，笔者认为，基层司法运行过程中呈现出来的大量现实问题（也包括律师个体角色行动过程中遇到的许多具体问题）都是由此造成的。

基于此，笔者认为，当我们试图用"法治"的方法来重塑社会

---

① 当然，正如前文第四章中讨论的那样，笔者认为中庸文化一方面是调节社会秩序运转的重要力量，有利于人们形成信任与共识，也有利于纠纷的化解，实现"案结事了"；另一方面，在实践运行过程中，世俗化的"中庸之道"处事原则又容易对规则和制度产生无形的消解之力，使之发生形变，因而也呈现出了其对于社会秩序，特别是现代"法治"精神所同时具有的"构建性"和"破坏性"双重功能。

② 关于乡土文化的秩序性价值，详见第五章第三节的分析。

秩序，进行社会治理时，必须对当地原有的乡土文化及其所引导的人际角色互动秩序保持足够的警惕和敬畏，既不宜将其视为一种"传统糟粕"而加以简单粗暴的压制，也不宜过分夸大其秩序维护功能，而放任其对制度的侵蚀。笔者认为，现实情况下，较为可行的方法是深入挖掘"一般信任关系"之中的秩序价值，使之与"制度信任"形成衔接，同时对那些典型的、利益驱动型的特殊信任"关系"予以必要的打击与矫正，引导社会"制度信任"的构建，并从根本上树立法治的"权威"。

笔者进行上述讨论，主要是想说明，构建中国的"法治"体系，必须充分考虑到中国的社会现实状况，探索适合中国国情的法治建设道路。事实上，法学界已经有部分学者关注到这一问题，并且进行了一些卓有成效的探讨。例如，龙宗智认为："在一个不尽如人意的法治环境中，在多方面条件的制约下，我们无论是制度改革还是程序操作，都只能追求一种相对合理，不能乞求尽善尽美。如果不注意实际条件和多种复杂因素的制约去追求理性化，不仅难以奏效，而且还可能因为完全破坏了既定的有序状态而使情况更糟。"[①] 此外，树立"法治"权威，构建制度信任，客观上要求民众能够从实际的判决中感受到"正义"的力量，据此，左卫民认为："（在中国当前的社会现实状况之下）诉讼实体处理结果较之司法程序更能影响司法公正的社会认同，强调程序正义多于实体正义非但不会提升民众的司法公正认同，反而会给人以司法走过

[①] 龙宗智：《相对合理主义》，中国政法大学出版社1999年版，第18页。

场的不良印象，使得司法公信力愈发受损"[1]。当然，过分强调司法的社会效果和政治效果，又会在客观上阻碍法治理念的进步。为此，彭卫民认为，"新时代的司法正义应当同时具备内在价值与外在制度的整体安排，避免进行碎片化的制度修补，而是进行司法正义的整体重构。在此过程中，一方面要坚持程序与实体正义并重，构建以人民为中心的司法理念；另一方面要兼及社会公正的程序法治，完善司法正义的价值引领"[2]。笔者认为，只有立足于中国的现实状况，探索适合中国自己的"法治"建设道路，真正树立起法治的权威，才能营造一个良好的司法环境，从而使包括律师在内的全体司法工作者都能够按照自己的"角色设定"来有效完成自己的角色任务。

总之，尽管依循学术惯例和解决现实问题的必要性，我们都需要对律师角色构建的具体路径进行一个详细描述，但总体而言，笔者认为并非每一个现实问题都能找到应对方法；退一步说，即便针对有些现实问题，我们能够提出一些解局的思路，但这些思路能否实际落地，落地之后的实际效果会不会与"纸面上的设计"背道而驰也仍然令人存疑。特别是在涉及这些无形却牢固的"乡土文化"时，笔者认为，至少我国现阶段饱受质疑的"法治"框架还不足以完全消化其中的糟粕，从而尽情释放其内蕴的精华。尽管如此，笔者也并不会因此便对眼前的局面感到失望，一方面，正如埃里克

---

[1] 左卫民：《有效辩护还是有效果辩护？》，《法学评论》2019年第1期。
[2] 彭卫民：《在程序与实体之间：新时期中国司法正义的整体构建》，《社会科学家》2019年第4期。

森所说:"法律制定者如果对促成非正式合作的社会条件缺乏眼力,他们就可能造就一个法律更多但秩序更少的世界。"[1] 从这个意义上来说,也许我们应该对于这些乡土文化所造就的"无声的秩序"持有一种审慎的乐观态度[2];另一方面,改革开放40多年来中国各领域创造的无数奇迹都足以证明,一些在当时看来"无解"的事情往往会随着社会的发展而自然浮现解局的钥匙和潜藏的答案。例如,随着互联网的普及和应用,在一线城市之中,我们发现,律师的社会声誉开始不再依赖于传统"口碑"传播的方式,而一些相对规模较大的律师事务所也正在借助互联网等新兴平台,用一些"制度化"的方法来帮助人们识别律师的知识领域和社会声誉,从而在当事人与律师之间构建起相对稳固的制度信任路径。[3] 因此,笔者认为,乡土文化作为中国人的一种"精神文化标识",在可以预见的未来很长一个时期内仍然会坚固地存在,但其运作方式却有可能随着社会的发展进步而不断调整,甚至有可能在"法治"真正建立起其权威的"制度信任"时收束到其原有的调节社会秩序的轨道上来。

---

[1] [美] 罗伯特·C.埃里克森:《无需法律的秩序》,苏力译,中国政法大学出版社2016年版,第304页。
[2] 笔者认为,现行我们国家正在大力推行的"枫桥经验"就是引导这种乡土文化的秩序价值与现行法治框架下的秩序价值之间形成衔接的重要举措,因而值得深入研究。
[3] 当然,在这个过程中,我们发现,网络技术的利用实际上又催生了律师行业的另外一种逐利行为,即:许多律师会利用网络炒作的手段来提高其社会影响,并在客观上干扰了司法秩序的正常运行。也因此,笔者认为,比起其他问题来,文化的问题总是显得无比纠结,总是会在解决一个旧问题的同时,又在客观上助推了另外一个新问题的衍生与发展。

第二节　宏观重构路径：基层"政、经、法"关系的梳理与重构

在本章中，我们之所以要首先讨论"乡土文化与现代法治的关系"这一重要命题，目的是要贯彻一种解决问题的"中国意识"和"中国思路"。在此前提之下，则需要进一步从"宏观层面"和"实践操作层面"两个方向出发来探析律师角色构建的具体路径。首先来看宏观层面的问题。如果将律师在庭审前后围绕案件而展开的每一次代理行为都视为一次重要的司法"表演"，那么，每一次，他（她）毫无疑问在表达着自己的观点，但同时，这种观点又是特定历史、文化和社会结构形塑的产物。可以说，每个律师都是"具体地、历史地"生活在自己特定的社会环境和文化角色当中。在前文中，我们分析过，当前，我国滇西北少数民族地区基层社会的整体经济教育发展水平相对落后，地方的法律文化环境不够发达，并由此带来了基层民众的实际支付能力有限、法律服务消费方面的观念较为落后、法制观念薄弱、法律意识较为功利和模糊等问题。上述问题都在客观上对律师的角色构建过程产生了显著的影响。同时，正如上文所述，要解决"乡土文化"因素所带来的负面影响，也必须依靠社会的发展进步和"法治"公信力的树立。因而，从宏观方向上来说，笔者认为，律师角色的重构必须依托于滇西北少数民族地区社会经济、文化、教育水平的整体提升以及社会法治观念"水位"的整体上涨，也就是必须放在整个改革开放和时代变迁的大背

景之中，通过整个社会的发展进步来求解。尽管基层社会的发展过程中面临着大量纷繁复杂的现实问题，但正如我国改革开放的总设计师邓小平所言，"必须以经济建设为中心"，因为说到底，只有"发展才是硬道理"。当然，以经济建设为中心的基层社会发展也离不开相关制度的保驾护航，因而，笔者认为，在依托于社会整体发展来求解的过程之中，从"法治化"建设的角度而言，我们需要重点关注经济发展与法治建设之间的关系问题。在此，笔者认为，我们可以参考经济学界关于"后发优势"与"后发劣势"的相关讨论中所呈现出来的一些重要观点和思潮。

一、有关"后发优势"与"后发劣势"的讨论

关于一国"优势"的理论，主要是经济学界用以讨论后进国家的经济发展问题。关于"后发优势"理论，著名经济学家亚当·斯密、大卫·李嘉图、赫克歇尔、俄林、李斯特、刘易斯、鬼城·仁和宇泽等人都对该理论的发展和完善作出过重要的贡献。[①] 格申克龙认为，工业化前提条件的差异将影响发展的进程，相对落后程度越高，其后的增长速度就越快。之所以如此，在于这些国家具有一种得益于落后的"后发优势"（Advantage of Backwardness）。[②] 列维

[①] 关于"比较优势"和"后发优势"的相关理论演进过程，可参见侯高岚：《传统与超越：从比较优势到后发优势》，《中国社会科学院研究生院学报》2002年增刊。

[②] Alexander Gerschenkron, *Economic Backwardness in Historical Perspective*, Harvard University Press, 1962.

则从现代化的角度将格申克龙的后发优势论具体化，总结归纳了后发式现代化的利与弊。① 总之，"后发优势理论"认为，后起的国家，由于可以直接引进先进国家的技术，避免了技术研发本身带来的漫长周期和探索费用，如果运用得宜，可以转化为一种巨大的优势，甚至可以使后进国家借此超越先进国家。尽管在后续的研究中，许多研究者都先后指出，"后发优势"理论并不适用于所有后进国家。从国家实施效果来看，只有东亚的少数国家实现了后发追赶优势②，但该种理论仍然因为其所呈现出来的独特魅力而产生了深远影响。我国著名的经济学家杨小凯教授与林毅夫教授也围绕该问题展开了学术论辩，这场论辩在整个经济学界都蔚为经典，时至今日仍旧具有深远的启迪意义。杨小凯教授认为："恰恰是因为落后国家可以轻易利用技术模仿发展经济，因此缺乏动力做有利于长久发展的制度变革，长此以往，这种发展路径的选择会付出极大代价，'后发优势'将成为'后发劣势'。"③ 林毅夫教授则认为："后发国家应该先利用'后发优势'加速经济发展，而制度的完善大可以与经济发展同时进行。"④ 通过上述论断，我们可以看出，两位经济学家都认同"制度变革"在"后发优势"理论中占据着重要的地位，

---

① M. Ievy, *Modernization and the Structure of Societies: A Stern for International Relations*, Princeton University Press, 1966.
② 郭斌：《后发优势与后发劣势的转换：对发展中国家追赶问题的重新认识》，《自然辩证法通讯》1996 年第 6 期。
③ 2001 年年底，杨小凯到北京天则经济研究所做了一场主题演讲，提出了其关于"后发劣势"的担忧。
④ 参见林毅夫：《后发优势与后发劣势——与杨小凯教授商榷》，《经济学（季刊）》2003 年第 2 卷第 4 期。

其分歧主要在于应当选择什么样的时机进行制度变革，以及对不同选择可能带来的后果所形成的认知差异。

二、正确处理好区域经济发展与法治建设之间的关系

笔者认为，对于 Q 县这种位处滇西北的偏远县域来说，其发展过程之中同样需要注意充分利用自己的"后发优势"来实现区域经济发展水平的快速进步与跃迁；同时，也必须高度警惕因为当地法治建设水平相对滞后所可能引发的"后发劣势"问题。换句话说，在滇西北少数民族地区整体社会发展进步的过程之中，要特别注意正确处理好经济发展与法治建设之间的关系问题。

当然，笔者认为，上述经济学家所重点关注的，"国家之间"的后发优势和后发劣势问题虽然对于区域发展有着重要的借鉴价值，但总体而言，区域发展问题所面临的实际困难和阻力要小得多。比如，在同一国家的不同区域之内，资源、技术和劳动力的比较优势都是可以通过政策部署来实现有效调节的；同样，针对同一国家的不同区域而言，政策推广的难度和复杂程度也都相对较低，阻力较小；与此同时，笔者认为，正如前文所讨论的那样，由于根植在中国人民血脉之中的、较为坚固的"乡土文化"之中实际蕴含着一些极为特殊的秩序调节规则，所以我们发现，直接引入一些西方国家的所谓成功制度之后，这些制度常常表现出浓重的"水土不服"现象，不能够在我们国家生根发芽，有效运行，但这一现象在区域发展问题之上能够得到有效克服。由于这些"乡土文化"具有

普遍的融贯性价值，即便在发达城市之中的表现形式不如边远地域明显，但实际上仍然坚固地存在着，并且潜移默化地发挥着其作用，所以，相对而言，一些在我国发达城市之中探索出来的，行之有效的制度实际上已经在其运行过程之中部分"消化"了这些乡土文化可能带来的潜在负面影响，因而，将这些制度推广到相对欠发达区域时，可能遇到的反弹和阻力实际上并不会太过强烈。

自党的十八大以来，以习近平同志为核心的党中央高度重视经济发展与法治建设的关系问题，并围绕此问题进行了一系列的重要部署。党的十八届四中全会作出了全面推进依法治国的重要战略抉择，应该说，"法治中国"[①]已然成为了当代中国社会发展的必由之路和理性选择。从理论上来说，"区域法治发展的经济社会基础，是支撑、构成区域法治系统并推动区域法治发展的各种自然的、经济的、社会的必要因素的总和；区域法治发展的重要目标和任务之一，就是要因地制宜，因势利导，各展所长，优势互补，形成与区域经济和社会发展相适应的法治区域"[②]。当然，从实践的角度来考查两者之间的关系，却往往会涉及众多复杂的问题。例如，正如前文所讨论的那样，以经济建设为中心，客观上需要一个稳定的社会秩序作为保障。那么，是不是继续扩大司法维护社会和谐稳定的功能，使之成为地方政府进行基层治理的重要武器呢？笔者认为，解

[①] 笔者认为，在本书的语境中，所谓"法理社会"实际上也就是"法治中国"所希冀和追求的社会状态。

[②] 夏锦文：《区域法治发展的法理学思考——一个初步的研究构架》，《南京师范大学学报（社会科学版）》2014年第7期。

决这一问题，我们首先要回答，纠纷是否就一定是破坏社会稳定的不良因子，从而必须加以强力压制呢？这需要我们从社会转型的角度来对相关问题进行细致解剖。

如同本书第一章中分析过的那样，在传统礼俗社会的背景之下，"礼"意味着传统和规则，也代表着一种不需要变动，只需要后辈从教化中养成敬畏感、尊崇既定仪式、服从传统和前辈就能保持整个生活和社会的顺利运转的力量。显然，在传统的礼俗社会中，纠纷被视作"逾礼"的行为。纠纷的化解可以通过宗族和血缘的力量（所谓家法），也可以通过长辈的训诫（长幼有序），甚至可以通过男性的权威来压制（男性为尊）。总之，纠纷可以通过一套约定俗成的规矩或者礼仪而在一个小范围内得到化解。这样的社会固然在表面上呈现出"无讼"的状态，给人以"和谐"的观感，但我们必须认识到，这种状态是以压制创新和牺牲一部分人（特别是年轻人和女性）的自由为代价的。

因而，笔者认为，从礼俗社会迈向法理社会既是社会变迁的必然趋势，也是新的时代背景下，进一步促进滇西北少数民族地区社会发展的客观要求。为此，我们有必要构建新型的"纠纷认知观"，必须认识到，在今日中国，基层纠纷的复杂化和多样化是一种客观事实，却未必意味着"礼崩乐坏"的灾难，而是社会转型之后，建立在个体自由、价值平等和锐意创新基础之上的秩序重构。所以，既不能简单化地将一切纠纷都视为"不稳定"因素而刻意加以压制，更不能用"一刀切"的量化指标来进行简单化的政绩考评，而必须重视基层纠纷所折射的现实问题，通过制度构建，特别是价值引领，深入挖掘传统"乡土文化"之中蕴含着的伦理性、规范性和秩序维护价值，使之与法治建设之间形成有效的衔接，引导纠纷的源头控制与法治化回应，尽可能实现纠纷的合理解决。总之，唯有建立了健康的"纠纷认知观"，避免一种"草木皆兵"的高压防控氛围，从源头上减少外部行政力量对司法的过度干预，使"纠纷"还原其本色，并正常进入司法渠道，才能最大限度地使包括律师在内的各种基层司法主体都充分发挥其主观能动性，并在法治建设的轨道上完成其角色重构。

同时，建立全新的基层维护社会和谐稳定的观念，还必须认识到，目前，作为转型时期的过渡性安排，无论是政策对司法的指引，还是司法对政策的服从都呈现出了一定的现实价值。然而，从长远来说，意欲维持司法秩序的正常运行，则必须对其进行必要的政治"减负"，以期通过对地方"政治与司法"之间权力关系的重构来进行司法秩序调整，以还原司法本应拥有的功能与色彩。对于司法的"纠纷解决"和"政策实施"双重功能之间"此消彼长"的关系，达玛什卡也进行过详尽描述：

> 一个原本信奉有限政府之理念的国家开始变得越来越倾向于干预社会生活中的种种事态。在这种情况下，被理解为一种私人控制的竞争的法律程序与司法的新目标之间必然会产生抵牾或紧张。逐渐地，私人当事方对程序行动的因袭已久的控制和以争议作为诉讼之前提的传统立场，同国家借助司法过程来实施其政策的日益增强的欲望之间会发生越来越多的冲突。适

应于回应型国家之司法的竞争性程序形式，在能动主义立场取得优势的领域中必定会逐渐退缩或变质[①]。

尽管达玛什卡所描述的"有限政府"理念与当前我国的具体国情有所出入，但其论述中提及的，两种司法理念及其指引下的运行方式可能发生的抵牾以及可能带来的负面影响却非危言耸听。说到底，司法作为一种特殊的制度与程序，其本身存在着自己的制度界限与能力范围，既非解决纠纷的万能灵药，更不应该沦为纯粹的政策实施工具。也唯有将司法制度从基层政策实施目标的框架之中松绑，还原其本来的面目，才能使司法秩序重回正轨，并让各种司法主体（包括律师）能够"轻装上阵"，尽展才华。相反，如果始终将司法作为地方维护社会和谐稳定的重要手段，长此以往，则有可能引发"后发劣势"，反而可能成为妨害地方经济健康发展的制度桎梏。

分析至此，我们发现，把"经济发展与法治建设并重"作为一种口号或者旗帜规定在地方治理文件之中是相对简单的，但现实中，如何正确处理好两者之间的关系却十分复杂，有时便如同坐跷跷板，一头翘起来时，很有可能另外一头就会落地。同时，地方官员也会在实际决策时受到其任职期限、考评机制、问责机制等多种因素的干扰，因而从理论层面上认识这一问题相对简单，但如何在实践之中具体平衡两者之间的关系却是一门极其复杂的学问，时刻

[①] [美]米尔伊安·R.达玛什卡：《司法和国家权力的多种面孔》，郑戈译，中国政法大学出版社2015年版，第119页。

考验着地方领导的施政智慧。

第三节　具体重构路径：个体、制度及社会层面的重构建议

英国的社会学家邓肯认为："系统是复杂的，系统大于部分之和，一旦单个个体、制度或规范被纳入系统中，它们就不再仅仅是它们自己，而成为了系统的一个部分；系统带有不确定性。许多事物的改变并非只存在简单的因果关系，那些因果关系往往是事后总结的……如果变化都是线性发生的，不管人们是否努力都不足以影响世界的进程，那么社会活动家就会为自己的角色而沮丧。恰恰因为存在不确定性，所以社会活动家才有可能抓住机遇，成为变革的推动者。"[1] 正是在这个意义上，笔者认为，在推动基层乡土社会从"礼俗社会"迈向"法理社会"的发展与变迁进程之中，律师自身的主观努力和相关的制度配套都必不可少，且都发挥着至关重要的作用。

综合前文的分析，我们发现，针对具体的实践操作层面而言，对于律师角色构建过程具有重要影响的因素可以大致概括为三个类别：第一类是律师的个体因素，主要涉及律师自身的知识底蕴、办案技巧、处事原则、努力程度以及职业伦理等等主观方面的因素；第二类是制度因素，主要指围绕律师的各项权利及其保障而建立起

---

[1] ［英］邓肯·格林：《变革如何发生》，王晓毅译，社会科学文献出版社 2018 年版，第 5 页。

来的相关机制；第三类则是社会因素，主要指律师行业所能够赖以发展和进步的各种外在社会条件。因此，当我们从实践操作层面出发来探讨律师角色的重构路径时，也需要针对上述三类因素的不同特征来分别提出具体的应对建议。

与此同时，值得注意的是，尽管在前文中，我们着重凸显和讨论个案的"特殊性"问题，但当我们讨论律师角色的具体构建路径时，却需要具备一种"走出个案"的"普遍性"视野，兼顾律师行业自身发展的特点，并在此基础上进一步讨论其未来可能的发展空间。毕竟，尽管Q县的律师面临着许多特殊的社会状况，但这些县域律师也仍然同发达城市律师一样隶属于我国的律师队伍。作为其中不可或缺的重要成员，在诉讼领域，他们两者承载着相似的法律使命、履行着相似的代理职责、面对着同样的职业伦理和制度法律的约束。我们发现，县域律师角色的个案"特殊性"主要来自于社会文化环境方面，但在影响律师角色构建的个体性因素和制度性因素方面，整个律师行业却面临着许多共通的问题。因此，在讨论律师的角色构建路径时，我们既要着力于解决县域律师所遭遇的"特殊性"问题，又要兼顾到律师行业整体发展中的"普遍性"问题，并关注两者之间的有效衔接问题，引导两者协同运行和发展。

一、个体方面，借鉴戏剧原理提升律师的论辩技巧

"角色承担者的能力高低、角色扮演的技巧如何、角色任务的成功与否，人们会根据角色规范的要求对此加以议论和评价，从而

形成一种对角色承担者的综合印象,即角色形象。"①在前文中,我们已经反复讨论过,律师的工作是建立在沟通与表达基础之上的,在日常生活中,我们不难发现,尽管面对着来自制度或者社会约束的种种限制性条件,但总体而言,律师的案件代理过程仍然是一个需要律师积极发挥其"主观能动性"的过程,带有强烈的"个性化"色彩,针对同一个案件,不同律师会有不同的表现。如前所述,在"后台"准备阶段,律师与当事人、证人和其他相关人员交涉的过程中,始终面临着有效信息筛选和信息甄别的问题,在基层熟人文化圈子的熏陶和具体利害关系的指引下,律师常常面临着大量的烦琐、无关和虚假信息,而这些信息却是其制定庭审策略的基础;在"前台"实战阶段,律师周旋于不同的基层司法部门和行政部门之间,则需要根据自己的预定目标适时调整自己的角色"表演",用一种介乎于"真真假假"之间的语言与态度来委婉而迂回地接近目标;此外,分析也表明,庭审过程中,律师的表现不仅建立在其本人的表情举止、知识底蕴、论辩技巧、伦理道德认知等等个体因素之上,律师还必须同时深谙"中庸之道"的文化要旨,制定恰当的庭审策略,才能最终达到各方预期的"均衡"目标,赢得艰难而有限度的胜利。既然律师的全部工作都必须建立在一定的"演技"基础之上,那么,当我们讨论律师的角色构建路径时,自然也必须高度重视律师主观论辩技能的提升问题。实践调查表明,目前,Q县的律师在"专业化"程度方面已大大提升,但不可否认的是,律师

---

① 秦启文等:《角色学导论》,中国社会科学出版社 2011 年版,第 352 页。

的庭审表现还基本上是一种"本色演出",缺乏精细化的打磨与加工。依循"拟剧理论"的研究进路,在本部分内容中,我们也将着重借鉴优秀戏剧表演中相关原理,重点围绕"道具和剧本"两个方面展开分析,分别对应于律师的"证据运用"和"辩护词撰写"两个层级来讨论律师在庭审过程中可以运用和借鉴的一些相关技巧。

(一)借鉴道具的相关原理提升律师的证据运用技巧

在戏剧中,道具意指剧中人物所使用的各种器具,既包括日常起居用品,例如锅碗瓢盆,也包括各种乐器、武器、发饰、配饰等等,典型的如中国传统戏剧中常见的琵琶、发簪、香囊以及近现代戏剧中常见的唇膏、枪支、手机等等。对于律师的法庭论辩而言,其最重要的"道具"就是证据。[①] 在案件处理过程中,证据发挥着至关重要的作用,所以日常生活中,人们会有"打官司即打证据"的说法。在高明的戏剧大师手中,道具常常能够化腐朽为神奇,有力地推动戏剧进程,发挥着"画龙点睛"的重要作用。同样,优秀律师也能够充分发挥证据的价值,使其成为决定案件胜负的关键。道具对于辩护律师而言最重要的启迪意义在于:领会戏剧中道具选择与运用的原则,用以指导司法实践。

首先,遵循选择性原则。在戏剧中,尽管道具主要是日常器具,但并非日常生活中所有使用过的器具都会作为"道具"被搬上舞台。事实上,只有那些有助于剧情发展的器具才会作为"道具"

---

① 此处将证据视为一种道具,主要是便于类比性研究的开展,事实上,两者的内涵和外延区别很大,并不能相互涵盖。

出现在舞台上。在戏剧表演中，有一种经典的说法："假如戏剧在其开场时，墙上挂着一支猎枪，那么到剧情结束之前，这支猎枪必须响起，否则它就是多余的。"① 可以说，戏剧表演对于道具的选择是十分严格且苛刻的。优秀的戏剧不容许任何多余道具的存在，人们甚至可以经由舞台道具选择的恰当与否来判断导演的功力。笔者认为，律师对于证据的选择同样应当遵循类似的原则。当律师接触到一个案件，特别是那些疑难和复杂的案件时，往往面对着一大堆证据。证据并非越多越好，也不是所有证据都需要或者说应当出现在法庭上。优秀的律师在出庭前，应当从庞杂的证据海洋中筛选出那些真正有助于厘清案情的证据，并依据其对案情的贡献做出适当的分类，以便在有限的庭审时间里，使那些最重要的证据得到最充分的呈现。

其次，遵循效率性原则。在戏剧中，一旦采用了某个道具，便要想办法让这个道具反复出现，使其具备一定的使用效率。继续用猎枪举例。假如某出戏剧中需要用猎枪做道具，那么在戏剧的初始阶段，最好就设置主人公擦拭这支猎枪的情节，或者展示猎枪给朋友看，甚至可以安排一段抢夺猎枪的情节以强化"猎枪"的地位；当戏剧发展到中段时，可以继续安排一个凝望猎枪或者试枪的情节来表达主人公情绪的转折；当戏剧发展至最后，如果主人公选择报仇或者自尽，就必然是用这支猎枪来完成上述动作，而不能是一柄前序情景中没有出现过的长刀或者具有相同杀伤力的毒药。上述使

---

① 转引自胡建生：《道具在中外戏剧艺术中的运用》，《民族艺术研究》2001年第5期。据论文中描述，此语应为俄国戏剧家契诃夫所言，笔者未能查到原出处。

用原则实际上隐含着一个重要的道理：一种物品如果在同一场合下反复使用，能够强化该物品，使该物品给观众留下深刻印象，并经由这种强化形成让人信服的逻辑感，从而增加对于该物品的接受程度。将上述原理应用在庭审过程中，便是要求律师熟练掌握部分应有的表达技巧，使那些最重要的证据能够巧妙穿插在庭审过程中，不断得到重现和强化，以便给人留下深刻印象，从而使该证据实现价值的最大化。①

再次，遵循效果最佳原则。某些道具应当在最重要也最恰当的时机出现，甚至在关键时刻，使其决定戏剧的重要转折或者走向。在上述第二个使用原则中，我们强调了道具的使用效率问题，但值得注意的是，并非所有道具在任何时刻都是出现得越多越好。通常情况下，那些最重要的证据应当得到最充分的展示，但在某些特殊情况下，则要有保留地使用道具，在最关键的时刻才亮出该道具，以达到"出其不意，扭转乾坤"的效果。这种情况在戏剧中被称为"反转"，往往是"戏剧性"的重要来源——眼看着一个戏剧故事已经走进黑暗的死胡同，完全看不到光亮时，忽然因为一颗火星的出现而得到转机，甚至大放光明。在这里，我们强调由道具这种"火星"所点燃的光亮。继续用猎枪举例。我们不妨可以想象：假设一个女性被歹徒挟持，逼入绝境，没有援手，没有求救手段，死亡几乎已经是她唯一的结局。此时，因为某种必然原因（比如有人预先将猎枪埋在此处），或者纯粹出于偶然，该女性在最危急的关头摸

---

① 参见蔡艺生：《论情态证据的产生与认知原理》，《河南师范大学学报》2015 年第 2 期。

到猎枪,掌握时机,用该猎枪击毙了歹徒,则整个故事情节就会因为猎枪的出现而彻底反转,猎枪也会因为出现的时机恰到好处而大放异彩。将这种道具的使用原则用于律师的法庭工作中,就是应当巧妙使用证据,对于某些能够决定案情重大走向的证据,要将其放在最恰当和最重要的时候使用,在特定环境下,甚至真正能够起到"扭转乾坤"的重要效果。

(二)借鉴剧本创作的相关原理提升辩护词撰写技巧

剧本是故事内容的文字载体,通常是一出戏剧的起点。撰写剧本的过程是在台下完成的。通常情况下,围绕某个故事或者创意,编剧撰写剧本。拿到剧本后,导演开始挑选演员,根据需要设置场景,安排舞台美术设计、服装设计和人物造型设计,进行节目排演,最后由演员在舞台上将之呈现出来。在戏剧表演中,剧本被称为"一剧之本",占据着至关重要的战略地位。如果剧本质量低劣,无论导演多么用心,演员多么投入,舞美和化妆多么出彩,这出戏剧也绝不可能打动人,几乎从一开始就注定了失败。剧本对于辩护律师而言,最重要的启迪意义在于辩护词的撰写技巧。如果说律师的庭审辩护是一次"演出",那么,在庭审之前预先准备好的"辩护词"也就在某种意义上充当着"剧本"的角色。[①] 律师将根据辩护词来呈现自己的观点,表达自己的思想,并通过自己的"表演性辩护"来完成自己的执业使命。

[①] 参见姜同玲:《律师辩护词的修辞功能初探》,《广东外语外贸大学学报》2002年第3期。

研究此问题，必须首先明确律师庭审"剧本"的特殊之处：①戏剧演员不会在舞台上修改剧本，而必定是按照剧本预先设计好的情节进行演出。律师则不然。由于庭审论辩是一个互动的过程，注定了律师的每一次论辩都将是一次"即兴表演"。律师必须根据庭审过程中的具体情况，随时调整自己的辩护词；②戏剧演出是一种配合性演出，演员们的角色和台词都预先在剧本中按照人物关系进行了设置，所有演员都将依据同一个剧本来进行演出。律师的辩护则是一种对抗性演出。如果说律师的辩护词可以视为一种"剧本"，那么公诉人的起诉意见书也将是法庭上的重要"剧本"之一。此外，当事人、证人、鉴定人等等也都将按照自己不同的立场，依据不同的"剧本"来展示观点。法庭上"多剧本"并存的局面决定了律师的辩护词必须是一种弹性的辩护词。也就是说，律师在设计和拟定辩护词时，必须同时考虑到对手可能提出的各种问题，准备各种方案。应对同一个问题，可能会有数种答案。律师将视情况挑选其中的一种，并将其呈现出来。尽管客观上存在上述区别，但剧本创作中的许多技巧仍旧对律师辩护词的撰写具有重要的启迪意义。

首先，围绕人物来回溯和建立分析框架，梳理逻辑并合理联想。当一个编剧在构架故事的时候，首先会有一个创意，然后根据创意来设定人物，再围绕人物，依据时间和事件来建立情节。在此过程中，戏剧编剧和影视编剧还会将一些重要的想法记录下来，在脑海里描摹可能呈现的场景，写成分场景梗概。笔者认为，律师在面对一个案情时，不仅需要倾听被告人的陈述和证人证言，更重要的是根据既有的证据来还原案情，查明真相。在此，笔者主张律师采用一种"浸入式"的案情梳理方式，也就是将自己带入案情，分析每一个重要节点上，人物的行为和动机是否合理；哪些证据足以证明这种动机，现有证据还存在哪些不足；人物的动机、行为与既有证据之间是否足以建立起严密的逻辑等等，最大限度地加工和还原案情发生时的真实场景。经过这种浸入式的思考，并展开合理联想，律师能够细致入微地深入案情，通过细密地推理来还原案情，并在此基础上确定自己的辩护点和辩护立场。如果说，刑事律师面对的案情是经由侦查人员和检察人员推理过的案情，那么律师要做的，就是用更细致、更深入的视角来审视和推理整个案情，寻找突破口，在此基础上撰写辩护词，以尽到自己的辩护之责。①

其次，语言应经过精心锤炼，同时又深深根植于现实生活。剧本的主要内容是人物之间的对白，或者说是演员的台词。对白不同于我们日常说话，它经过提炼和升华，往往具有高度代表性，可能比日常生活中的用语略微夸张，但又不能无限夸大，以至于脱离生活实际，让人觉得没有根基或者虚假。所以人们常说艺术应当"源于生活又高于生活"。这样的准则对于律师辩护词的撰写同样深具启迪意义。法律职业的重要特征之一在于有一套自身独特的语言体系，即我们通常所说的"法言法语"，律师在陈述相关法律问题时，最基本的要求之一就是准确使用法律概念与法律语言，而在此，笔者想要强调的是，即便在大量使用法律专业语言的环境中，律师仍要尽力避免总体语言基调的深奥、过分专业或者浮夸和虚假。一方

---

① 参见马前进：《刑事个案侦查思维中的回溯推理》，《政法学刊》2016年第3期。

面，律师在陈述案情，尤其是询问证人时，应当尽量避免使用过于拗口的专业语汇，事实上，真实有力的语言，往往也是朴素和贴近生活的。优秀的文艺作品中，甚至还要防止因为语言过于华丽而导致的"因辞害义"；另一方面，律师还要注重用真诚的态度和真挚的表达来打动法官。律师也应注重用那些直指人心的对白来引导观者思想和情感，以期形成共鸣。①

最后，选择用最富表现力的方式加工素材。之所以说，律师更像是一位编剧，而非小说家，重要的原因之一就在于，小说家是依靠自己的艺术灵感创造故事，即便这个故事有实际生活的原型，最终也主要是依靠作家的想象与虚构来完成布局谋篇，而编剧则常常面对着一个既有的故事（原创小说或故事大纲等），其职责在于通过自己的专业加工，将这个故事以符合戏剧规律的方式呈现出来。剧本的核心是故事，但面对同一个故事，不同的编剧会针对故事素材进行不同的裁选、组合与表达，最后完成的作品也就会呈现出各自不同的艺术魅力。高明的编剧，会通过气氛的渲染、悬念的设置、情节的铺垫与反转等手法，将一个故事演绎得生动曲折，引人入胜。相反，如果编剧手法陈旧笨拙，即便面对一个上佳的素材，依然可能编出一个平平无奇甚至让人味同嚼蜡的故事。这就说明了素材组合技巧的重要性。律师在进行法庭论辩时，也应当针对不同案情制定不同的辩护策略。虽然辩护是围绕案情展开的，但并不是每一个事件的描述，每一个证据的呈现都只能一成不变地依照时间

---

① 参见杜金榜：《从法律语言的模糊性到司法结果的确定性》，《现代外语》2001年第3期。

顺序或者空间顺序，而是要根据案情的复杂程度和重要程度来制定相应的辩护策略，通过有选择的组合，使自己的观点得到清晰且令人印象深刻的呈现。律师在庭下准备的辩护词，应当包括对案情的描述、对证据的描述、对证人的询问、对潜在问题的答复、对定罪量刑理由的表达等等方面。每一个部分都应进行充分考虑和论证，一方面确保逻辑自洽；另一方面力争陈述效果最佳。同样是案情陈述，律师也应当针对公诉人、法官和被告人制定不同的论辩策略，注重将案情提炼成精确的若干要点，并根据庭审时的实际情况，做出恰当应对。特别是当律师询问证人时，更要重视将重要的信息点设置成巧妙的问题，一方面引导证人陈述真相，另一方面通过恰当的询问来发现疑点，暴露问题，强化证据。总之，律师应当像职业编剧一样，在出庭之前便反复修改和琢磨自己的辩护词，不仅追求准确度和逻辑性，同时追求其艺术性和审美价值。毕竟，律师的一切观点和情感，最终都必须通过文字和语言的载体来得到体现。

二、制度方面，通过司法改革引导区域司法秩序调整

"制度的本质是人们在一定历史条件下的社会活动中结成的各种社会关系的抽象化、体系化的社会运行规则，是激励和限制人们行为的规范体系，是社会关系的存在方式。"[①]可见，从本质上来说，制度理应纳入"社会"因素的范畴之下来加以认识和讨论。在

[①] 庄江山：《制度的哲学思考》，复旦大学博士学位论文，2007年，第1页。

前述的章节中，我们谈到"社会关系的场"这一概念时，实际上也是把制度视为一种社会关系的载体来讨论其权力（资本）构型。在这里，笔者之所以将制度拿出来单独讨论，是因为，我们需要结合司法本身的特点在具体领域之中来认识相关的制度改革问题，因此，在本部分内容中，我们所讨论的"制度"是一个狭义的概念，专指具体的"司法制度"。

在前文中，我们从不同的角度出发，发现了影响律师角色构建的各种不同问题。然而，如果聚焦于"司法制度"层面来思考问题，笔者认为，从根本上来说，还是现行基层司法场域中所形成的特殊权力（资本）关系构型在发挥作用：一方面，制度设计将律师的角色定位为"法律理念的塑造者和法律制度的践行者"；另一方面，当前我国律师又实际处于整个基层司法职业生态圈权力配置结构的底端，无论是在法律制定还是法律实施过程中都缺乏自主利益的表达渠道和相关权利的表达机制。这种矛盾自然会导致律师在基层司法场域中的角色受到影响。因此，笔者认为，只有着眼于司法运行机制的改革和司法秩序的重构来思考问题，才能真正触及问题的实质。与此同时，又必须认识到，司法秩序的调整是一个系统工程，需要一个相对较为漫长的过程。因此，较为可行的方法就是率先通过机制改革来进行局部的秩序微调，并且注意在改革大局当中来积极吸纳这些经验和成果。唯其如此，方能循序渐进地逐步实现改革目标，并从根本上对律师行业的健康发展产生助益。因此，笔者认为，从总体布局来看，最重要的是要坚持推进"审判中心主义"的司法改革进程；从具体实践层面来看，还要注意对一些困扰律师角色构建过程的具体制度进行同步调整和完善。

（一）坚持推行"审判中心主义"的司法改革

在前文的讨论中，我们发现，在当前"侦查中心主义"的权力（资本）构型之下，一方面，Q县刑事辩护律师的"表演"时空被压缩到了短短的"黄金37天"之内，一旦错过了这个所谓的黄金救援期，律师将变得极为被动，甚至只能围绕着"量刑"环节大做文章，批量化地写出"以不变应万变"的刑事案件辩护词，使律师的工作价值得不到充分发挥；另一方面，即便律师抓住了这个难得的黄金救援期，但当律师周旋于各种基层司法部门和行政部门中时，其各项执业权利仍然得不到有效落实，仍然有可能使律师在重重困境之中难以施展拳脚，从而错失各种难得的办案良机。因此，要改变当前"侦查中心主义"的权力构型，我们的首要任务就是必须坚持推行以"审判中心主义"的司法改革方向，摒弃现行的"诉讼阶段论"，对刑事诉讼做出整体性的结构调整。[1]"以审判为中心的诉讼机制的建立，法院在认定事实、适用法律上决定性作用的发挥，需有司法基本结构和运行机制的调整为基础和前提，否则，这一改革难以有效推进，即使勉力前推，改革也难以走远。"[2]

确立"以审判为中心"的司法改革方向，首先需要对侦查权和侦查阶段的调查取证工作予以规范和约束。调查表明，目前我国滇西北少数民族地区的侦查工作中，还存在着较为普遍的"口供笔录

---

[1] 张建伟：《审判中心主义的实质内涵与实现路径》，《中外法学》2015年第4期。
[2] 龙宗智：《"以审判为中心"的改革及其限度》，《中外法学》2015年第4期。

中心主义"倾向,虽然警察已经开始关注口供和笔录之间的"相互印证"问题,但总体上,基层侦查部门的侦查设备比较简单,侦查人员对客观证据的收集和运用能力还存在较大的提升空间。笔者在调研时也了解到,尽管目前的侦查阶段都要求"全程录像",但实际的实施过程中,仍然存在侦查人员"选择性录像"或者"间断性录像"等违规行为;其次是需要理顺检察机关与法院之间的关系。在当前的制度下,我国的检察机关在实质上同时拥有"公诉人"和"监督人"的双重身份,这一方面会造成身份上的矛盾;另一方面也将法院的审判工作置于检察机关的"监督"之下,客观上不利于审判中心地位的确立;最后,推行以"审判为中心"的改革,还需要赋予法院更加广泛的司法审查权,使法院能够直接通过行使裁判权的方式将侦查和起诉阶段中出现的违规证据加以排除,并对相关的违规行为进行惩戒。正如龙宗智教授所指出的那样:"在我国建立对强制侦查的司法审查制度,具有不容置疑的必要性,这不仅仅是出于解决我国强制侦查措施在运用过程中所存在的实际问题的对策考虑,更重要的是基于调整侦查权与审判权之间的相互关系、建立健全宪法权利的程序保障机制的战略需要。"①

除了上述重要的战略布局之外,从律师的视角出发,笔者认为,推行"审判中心主义"的司法改革,还特别需要重点加快"庭审实质化"的改革步伐。在前文中,我们讨论过,在现行"庭审结果决定权后置"的权力构型之下,法庭呈现出"程式化"特征。

---

① 龙宗智:《强制侦查的法律控制与司法审查》,《中国法学》2011 年第 12 期。

法官并不倾向于当庭做出裁判，因而也就不太重视辩护律师当庭所做出的辩护陈词。在当前的"案卷移送制"模式之下，法官往往更加重视通过"阅卷"的方式来完成"心证"的过程，要么在开庭之前就已经形成了某种"先入为主"的裁判倾向；要么在审后"合议"的过程中"讨论"出一个折中的裁判结果。在这种情况下，律师将很难通过自己简短的庭审辩护来对法官形成决定性的影响，也就在客观上抑制了律师的辩护热情。并且现实中，乡土社会的"人情关系网络"和"中庸文化氛围"又进一步使这种庭审"程式化"特征被放大。因此，要想改变当前的辩护格局，真正提升律师的辩护影响力，就必须突出法庭的中心地位，持续推进"庭审实质化"改革。庭审实质化改革要求所有举证、验证、质证、认证的工作都必须在法庭上公开进行，要求法官必须对证人进行实质性审查。推行庭审实质化改革，还要注意通过机制构建，逐步提高法庭的"当庭判决率"，并尽量摒弃外界因素对司法裁判权的干扰。只有在上述改革的基础之上，法院才有可能从根源上破除"有罪判决"倾向，从而为律师的辩护活动营造良好的司法环境。

（二）逐渐探索和建立律师的执业权利保障和救济机制

前文的调查表明，目前，多数律师认为当前的执业环境有待提升。[1] 同时，律师认为，在各项执业权利之中，最需要得到加强和改善的是"会见权、阅卷权和调查取证权"。分析造成上述问题的

---

[1] 具体访谈与详细论述参见本书第三章。

原因，我们发现，一方面是由于当前的"侦查中心主义"构型之下，司法权力分配的不平衡带来的影响；另一方面则是在现行司法框架中，还缺乏一个切实可行的律师执业权利救济机制。保障律师的执业权利，首先是要完善现有机制，保障法律所赋予律师的各项权利。例如，在会见权方面，应当确保被追诉人有充分的时间和条件选择和聘请律师以及与律师联系，并且保证自己与律师交谈的内容能够完全得到保密，不被窃听；在阅卷权方面，应进一步明确律师阅卷权的启动时间；在调查取证权方面，应当取消各种对于律师的限制性规定，并赋予律师具有司法效力的"调查令状"，并且赋予这种调查令状一定的强制力，使被调查者能够予以配合；同时，还应通过立法的方式进一步明确，当律师的上述权利得不到有效落实时，如何追究相关部门和具体人员的责任[1]；其次是要扩充辩护律师的相关权利。例如，赋予辩护律师独立的上诉权、保守秘密权、执业豁免权[2]，以及特定情况下的拒绝辩护权[3]，等等。同时，要逐步探索和建立辩护律师询问在场制度[4]，修改《刑法》第三零六条关于辩护律师伪证刑事责任的相关规定，避免律师轻易陷入巨大的人身权利侵害，并逐步完善证据展示制度，使律师能够在证据方面拥有更

---

[1] 参见冀详德：《律师法学的新发展》，中国社会科学出版社 2016 年版，第 217—224 页。
[2] 参见程涛：《辩护律师的诉讼权利研究》，中国人民大学出版社 2006 年版，第 291 页。
[3] 参见陈卫东：《刑事辩护律师权利体系的合理构架与立法规制》，《国家检察官学院学报》2005 年第 3 期。
[4] 参见陈光中：《我国侦查阶段律师辩护制度之完善》，《中国司法》2012 年第 7 期。

大的自主权。

调查显示，当律师的执业权利受到侵害时，Q县的律师鲜少向检察机关和律师协会求助，反而大比例地选择向警察和行政部门求援。① 深入分析其中的原因，我们不难发现，无论是警察还是行政部门，其背后都闪烁着"实权"的影子，因此，律师的现实选择，与其说是将希望寄托于公安和行政部门，不如说是寄托于一种可以落地的"实权"之上。在"审判中心主义"改革的背景之下，笔者认为，真正具有"中立"身份的，最为恰当的律师执业权利救济部门应当是法院，而法院的权利救济核心应当是赋予律师某种"实权"。据此，笔者认为，一种具有强制力的司法令状将会发挥重要的作用。一旦律师在"执业"过程中发现自己的"会见权""阅卷权""调查取证权"等相关执业权利受到侵害，就可以向法院申请具有强制力的司法令状，促使对方落实相关权利。如果对方拒绝落实该项权利，将由法院采取一定的强制措施予以惩戒。② 总之，在"审判中心主义"的司法改革进程之中，我们需要抓住机会，通过对《律师法》和《刑事诉讼法》等相关法律和制度的修改来探索构建律师的相关权利保障机制与权利救济机制，为律师依法执业提供坚实的制度保障。

（三）逐渐探索确立对律师辩护质量实施监控的相关机制

党的十八届四中全会通过的《中共中央关于全面推进依法治国

---

① 具体调查数据参见本书第四章表4-7的相关分析。
② 参见陈瑞华：《刑事辩护的几个理论问题》，《当代法学》2012年第1期。

若干重大问题的决定》提出了"推进以审判为中心的诉讼制度改革"的目标。有学者指出,"以审判为中心的精神内涵在于形成判决基础的信息应当有机会得到反驳性检验。推进以审判为中心,必然以'有效辩护'作为最终落脚点"[1]。关于有效辩护的内涵,有学者认为是一种"尽职尽责"的辩护,也有学者认为应当是一种"有效果的辩护"。[2] 我们发现,由于现行机制欠缺对律师辩护质量的监控手段,客观上容易使律师滋生"消极辩护""草率辩护"和"劣质辩护"等种种不负责任的行为,且这些行为得不到有效的处罚。这种状况所体现出来的明显的"奖懒罚勤"倾向,显然既不利于当事人利益的维护,也不利于律师自身的成长。尽管当前滇西北律师行业还不够发达,但我们并不能因此而放松对律师辩护质量的监控。事实上,正因为律师在这些区域执业时,相对更加容易受到当地规则、习俗、民族、宗教以及地方行政力量的干扰,所以更加需要通过恰当机制的设立来"倒逼"律师辩护质量的提升。笔者认为,在当前"审判中心主义"改革的背景之下,应当首先参照美国的"无效辩护"制度,通过上级法院审核的方式来对一些明显因为不负责任或者水平缺失而导致了消极后果的辩护律师进行惩处。[3] 随着时

---

[1] 魏晓娜:《审判中心视角下的有效辩护问题》,《当代法学》2017 年第 3 期。
[2] 左卫民:《有效辩护还是有效果辩护?》,《法学评论》2019 年第 1 期。
[3] 美国的"无效辩护"制度确立了下述原则:"对于律师不尽职、不尽责并造成一定消极后果的辩护活动,上级法院可以将其宣告为'无效辩护'并可以据此作出撤销原判、发回重审的裁决。"参见陈瑞华:《刑事诉讼中的有效辩护问题》,《苏州大学学报(哲学社会科学版)》2014 年第 5 期;参见熊秋红:《审判中心视野下的律师有效辩护》,《当代法学》2017 年第 7 期;参见陈瑞华:《有效辩护问题的再思考》,《当代法学》2017 年第 7 期。

间的推移和我国刑事司法环境的进一步改善,再循序渐进地逐步建立起更加完整规范的刑事律师"有效辩护"的质量标准[1],以便对律师的实际执业行为作出有效的指导与调控。笔者认为,尽管对律师的辩护质量展开评估和监控是一项艰苦而复杂的工作,目前来看,我国也还暂时不具备完全建立相关标准的条件,但理应将该项工作纳入改革进程当中,并结合现实需求,逐渐拓展其实际应用的边界。

(四)完善律师行业自治制度,使律师协会成为律师执业的坚强后盾

在前文中,我们讨论过,调查表明,目前,困扰律师在滇西北地区有效执业的重要因素之一表现为一种严重的"组织匮乏感"。因此,针对这样的现实状况,我们有必要对律师协会的改制问题予以充分的关注。目前,总体而言,学界认为,律师协会存在着"执业环境不佳,行政色彩过浓,传统文化资源匮乏,律师自身素质与行业自治的趋势不相适应"[2]等方面的问题。因此,针对上述问题,笔者认为,我们的改制方向首先应该是确立律师自治的目标。[3] 关于律师自治的目标,有论者认为这是我国公民自治和法治的必由

---

[1] 参见 Edcape Zara Namoradze Roger Smith,Taru Spronken:《欧洲四国有效刑事辩护研究》,丁鹏、彭勃等编译,法律出版社 2012 年版,第 25 页;参见熊秋红:《有效辩护、无效辩护的国际标准和本土化思考》,《中国刑事法杂志》2014 年第 6 期。
[2] 冀祥德:《律师法学的新发展》,中国社会科学出版社 2016 年版,第 96 页。
[3] 关于律师自治的目标,学界主要有三种观点,有论者主张实行完全的律师自治;也有论者认为律师行业的管理还需要国家权力的介入与监督。

之路[①]；也有论者认为律师行业的管理还需要国家权力的介入与监督[②]。笔者认为，我国律师协会应当努力实现行业自治，但目前还面临着一些现实的困难。特别是对于滇西北少数民族地区而言，当前的社会环境下，律师人数较少，律师联盟的力量还比较薄弱。因此，笔者认为，目前还暂时不宜实行脱离行政力量的完全"自治"，但与此同时，又要注意厘清基层司法行政部门的具体角色和权力边界。当前我国的基层司法行政部门总体上扮演着律师协会"管理者"的角色，而改革的方向则是要还原其"服务者"的本色，从整体上改变现行的行政管理模式，淡化其行政管理色彩；具体到律师协会的改良层面，首先要通过《律师法》的修改，明确其独立的主体地位，不需要对地方的司法行政部门负责；其次则需要细化和落实各项具体的措施，构建和完善相应的内部管理机制、责任落实机制、奖惩评价机制和监督实施机制。特别是要通过制度配套，使其中的"律师维权机制"真正发挥作用，从而使律师协会真正成为律师执业的坚强后盾。与此同时，笔者认为，在当前的信息化建设浪潮之中，律师协会还应当积极利用当前智慧互联网技术带来的红利，通过搭建方便的网络沟通平台，使那些身处边远地区的律师也能够方便快捷地得到应有的维权救济。

总之，目前我国大陆地区推行统一的法律制度，即便大理州作为一个白族自治州，拥有一定的自主立法权，但这种权限主要还是

---

① 参见罗尔男：《我国律师自治问题研究》，《四川行政学院学报》2008年第4期。
② 参见杨浩：《我国律师管理制度研究》，复旦大学硕士学位论文，2008年，第23页。

表现在一些地方的自治条例方面。① 律师可能会在其具体执业过程中适用这些条例，但总体而言，那些真正会对律师角色产生重要影响的相关制度都具有"整体性"和"全局性"的色彩，因而，也必须放在司法改革的整体框架中来进行全盘的思考和调整才能真正发挥出其应有的效用。尽管如此，在制度改革的过程中，我们仍然要考虑到滇西北少数民族地区的独特性，在具体运用时，也必须结合当地的实际情况进行适当的"本土化"改良，以便更好地发挥其维护基层社会有效运转的秩序价值。

三、社会方面，依托智慧司法建设契机推动行业革新

在党的十九大报告中，习近平总书记明确提出要"加快建设创新型国家"，要为"建设科技强国、质量强国、航天强国、网络强国、交通强国、数字中国、智慧社会提供有力支撑"。党的二十大报告再次明确指出要"加快建设制造强国、质量强国、航天强国、交通强国、网络强国、数字中国"。其中从国家战略的层面提出了我国"智慧社会"建设的宏伟目标，也为未来国家的发展指明了前进方向。针对基层司法而言，笔者认为，智慧社会战略为基层司法建设提供了重要的方向和契机，是新的时代背景下促进滇西北少数民族地区从"礼俗社会"迈向"法理社会"的重要推动力。首先，智慧社会战略将相对欠发达的边疆、基层和农村纳入了信息化建设

---

① 参见张晓辉主编：《中国法律在少数民族地区的实施》，云南大学出版社 1994 年版，第 156—157 页。

范畴；其次，智慧社会战略所凸显的"人本思想"为基层的智慧司法建设注入了生机与活力；再次，笔者认为，欠发达地区有望借助智慧社会建设的东风，充分发挥其"后发优势"[①]，促使基层司法建设水平快速提升。

经过2016—2018年三年时间的持续建设，目前，我国智慧司法的基本格局已初步形成。所谓"智慧司法"，指的是以现代信息通信技术（ICT）为依托，以法律知识图谱为基础，通过自然语言处理和机器学习等途径，"智慧"网络全面覆盖和深入司法过程的各个层面与各个环节，能够科学便捷地感知、分析和集成相关法律问题，并且快速高效地提供应对方案，从而有效地为法官、检察官、律师、当事人等司法参与主体提供全方位、立体化、信息化、智慧化服务的信息技术系统。持续推进"智慧司法"建设，将有利于促进司法公开，提升司法效率，实现司法正义。笔者认为，在信息革命的浪潮中，县域律师应该抓住"智慧司法"建设的时代机遇，充分运用各种新兴"智慧技术"来弥补区域发展水平滞后所带来的执业影响，化被动为主动，从而在新的技术背景下完成自己的角色重构过程。

首先，律师可以利用基层"智慧司法"的相关建设成果来提升法律服务质量和效率。如前所述，很多律师提及，困扰其执业的重

[①] 通过前文的分析，我们发现，所谓"后发优势"，本质上是指相对欠发达地区可以通过对新兴技术的直接和合理运用来实现跨越式发展。如果说，上一次"后发优势"主要集中体现于从农业革命向工业革命转型与跨越的时期，那么，如今建立在信息通信技术基础之上，正在蓬勃兴起的"智慧社会"建设也无疑展现了一种全新的发展契机，有望为相对欠发达地区带来前进和飞跃的机会。

要因素之一便是信息通达问题。许多律师每天都会因为各种琐事而频繁跑法院，但由于信息沟通不畅，经常发生律师到达法院之后无法完成预期工作任务的情况，而分析表明，这种情况将随着基层"智慧法院"和"智慧检察院"等相关智慧司法机构的运行而大有改观。以"智慧法院"为例，调查显示，目前 Q 县的基层人民法院已经投入使用了多台智慧诉讼服务终端。该终端包括诉讼指南、案件查询、事务办理和文书打印四大板块，9 个方面功能，含 30 个服务项目，可以为当事人和社会公众提供异地自助立案登记、预约过程接访、远程借阅电子卷宗、预定审庭旁听席、缴纳诉讼费用和免费打印法律文书、扫描等一系列便民服务功能。可见，随着我国滇西北少数民族地区"智慧法院"建设进程的持续推进，许多诉讼业务都将呈现出"高效化、便捷化和明晰化"的特征[①]，而这种改良措施无疑会给律师的实际执业行为提供便利。

其次，律师可以直接利用相关"智慧法律服务平台"来减轻工作压力。尽管目前，受限于实际规模和发展水平，Q 县的律所尚未配备专门化的法律服务平台，但调查显示，当地律师已经可以采用各种大型互联网企业所开发的"智慧法律服务平台"来减轻工作压力。例如，在前文中，我们讨论过，目前困扰 Q 县律师执业的突出难题之一便表现在律师难以招聘到合格的"助理"人选，因而承担着极为繁重的纠纷甄别任务。笔者认为，各种"智慧"平台的运用将大大降低律师司法准备工作的烦琐性。目前，针对律师的实际执业行

---

① 参见汤维建：《"智慧法院"让司法更公正、更高效》，《人民论坛》2017 年第 4 期。

为而言，我国的相关"智慧法律服务平台"主要能够提供"法律咨询、法律文书、案件检索、案件预测、文献审阅和律师推荐"六个方面的服务。举例来说，如果当事人向律师咨询离婚事宜，律师可以方便快捷地引导当事人通过智慧平台来进行初步的案情分析。目前我国的一些代表性"智慧法律服务平台"及其功能展示，可参见表6-1。

表6-1 智慧法律服务平台概览

序号	法律服务类型	代表性平台和产品
1	法律咨询	搜狗大律师、"律品"平台、"法里"平台、法狗狗
2	法律文书	元典律师文书助手、律品
3	案件检索	无讼法务、法律谷、理脉、Ross、Fastcase、Booklawyer
4	案件预测	元典智库、ravel、lex Machina、Docket Alarm
5	文件审核	kira、lawGeex、LegaSifter、eBravia、Luminance
6	律师推荐	法斗士、华律网、Premonition

事实上，只要输入"离婚"这一主题词，智慧平台便会预设问题，引导当事人完成一系列的选择题。这些问题包括双方当事人究竟属于城市户口还是农村户口、双方各自处于第几次婚姻状态、双方的子女情况和财产情况等等与离婚判决密切相关的问题。[①] 当事人在电脑端完成相关选择之后，智慧平台便会根据当事人所提供的情况，自动生成一份分析报告。同时，该报告还会附上与离婚案件相关的法条规定，以及附上部分与当事人情况类似的案件裁决情况作为参

---

① 事实上，这些问题正是律师与当事人沟通过程中必须反复询问的问题。笔者的前期调查表明，这种沟通过程所实际花费的时间往往超过了律师实际用于案件处理的时间。

考。总之，这些智慧平台能够大幅度减轻律师的文案工作负担，从而使其能够专注于解决司法案件之中棘手的法律问题或者事实问题。

第三，"智慧社会"建设需要依靠大量律师通过司法实践来探索其法律保障问题。对于律师而言，智慧互联网所引发的法律变革既意味着对原有知识与制度的颠覆，又同时包含着机会的光芒与色彩，孕育着全新的机遇。可以说，在律师的许多简单性法律事务被机器替代的同时，大量更加复杂的法律问题又在同步衍生，而律师作为站在司法实践第一线的"纠纷解决专家"，首当其冲，必须面对这些问题并提出富有创意的解决方案。与以往工商业时代所不同的是，互联网时代的社会关系呈现出显著的碎片化、扁平化和虚拟化的特征[1]，整个社会中，人们生活的"类同化"和"标准化"程度不断提升，信息流动加速。因而，在发达地区呈现或者爆发的问题，很快也会在边远的欠发达地区出现。甚至，在欠发达的少数民族地区，很多问题可能会因为各种民族、风俗、宗教等因素的影响而变得更加复杂。可以说，一方面，一个新型的智慧互联网时代在考验着滇西北少数民族地区律师的执业能力；另一方面，"智慧社会"建设自身又急需依靠大量律师的司法实践来探索其法律保障问题。对于那些有志向、有能力和有抱负的律师来说，这种局面既意味着严峻的挑战，同时也代表着全新的机会。

第四，智慧司法建设将打破地域限制，为律师执业提供全新的空间与模式。如前所述，目前，在滇西北少数民族地区，民众需求

---

[1] 参见冯姣：《智慧司法：实现司法公正的新路径及其局限》，《浙江社会科学》2018年第6期。

与律师资源之间客观上存在着一个显著的缺口：一方面，民众的解纷需求十分强烈；另一方面，相对而言，民众又常常无力承担高昂的律师费用，不愿意支付或者只愿意支付较低的律师费用，因而往往得不到充足和优质的法律服务。智慧互联网时代的到来，则为解决上述问题提供了重要的契机。律师有望通过智慧互联网平台为滇西北少数民族地区提供远程法律服务，形成全新的执业模式。这种模式包括：(1) 远程沟通模式。随着智慧互联网技术的进一步发展，律师的工作模式也将由"面询"的方式转变为以智慧互联网检索、咨询和远程沟通为主，面谈为辅的新型模式。在该模式下，从委托代理到调查取证，直至出庭……大量律师的沟通工作都将通过远程交流的方式得以实现。目前，我国已经有法院支持证人通过视频的方式远程"刷脸作证"[1]，可以预见，随着智慧互联网技术的进一步发展和成熟，律师通过视频的方式远程代理案件也将成为现实。原本异地代理一个案件，律师可能要来回跑三至四次，借助"智慧"技术，则可能只需要跑一次，甚至完全不必离开办公室，一切问题都能够得到妥善解决；(2) 模块化的任务划分方式。通过"智慧"技术分流，律师的工作模式将转变为简单案件在线解决，复杂案件

---

[1] 2017年，广州市越秀区人民法院开庭审理了一起盗窃案。该案亮点在于，一位无法到庭作证的民警进行身份认证后，在庭审现场通过微信小程序实现了远程作证。当天庭审现场，法院通过后台操作将法庭画面和声音传输到证人、鉴定人的手机等电子设备，同时将证人、鉴定人的头像和声音也传输到法庭，实现微信"刷脸"庭审。该案是全国首例"证人通过微信小程序作证"的案件。参见杨玉龙:《"刷脸"作证可以有》，http://www.bjnews.com.cn/opinion/2017/10/21/461376.html，2017年11月15日。

模块化解决的模式。那些复杂的案件将经过智慧分析,变成若干模块,许多能够标准化和流程化的模块由智慧系统负责,剩余模块则由律师进行专业处置;(3)协同化的案件处理模式。当律师的工作变得清晰化和模块化,也许一种更富效率的协同化案件处理模式也将应运而生。每个律师只专门负责其中的一个模块,许多身在异地的律师也能够协同处理同一个案件。总之,在智慧互联网时代,律师的执业行为有望真正突破地域的限制。理论上说,凡是智慧互联网覆盖之处发生的纠纷,皆有可能成为律师的案件来源。在这样的模式下,即使一个律师身处滇西北少数民族地区的边远县域,也有可能代理发达城市的案件;反之,许多发达地区的律师也将不再畏惧路途遥远,愿意通过智慧系统为相对欠发达地区提供远程支持。

最后,智慧司法的建设有望为司法案件的"同案同判"提供契机。如前所述,目前,基层人民法院中还存在着一些"同案不同判"的问题,事实上,这也是长久以来始终困扰着我国司法实践,造成"司法不公"的弊病之一。智慧技术的运用则对这一问题的解决提供了有力的支撑。[1]智慧法律服务平台能够针对不同需求,快速检索出同类案例的相关裁判文书,并推送给律师和法官作为参考依据。针对律师而言,通过"类案比较"的方式,律师能够快速提炼与本案有关的法律观点和裁判规则,以此引证己方的相关主张,从而形成较为清晰的辩护思路。不仅如此,实际的调查表明,这种"类案引证"的方式非常具有说服力,因而在基层欠发达地

---

[1] 参见孙海波:《"同案同判":并非虚构的法治神话》,《法学家》2019年第5期。

区的司法运作过程之中也别具优势。如前所述，由于当前我国滇西北少数民族地区普通民众对于自身"责任"的认知与当前法律上关于"责任"的界定存在较大差距，特别是对于那些先入为主"臆断"出若干责任的当事人来说，劝导与沟通工作都比较难以开展。但是，如果律师通过相似案例及其裁判结果的援引和剖析来引导当事人权衡利弊，那么，有了这些"活生生"的例子作为参照，当事人将更加容易对自己所处的立场和案件可能产生的判决结果都产生一种更为合理的预期，并据此来自觉调整自己的相关诉求。

综上所述，笔者认为，对于滇西北欠发达的少数民族地区而言，智慧社会建设的浪潮客观上为其提供了一个可以通过充分发挥"后发优势"来实现"弯道超车"，从而改变其落后面貌的重要机会。在智慧社会建设的宏观背景之下，对于位处滇西北少数民族地区的律师而言，最重要的则是必须要抓住智慧司法建设的契机，积极利用各种智慧平台、智慧技术和智慧资源来解决其自身所面对着的角色困境。从短期来看，笔者相信，借助"智慧社会"建设的东风，律师们将通过自己的努力与汗水为我国滇西北少数民族地区的司法建设插上信息化的翅膀，使其快速缩短与发达城市之间的差距，从而进入司法建设的快车道；从长期来看，尽管面对着各种严峻的挑战，但无论从"弱人工智能"还是"强人工智能"[①]的角度来看，笔

---

① 20世纪50年代开始出现的一种观点。有人认为，人类的智力可以在计算机的帮助下被完全了解，从而使机器能够有人类一样的行为，像人类一样思考和推理。这个观点被称为"强人工智能"；弱人工智能的支持者们认为，计算机是心智研究的一种工具，可以执行具体的"智慧型"任务来协助人类用户。

者都认为，律师行业不会消失，而是会在新的时代背景下，以全新的方式推动司法体制改革和司法秩序调整，从而为构建新时代有中国特色的社会主义法治秩序贡献力量。

本章小结

　　本章重点讨论基层司法中的律师角色重构路径。在这一章中，笔者首先从角色信任的基本路径出发，重点围绕"关系"这一特殊的乡土文化现象展开了具体分析。分析表明，人们之间因熟悉而产生的"一般信任"关系在传统乡土社会之中充当着一种"无声的秩序"；而现代意义上的"一般信任"关系也有助于简化人际交往的复杂性，因而有其积极意义。同理，正常情况下，在基层日常生活中扮演着重要角色的"中庸原则、情理标准"等乡土文化作为产生"一般信任"的社会文化基础，实际上也在潜移默化地调节着社会矛盾，维护着社会秩序的有效运转，从而呈现出了乡土文化所具有的"构建性"价值；同时，在社会转型的背景之下，由于"特殊信任"关系往往与人们生命历程之中的"重大事件"或者利益链条密切相关，更加容易诱发人们的功利主义目标，所以，这一层面之上的"特殊信任"关系也会在客观上对现行司法运行秩序产生侵袭和蚕食的恶果，从而呈现出其对于社会秩序的"破坏性"功能。现实生活中，上述两个层次"信任关系"交织伴生的复杂局面正是导致中国法治建设（包括律师角色重构）屡受挑战的重要根源之一，也是中国法治建设必须直面的独特难题。因此，笔者认为，当我们试图依托于"法治化"的道路来探寻律师角色的重构路径时，必须对当地原有的乡土文化和潜在人际角色互动秩序保持足够的警惕和敬畏，立足于中国本土的实际状况，探寻适合中国基层司法运行特点的建设道路。在此基础之上，笔者主张重点从两个层面出发来探寻律师角色的重构路径。从宏观方向上来说，律师角色的重构必须依托于滇西北少数民族地区社会经济、文化、教育水平的整体提升以及社会法治观念"水位"的整体上涨，也就是必须放在整个改革开放和时代变迁的大背景之中，通过整个社会的发展进步来求解。在此过程中，要着重处理好区域经济发展与法治建设之间的关系问题；从具体的实践操作层面来说，则可以着手从"个体、制度和社会"三个层面出发来率先探寻一些切实可行的司法秩序局部微调方法。在本章的最后部分，笔者着重谈到了"智慧司法"在律师角色构建过程之中的独特价值，一方面，这代表着未来司法发展的一个重要方向；另一方面，笔者认为，智慧司法的发展进程之中，也许潜藏着某些棘手问题解决的重要契机。

结　语

　　近现代以来，我国饱受"落后必然挨打"之痛楚，因而自清末修律开始，无数法学界的仁人志士逐渐将救国的目光投向了西方发达国家，意图通过移植和借鉴西方发达国家先进制度和经验的方式来改变我国的落后面貌，并由此拉开了"法律移植"的序幕。律师制度正是这种移植浪潮的产物之一。尽管新中国成立以后，中国共产党在长期的实践探索中，开辟出一条中国特色社会主义法治道路，但由于新中国成立前法律移植的过程中并未给予中国本土的实际情况以通盘的考虑和必要的关注，具体反映到律师的执业问题之上，便表现为制度设定所赋予律师的"期望角色"与律师在具体司法运作过程之中所实际呈现出来的"实践角色"之间出现了一定的断裂现象。从"期望角色"的角度来看，我国律师角色的相关制度设定已经基本具备了"法治现代化范式"所要求的规范性、体系性、抽象化和符号化特征；从"实践角色"来看，在具体的司法运行过程之中，律师的角色通过各种非正式的司法运作方式被重新构建，以满足本土的政治、社会和组织秩序的多元的合法性要求。[1] 这种角色重构的过程在律师的后台准备阶段、静态前台呈现阶段和动态庭审博弈阶段之中均有所体现，并且在不同阶段的具体情境模式之下呈现出了不同的特点。

在司法准备阶段，律师个体角色行动的"后台"是正规司法体系之外的社会空间，并且，与律师发生角色互动的对象主要是Q县的基层民众，因此，在这一阶段也相对更容易观察到社会经济发展程度、法律文化发展水平以及熟人社会环境之下的人情关系网络等结构性因素对于律师角色的影响和构建过程。我们发现，县域律师面对着完全不同于发达城市律师的收费困境、取证难题和解纷过程。同时，在这个保留着浓郁"熟人文化"色彩的少数民族边远县域，"关系"这一独特的社会文化现象更是贯穿于律师司法准备活动的全过程，既是律师获取案源和当事人信任关系的重要途径，又在某些特定情形下具备着转化为灰色利益"关系"链条的潜质。可以说，在特定社会经济文化环境的制约之下，特殊而复杂的基层人际角色互动秩序潜移默化地重新构建了律师的实践角色。

本书关于司法实战阶段的相关观察又分成了两个视角。第一个是从"静态"视角出发来对律师的角色进行观察。在这一阶段中，

---

[1] 在法律移植与地方实践关系的论述中，刘思达借用了韦伯的相关理论来描述"合法性"，即合法性可以由传统、基于情感的信仰、价值理性或者法律（包括正式法与习惯）而归于社会秩序。参见刘思达：《法律移植与合法性冲突——现代性语境下的中国基层司法》，《社会学研究》2005年第3期。

律师展开个体角色行动的"前台"主要是各种正规的司法机构，同时，与律师发生角色互动的对象则主要是"公、检、法"三部门之中的相关司法人员，也包含其他部分基层行政部门的公职人员。因此，在这一阶段之中，我们更容易观察到基层政治结构与司法结构等相关"权力"结构对律师角色所产生的影响与构建过程。例如基层维护社会和谐稳定思路和高度行政化的司法决策机制均对律师的角色构建过程产生了一定的影响。同时，基层司法模式之中显著的"侦查中心主义"倾向和"公、检、法"三部门之间配合有余、制约不足的现实状况等因素相互叠加，交互发挥作用，在客观上将律师的辩护范围压缩到了一个狭小的空间之内，并且致使律师的人身权利和执业权利均得不到有效的落实和保障。分析表明，在基层熟人文化氛围的催化之下，这些问题的呈现比之都市之中更为明显和直观；与此同时，由于 Q 县的司法案件以民事案件为主，而基层人民法院又实际执行着一种"调审合一"的案件处理方式，致使"基于民间情理的是非标准"应运而生，在纠纷解决过程之中与"司法裁判标准"并驾齐驱，协同发挥作用。因此，在这一阶段之中，实际有两种非正式秩序在事实上改变了相关的法律设定及其意涵，致使律师的实践角色被重新构建。第一种是基层公职部门权力博弈格局控制下的司法运行秩序；第二种则是"基于情理的是非标准"及其所引导的人际角色互动秩序。也因此，可以说，在这一阶段，律师"期望角色"与"实践角色"的断裂，实际反映的是作为社会正式控制机制的"法治"秩序与基层司法运作过程中实际发挥作用的上述两种非正式秩序之间的并立、冲突与协调问题。

本书关于司法实战阶段的第二个观察视角是从"动态"的视角出发，在庭审博弈过程之中来对律师的角色进行考察。在这一过程之中，律师展开个体角色行动的"前台"是法庭，同时，与律师发生角色互动的对象则主要是法官、检察官和当事人。因此，在这个过程之中，我们实际上可以同时观察到前面提及的各种显性或者隐性秩序在法庭之中交锋与碰撞的过程。与此同时，笔者发现，在这个交锋过程之中，有一种带有显著"均衡"色彩的力量在支配着法庭之上的所有司法主体。受其影响，各种司法主体（含律师）的角色定位均发生了一定程度的偏移，被重新构建。经过对两个经典案例的详细剖析，笔者提炼出了深具中国特色的特殊文化现象"中庸之道"的司法内涵。笔者认为，作为一种根植于乡土社会人民血脉之中的处事原则，世俗化的"中庸"思想实际潜藏在各种司法主体下意识的选择和判断之中，并在客观上塑造出了一种深具中国特色的、极为独特的基层司法庭审面貌。这种庭审"中庸"氛围以各种具体的"事理人情"为载体，以各种显性或者隐性的利益兼顾为主要特色，以纠纷与矛盾的"调和"为主要目标，既依托于法官的引领与权衡，最终却表现为庭审过程中，通过各种司法主体的多方角力而共同营造出来的一种司法文化氛围。在"调审合一"的基层民事司法模式中，这种"中庸"氛围要求当事人双方都能够"得理让人"，各退一步，以便达成合意；在"有罪判决"的基层刑事司法模式中，这种"中庸"氛围则要求控、辩、审三方都表现出适当的"谦抑"，从而能够在一个合理范围内适当兼顾三方的利益。分析表明，这种力量既具有贴合基层社会文化特点，从而有利于纠纷化解以及当事人"息诉服判"的现实的一面；同时，世俗化的"中庸之道"又会对规则和制度产生无形的消解之力，从而呈现出其破坏"法治"根本精神的另外一面。由于"中庸之道"的处事原则实际指向的也是一种特殊的人际角色互动秩序，因此，可以说，在庭审博弈过程中，律师"期望角色"与"实践角色"的断裂，实际上反映的是作为正式社会控制方式的"法治"秩序与包含世俗化的"中庸之道"所指向的人际角色互动秩序在内的，前文提及的各种显性或者隐性非正式社会秩序之间的并立、冲突与协调问题。

分析至此，我们发现，尽管在不同的角色情境之下，律师的角色断裂问题有着不同的侧重点和具体表现，但归根结底，律师两重角色间的现实距离在本质上都可以归结为在特定社会发展程度的制约之下，作为正式社会控制方式的"法治"秩序与其他多元社会控制方式所引导的地方社会秩序之间的并立、冲突与协调问题。这便将我们引入了关于"法律多元"的讨论。梁治平研究了中国古代法律的多元格局，认为法律多元现象可以在国家法和民间法的冲突与共存过程之中被观察到[1]；苏力从法律是一种文化现象的观点出发，认为法律多元主要表现为"社会中占统治地位的国家法律制度和其它类法律秩序之间的关系"[2]；王启梁从法律是安排秩序的分类体系这一观点出发，认为"每个社会、每种文化都有它与众不同的分

---

[1] 参见梁治平：《中国法律史上的民间法——兼论中国古代法律的多元格局》，《中国文化》1997 年第 Z1 期。

[2] 苏力：《法律规避和法律多元》，《中外法学》1993 年第 6 期。

类体系,由此产生了作为'地方性知识'的法律的多元格局"[1]。同时,其他法律史和法律人类学的相关学者亦从不同角度展开了对国家法、村规民约和民间法之间互动过程的多角度研究。[2] 总体而言,多数学者都倾向于认为"法律多元"实质上体现的是一种"规范多元"现象。当然,仔细剖析上述学者关于"法律多元"的内涵界定,笔者认为,如果我们认可法律在本质上是一种文化现象,同时也承认法律的主要功能在于安排秩序,则我们也可以在更加宽广的"秩序多元"层面之上来具体阐释"法律多元"的含义,并据此来对基层乡土社会之中客观存在着的相关现象和问题进行解释和分析。

如前所述,笔者的调查显示,在实际的基层执业过程之中,尽管部分特殊的民族语言、民族性格、乡规民约和地方习俗也会对律师的角色构建过程产生一定的影响,但这种影响毕竟属于少见的特殊情形[3];与之相对,真正对律师的角色构建过程产生广泛和深刻影响的则是错综复杂的多元地方秩序。在诸多地方秩序之中,又尤以两类地方秩序对律师角色构建过程所产生的影响最为显著:第一类地方秩序指的是根植于乡土社会民众血脉之中的、中国"礼俗"文化传统所孕育出来的"关系信任、情理标准和中庸原

---

[1] 王启梁:《法律是什么?——一个安排秩序的分类体系》,《现代法学》2004年第8期。
[2] 参见张佩国:《乡村纠纷中国家法与民间法的互动——法律史和法律人类学相关研究评述》,《开放时代》2005年第2期。
[3] 关于民族性格在纠纷解决过程之中的影响,可参见本书第一章"民族文化特征"部分的律师访谈记录;关于特殊地方习俗在纠纷解决过程之中的影响,可参见本书第一章第三节"地方司法环境"部分的相关案例及分析。

则"等等特殊乡土文化现象及其所引导的地方人际角色互动秩序。分析表明，上述乡土文化虽然没有明晰的"规范性"特征，却在事实上充当着一种"无声的秩序"，并在具体的司法运作过程之中影响和导致了律师两重角色间的断裂。针对此类现象，笔者从角色信任的基本路径出发，重点围绕"关系"这一特殊的乡土文化现象展开了分析，通过对"一般信任"和"特殊信任"两个维度"关系"的剖析与划分，深入探讨了中国乡土文化与法治建设之间的关系这一重要命题，同时认为，对于中国的法治建设而言，上述"乡土文化"所引导的社会秩序实际上同时具备着"建构性"和"破坏性"双重功能，并且，上述两种功能交织伴生的复杂局面正是导致中国法治建设（包括律师角色构建）屡受挑战的重要根源之一，也是探索中国法治建设道路所必须直面的独特难题；第二类对律师角色构建过程产生重要影响的地方秩序则指的是基层公职部门（含行政部门和司法部门）权力博弈格局控制下的地方司法运行秩序。分析表明，目前，我国的基层司法运行秩序是深嵌在地方政策实施目标框架之下的，因而，地方行政权力对于司法运行秩序产生了一定的影响；同时，在基层司法职业生态圈之中，不仅"公检法"三机关之间的权力配置结构有待进一步优化，而且上述三机关与律师之间的权力配置结构也存在着某种不平衡问题。司法实践之中，上述多种权力结构的叠加效果实际上将辩护律师置于了整个基层司法权力配置结构的底端，并由此引发了某种程度上的律师角色断裂现象。针对此类现象，文章分析认为，目前，作为转型时期的过渡性安排，无论是政策对司法的指引，还是司法对政策的服从都呈现出了一定的现实价值。然而，从长远来说，意欲维持司法秩序的正常运行，则必须通过对地方"政治与司法"之间权力关系的重构来进行司法秩序调整；与此同时，还要积极推进"以审判为中心"的司法体制改革，以期通过对基层司法职业生态圈内部权力关系的重构来理顺各种司法主体之间的角色关系。笔者认为，唯其如此，方能逐步扭转律师在整个基层司法体系之中的从属性和依附性地位，使其能够轻装上阵、尽展才华。

综上所述，回顾本书的内容，笔者认为，近年来，我国滇西北少数民族地区的律师行业得到了快速发展，部分优秀律师在滇西北的偏远县域扎根下来，广泛参与到了当地的司法实务当中，客观上为本书的研究开展提供了现实条件。本书正是在这种新的时代背景之下，围绕着"司法中的律师角色"这一轴心，将"现代法治规划"与"地方实践经验"这两个理论命题连接起来进行深入探讨的一次尝试。分析表明，在基层司法运作过程之中，律师"期望角色"与"实践角色"的断裂现象实质上反映的是在特定社会发展程度和文化发展水平的制约之下，作为正式社会控制方式的现代"法治"秩序与其他多元社会控制方式所引导的地方社会秩序之间的并立、冲突与协调问题。这种状况一方面揭示了司法领域"法律移植"所带来的负面影响；另一方面也验证了文化人类学家吉尔兹关于"法律是一种地方性知识"[①]的相关判断。笔者认为，至少在今后较长时期之内，基层乡土社会之中多元秩序并立的状况仍会继续存在。对

[①] 参见克利福德·吉尔兹：《地方性知识：事实与法律的比较透视》，邓正来译，载梁治平：《法律的文化解释》，生活·读书·新知三联书店1994年版，第73页。

于国家的法治建设来说，重要的并不是去消除这种秩序差别，而是要深入探究这些非正式秩序之中内蕴的价值与潜藏的难题，在充分肯定其现实价值的基础之上来研究双方之间的衔接问题；同时，在充分认识其艰巨性的前提之下来探寻解决问题的恰当方法。由于基层社会的多元秩序之间客观上构成了一个文化互嵌、权力叠加、利益纵横的复杂关系网络，因而，笔者认为，整体司法秩序的调整和问题的解决非朝夕之功，而必须放在整个改革开放和时代变迁的大背景之中，通过整个社会的发展进步来求解。当然，从实践操作层面来看，在发展大局之中，也可以具体探索一些实际可行的解决方法，率先进行一些局部的秩序微调。由于这种微调必然只能是小范围的、渐进式的，并且其调整过程又会受到各种现实秩序的干扰和钳制，因而其功能也必然会相应受限，但事实上，这又是通往司法秩序调整目标的必经之路。最后，归根结底，笔者认为，律师深嵌在既定法治秩序之中，同时，律师又深嵌在特定社会的多元地方秩序之中。因此，唯有在法治秩序与特定社会的多元地方秩序之间产生共识之处，才有可能真正改变律师角色的现实状态，使其还原到本来的位置上去。

主要参考文献

（一）中文著作

[1] 卞建林等：《法治社会与律师职业》，中国人民公安大学出版社2010年版。

[2] 卞建林等：《证据法学》，中国政法大学出版社2014年版。

[3] 蔡文彬：《社会网络与组织》，中国人民大学出版社2007年版。

[4] 陈柏峰：《半熟人社会：转型期乡村社会性质深描》，社会科学文献出版社2019年版。

[5] 陈柏峰等：《农民生活及其价值世界：皖北李圩村调查》，山东人民出版社2009年版。

[6] 陈瑞华：《程序性制裁理论》，中国法制出版社2010年版。

[7] 陈瑞华：《论法学研究方法：法学研究的第三条道路》，北京大学出版社2013年版。

[8] 陈瑞华：《刑事辩护的艺术》，北京大学出版社2018年版。

[9] 陈瑞华：《刑事辩护的理念》，北京大学出版社2017年版。

[10] 陈光中等：《中国司法制度的基础理论研究》，经济科学出版社2010年版。

[11] 陈光中：《司法改革问题研究》，法律出版社 2018 年版。

[12] 陈卫东：《中国律师学》，中国人民大学出版社 2000 年版。

[13] 陈卫东：《程序正义之路》，法律出版社 2005 年版。

[14] 程汉大、李培锋：《英国司法制度史》，清华大学出版社 2007 年版。

[15] 邓正来：《中国法学向何处去》，商务印书馆 2006 年版。

[16] 董璠舆：《日本司法制度》，中国检察出版社 1992 年版。

[17] 范伟达等：《多元化的社会学理论》，辽宁人民出版社 1989 年版。

[18] 费孝通：《美国与美国人》，生活·读书·新知三联书店 1986 年版。

[19] 费孝通：《乡土中国》，人民出版社 2015 年版。

[20] 费孝通：《乡土中国的生育制度》，北京大学出版社 1998 年版。

[21] 冯丽霞：《政党、国家与法治——改革开放 30 年中国法治发展透视》，人民出版社 2008 年版。

[22] 葛洪义：《法律与理性——法的现代性问题研究》，法律出版社 2001 年版。

[23] 郭成伟、宋英辉主编：《当代司法体制研究》，中国政法大学出版社 2002 年版。

[24] 贺雪峰：《乡村治理的社会基础——转型期乡村社会性质研究》，中国社会科学出版社 2003 年版。

[25] 贺雪峰：《新乡土中国——转型期乡村社会调查笔记》，北京大学出版社 2013 年版。

[26] 贺雪峰：《最后一公里村庄》，中信出版社 2017 年版。

[27] 何悦：《律师法学》，法律出版社 2011 年版。

[28] 胡兴东：《西南民族地区纠纷解决机制研究》，社会科学文献出版社 2013 年版。

[29] [美] 黄宗智:《清代以来民事法律的表达与实践:历史、理论与现实》,法律出版社 2014 年版。

[30] [美] 黄宗智:《清代的法律、社会与文化:民法的表达与实践》,上海书店出版社 2007 年版。

[31] 冀祥德:《律师法学的新发展》,中国社会科学出版社 2016 年版。

[32] 李峰等:《律师制度改革热点问题研究》,人民法院出版社 2004 年版。

[33] 李学灯:《证据法比较研究》,五南图书出版公司 1992 年版。

[34] 梁治平:《在边缘处思考》,法律出版社 2010 年版。

[35] 梁治平:《法律的文化解释》,生活·读书·新知三联书店 1994 年版。

[36] 刘芳:《西部地区纠纷解决机制研究》,宁夏人民出版社 2016 年版。

[37] 雷小政:《法律生长与实证研究》,北京大学出版社 2009 年版。

[38] 刘思达:《割据的逻辑:中国法律服务市场的生态分析》,译林出版社 2017 年版。

[39] 刘思达:《失落的城邦:当代中国法律职业变迁》,北京大学出版社 2008 年版。

[40] 龙宗智:《相对合理主义》,中国政法大学出版社 1999 年版。

[41] 龙宗智:《司法改革与中国刑事证据制度的完善》,中国民主法制出版社 2016 年版。

[42] 牟军:《权力与结构——刑事侦讯本体论的分析进路》,法律出版社 2011 年版。

[43] 秦启文等:《角色学导论》,中国社会科学出版社 2011 年版。

[44] 强世功:《调解、法制与现代性——中国调解制度研究》,中

国法制出版社 2001 年版。

[45] 瞿同祖：《瞿同祖法学论著集》，中国政法大学出版社 1998 年版。

[46] 瞿同祖：《中国法律与中国社会》，商务印书馆 2010 年版。

[47] 苏力：《道路通向城市——转型中国的法治》，法律出版社 2004 年版。

[48] 苏力：《送法下乡——中国基层司法制度研究》，中国政法大学出版社 2006 年版。

[49] 苏力：《也许正在发生——转型中国的法学》，法律出版社 2008 年版。

[50] 苏力：《制度是如何形成的》，北京大学出版社 2009 年版。

[51] 苏力：《大国宪制：历史中国的制度形成》，北京大学出版社 2018 年版。

[52] 孙惠柱：《社会表演学》，商务印书馆 2006 年版。

[53] 孙笑侠：《法律人之治——法律职业的中国思考》，中国政法大学出版社 2005 年版。

[54] 宋冰：《读本：美国与德国的司法制度及司法程序》，中国政法大学出版社 1998 年版。

[55] 谭世贵：《中国司法体制改革研究》，中国人民公安大学出版社 2013 年版。

[56] 谭世贵：《律师法学》，法律出版社 2008 年版。

[57] 陶髦等：《律师制度比较研究》，中国政法大学出版社 1995 年版。

[58] 汪庆华：《政治中的司法：中国行政诉讼的法律社会学考察》，清华大学出版社 2011 年版。

[59] 王国良等：《中外律师制度比较研究》，江西人民出版社 2003

年版。

［60］王小波：《沉默的大多数》，北京十月文艺出版社 2017 年版。

［61］王艳等：《刑事辩护的理论探讨与制度完善》，清华大学出版社 2018 年版。

［62］王兆鹏：《辩护权与诘问权》，华中科技大学出版社 2010 年版。

［63］徐家力、吴运浩：《中国律师制度史》，中国政法大学出版社 2000 年版。

［64］奚从清：《角色论——个人与社会的互动》，浙江大学出版社 2010 年版。

［65］熊秋红：《刑事辩护学》，法律出版社 1998 年版。

［66］严军兴等：《律师责任与赔偿》，法制出版社 1999 年版。

［67］杨雪冬：《市场发育、社会成长和公共权力构建》，河南人民出版社 2002 年版。

［68］杨镇圭：《白族文化史》，云南人民出版社 2002 年版。

［69］赵霄洛：《律师的哲学解剖》，中国友谊出版公司 2010 年版。

［70］周赛军：《律师制度管理与实践》，国家行政学院出版社 2002 年版。

［71］张晓辉主编：《中国法律在少数民族地区的实施》，云南大学出版社 1994 年版。

［72］朱炳祥：《社会人类学》，武汉大学出版社 2012 年版。

［73］朱景文：《法社会学》，中国人民大学出版社 2012 年版。

［74］左卫民：《在权力话语和权力技术之间：中国司法的新思考》，法律出版社 2002 年版。

［75］左卫民等：《中国刑事诉讼运行机制实证研究》，法律出版社 2007 年版。

[76] 左卫民等：《司法运作与国家治理的嬗变——基于对四川省级地方法院的考察》，北京大学出版社 2015 年版。

（二）译著

[1] [美] 阿尔温·托夫勒：《未来的冲击》，孟广均等译，中国对外翻译出版公司 1985 年版。

[2] [法] 埃哈尔·费埃德伯格：《权力与规制——组织行动的动力》，张月等译，上海人民出版社 2005 年版。

[3] [法] 埃米尔·涂尔干：《社会学方法的规则》，胡伟译，华夏出版社 1999 年版。

[4] [俄] 安德烈耶娃：《社会心理学》，上海译文出版社 1984 年版。

[5] [英] 安东尼·吉登斯：《民族——国家与暴力》，胡宗泽、赵力涛译，生活·读书·新知三联书店 1998 年版。

[6] [英] 安东尼·吉登斯：《社会的构成》，李康、李猛译，生活·读书·新知三联书店 1998 年版。

[7] [英] 安东尼·吉登斯：《社会学》，李康译，北京大学出版社 2014 年版。

[8] [英] 安东尼·吉登斯：《现代性的后果》，田禾译，译林出版社 2011 年版。

[9] [美] 本杰明·卡多佐：《司法过程的性质》，苏力译，商务印书馆 1998 年版。

[10] [英] 布莱恩·特纳：《Blackwell 社会理论指南》，李雪等译，上海人民出版社 2003 年版。

[11] [美] C.赖特·米尔斯：《社会学的想象力》，陈强等译，生活·读者·新知三联书店 2001 年版。

[12][日]川岛武宜:《现代化与法》,申政武等译,中国政法大学出版社1994年版。

[13][美]丹尼尔·贝尔:《资本主义文化矛盾》,严蓓雯译,生活·读书·新知三联书店1989年版。

[14][英]丹尼斯·劳埃德:《法理学》,许章润译,法律出版社2007年版。

[15][英]戴维·米勒:《社会正义原则》,应奇译,江苏人民出版社2001年版。

[16][英]邓肯·格林:《变革如何发生》,王晓毅译,社会科学文献出版社2018年版。

[17][美]杜赞奇:《文化、权力与国家:1900—1942年的华北农村》,王福明译,江苏人民出版社2013年版。

[18][法]E.迪尔凯姆:《社会学方法的规则》,狄玉明译,商务印书馆1995年版。

[19][荷]范·戴克:《精英话语与种族歧视》,齐月娜、陈强译,中国人民大学出版社2010年版。

[20][英]弗思:《人文类型》,费孝通译,载《费孝通译文集》(上册),群言出版社2002年版。

[21][日]高见泽磨:《现代中国的纠纷与法》,何勤华等译,法律出版社2003年版。

[22][英]赫恩等:《英国律师和律师法》,中国政法大学出版社1997年版。

[23][日]河竹登志夫:《戏剧概论》,陈秋峰等译,四川人民出版社2018年版。

[24][英]杰拉尔德·汉隆:《律师、国家与市场:职业主义再探》,程朝阳译,北京大学出版社2009年版。

[25] [德] 卡尔·马克思:《资本论》(第 1 卷),人民出版社 1975 年版。

[26] [美] 克利福德·格尔兹:《文化的解释》,纳日碧力戈等译,上海人民出版社 1999 年版。

[27] [法] 勒内·达维德:《当代主要法律体系》,上海译文出版社 1984 年版。

[28] [美] 雷蒙德·马克斯:《律师、公众和职业责任》,舒国滢等译,中国政法大学出版社 1992 年版。

[29] [美] 理查德·鲍曼:《作为表演的口头艺术》,杨利慧等译,广西师范大学出版社 2008 年版。

[30] [美] 理查德·A.波斯纳:《联邦法院》,邓海平译,中国政法大学出版社 2002 年版。

[31] [美] 理查德·A.波斯纳:《正义与司法的经济学》,苏力译,中国政法大学出版社 2002 版。

[32] [美] 理查德·A.波斯纳:《法律的经济分析》,蒋兆康译,中国大百科全书出版社 1997 年版。

[33] [美] 罗伯特·戈登:《律师独立论:律师独立于当事人》,周潞嘉等译,中国政法大学出版社 1989 年版。

[34] [美] 罗伯特·C.埃里克森:《无需法律的秩序》,苏力译,中国政法大学出版社 2016 年版。

[35] [德] 马克斯·韦伯:《社会科学方法论》,李秋零等译,中国人民大学出版社 1999 年版。

[36] [美] 米尔伊安·R.达玛什卡:《司法和国家权力的多种面孔——比较视野中的法律程序》,郑戈译,中国政法大学出版社 2015 年版。

[37]［印］米尔思等：《律师的艺术》，刘同苏、侯君丽译，中国政法大学出版社1989年版。

[38]［法］米歇尔·福柯：《规训与惩罚》，刘北成、杨远婴译，生活·读书·新知三联书店2003年版。

[39]［法］米歇尔·福柯：《权力的眼睛》，严锋译，上海人民出版社1997年版。

[40]［保加利亚］尼科洛夫：《人的活动结构》，转引自黄连枝：《社会情境论》，（中国香港）中华书局1992年版。

[41]［德］尼克拉斯·卢曼：《信任：一个社会复杂性的简化机制》，翟铁鹏译，上海人民出版社2005年版。

[42]［德］尼克拉斯·卢曼：《权力》，翟铁鹏译，上海人民出版社2005年版。

[43]［美］乔纳森·H.特纳：《社会学理论的结构》，吴曲辉等译，浙江人民出版社1987年版。

[44]［美］萨利·安格尔·梅丽：《诉讼的话语》，郭兴华、王晓蓓、王平等译，北京大学出版社2007年版。

[45]［美］塞缪尔·亨廷顿：《变化中的政治秩序》，王冠华等译，生活·读书·新知三联书店1989年版。

[46]［美］唐·布莱克：《法律的运作行为》，唐越、苏力译，中国政法大学出版社1994年版。

[47]［美］唐·布莱克：《社会学视野中的司法》，郭星华等译，法律出版社2002年版。

[48]［法］色何勒·皮埃尔·拉格特、［英］帕特里克·拉登：《西欧国家的律师制度》，陈庚生等译，吉林人民出版社1991年版。

[49]［美］施坚雅：《中国农村的市场和社会结构》，史建云译，中

国社会科学出版社 1998 年版。

[50]［挪威］托马斯·许兰德·埃里克森：《小地方大论题——社会文化人类学导论》，董薇译，商务印书馆 2008 年版。

[51]［美］欧文·戈夫曼：《日常生活中的自我呈现》，冯钢译，北京大学出版社 2008 年版。

[52]［日］棚濑孝雄：《纠纷的解决与审判制度》，王亚新译，中国政法大学出版社 1994 年版。

[53]［法］皮埃尔·布迪厄、［美］华康德译：《实践与反思——反思社会学导引》，李猛等译，中央编译出版社 1998 年版。

[54]［日］千叶正士：《法律多元》，强世功等译，中国政法大学出版社 1997 年版。

[55]［美］W·L.托马斯：《不适应的少女》，钱军、白璐译，山东人民出版社 1998 年版。

[56]［美］维克多·特纳：《社会、场景及隐喻：人类社会的象征性行为》，民族出版社 2007 年版。

[57]［奥］尤根·埃利希：《法律社会学基本原理》，叶名怡、袁震译，中国社会科学出版社 2009 年版。

[58]［美］约翰·M.康利、威廉·M.欧巴尔：《法律、语言与权力》，程朝阳译，法律出版社 2007 版。

[59]［美］约翰·罗尔斯：《正义论》，何怀宏等译，北京明恒达印务有限公司 1988 年版。

[60]［英］约翰·格雷：《自由正义的两张面孔》，顾爱彬、李瑞华译，江苏人民出版社 2002 年版。

[61]［英］约翰·格莱德希尔：《权力及其伪装——关于政治的人类学视角》，赵旭东译，商务印书馆 2011 年版。

[62][美]詹姆斯·C.斯科特：《国家的视角：那些试图改善人类状况的项目是如何失败的》，社会科学文献出版社 2012 年版。

[63][美]詹姆斯·克利福德等编：《写文化》，商务印书馆 2006 年版。

[64][日]佐藤博史：《刑事辩护的技术和伦理》，于秀峰等译，法律出版社 2012 年版。

（三）论文类

[1][法]布迪厄：《法律的力量——迈向司法场域的社会学》，强世功译，《北大法律评论》1999 年第 2 卷。

[2][美]道格拉斯·C.诺斯：《制度变迁理论纲要》，《经济学与中国经济改革》上海人民出版社 1995 年版。

[3]艾佳慧：《"大调解"的运作模式与适用条件》，《法商研究》2011 年第 1 期。

[4]白斌：《论法教义学：源流、特征及其功能》，《环球法律评论》2010 年第 3 期。

[5]陈亚萍：《情·理·法：礼治秩序》，《读书》2002 年第 1 期。

[6]蔡定剑：《中国法制建设 50 年回顾》，《人民检察》1999 年第 10 期。

[7]蔡艺生：《论情态证据的产生与认知原理》，《河南师范大学学报》2015 年第 2 期。

[8]蔡杰等：《刑事卷宗移动制度的轮回性改革之反思》，《法学评论》2014 年第 1 期。

[9]陈柏峰：《熟人社会：村庄秩序机制的理想型探究》，《社会》2011 年第 1 期。

［10］陈柏峰：《乡土中国的精神创伤》，《文化纵横》2010 年第 3 期。

［11］陈光中：《中国刑事诉讼法学四十年》，《政法论坛》1989 年第 4 期。

［12］陈光中：《我国侦查阶段律师辩护制度之完善》，《中国司法》2012 年第 7 期。

［13］陈光中等：《推进刑事辩护法律援助全覆盖问题之探讨》，《法学杂志》2018 年第 3 期。

［14］陈瑞华：《刑事辩护的几个理论问题》，《当代法学》2012 年第 1 期。

［15］陈瑞华：《法学研究方法的若干反思》，《中外法学》2015 年第 1 期。

［16］陈瑞华：《司法裁判的行政决策模式——对中国法院"司法行政化"现象的重新考察》，《吉林大学社会科学学报》2008 年第 4 期。

［17］陈瑞华：《刑事诉讼中的有效辩护问题》，《苏州大学学报（哲学社会科学版）》2014 年第 5 期。

［18］陈瑞华：《"认罪认罚"改革的理论反思——基于刑事速裁程序运行经验的考察》，《当代法学》2016 年第 4 期。

［19］陈瑞华：《案卷移送制度的演变与反思》，《政法论坛》2012 年第 5 期。

［20］陈卫东：《刑事辩护律师权利体系的合理构架与立法规制》，《国家检察官学院学报》2005 年第 3 期。

［21］陈卫东等：《关于〈律师法〉修改的几个问题》，《中国司法》2005 年第 1 期。

［22］陈卫东等：《刑事诉讼中的司法资源配置》，《中国法学》2002 年第 2 期。

［23］陈卫东：《以审判为中心：当代中国刑事司法改革的基点》，

《法学家》2016 年第 4 期。

［24］陈卫东：《认罪认罚从宽制度研究》，《中国法学》2016 年第 2 期。

［25］陈锋：《分利秩序与基层治理内卷化——资源输入背景下的乡村治理逻辑》，《社会》2015 年第 3 期。

［26］陈钺锋：《中国的律师权利保护》，《陕西警官职业学院学报》2010 年第 7 期。

［27］陈景良：《讼师与律师：中西司法传统的差异及其意义》，《中国法学》2001 年第 3 期。

［28］程汉大：《12—13 世纪英国法律制度的革命性变化》，《世界历史》2000 年第 5 期。

［29］程汉大：《英国二元律师制度的起源、演变与发展走向》，《甘肃社会科学》2005 年第 4 期。

［30］邓正来：《中国法学向何处去（上）——建构"中国法律理想图景"时代的论纲》，《政法论坛》2005 年第 1 期。

［31］丁晓东：《人民意志视野下的法教义学——法律方法的用途与误用》，《政治与法律》2019 年第 7 期。

［32］杜金榜：《从法律语言的模糊性到司法结果的确定性》，《现代外语》2001 年第 3 期。

［33］樊崇义：《"以审判为中心"与"分工负责、互相配合、互相制约"关系论》，《法学杂志》2015 年第 11 期。

［34］范柏乃等：《后税费时代村级组织功能异化及其治理研究》，《浙江大学学报（人文社会科学版）》2013 年第 3 期。

［35］方铁：《中原王朝的治边方略》，《学术探索》2009 年第 4 期。

［36］冯仕政：《社会冲突、国家治理与"群体性事件"概念的演生》，《社会学研究》2015 年第 9 期。

[37] 冯春萍：《论控辩平等与被控人人权保障》，《法律科学》1998年第 6 期。

[38] 冯姣：《智慧司法：实现司法公正的新路径及其局限》，《浙江社会科学》2018 年第 6 期。

[39] 傅郁林：《最高人民法院巡回法庭的职能定位与权威形成》，《中国法律评论》2014 年第 4 期。

[40] 傅郁林：《中国基层法律服务状况的初步考察报告——以农村基层法律服务所为窗口》，《北大法律评论》，法律出版社 2004 年版。

[41] 高其才：《习惯法与少数民族习惯法》，《云南大学学报》2002 年第 3 期。

[42] 高其才等：《法官调解的"术"与"观"》，《法制与社会发展》2006 年第 1 期。

[43] 高其才等：《司法公正观念源流略论》，《清华大学学报》2003 年第 2 期。

[44] 公丕祥等：《历史与现实：中国法制现代化及其意义》，《法学家》1997 年第 4 期。

[45] 郭松、肖仕卫：《穿梭于两种知识之间：律师作用新解读——以农村"基层法律服务工作者"为例》，《中南民族大学学报（人文社会科学版）》2007 年第 7 期。

[46] 郭斌：《后发优势与后发劣势的转换：对发展中国家追赶问题的重新认识》，《自然辩证法通讯》1996 年第 6 期。

[47] 贺雪峰等：《论村庄社会关联——兼论村庄秩序的社会基础》，《中国社会科学》2002 年第 3 期。

[48] 贺雪峰：《公私观念与中国农民的双层认同——试论中国传统社会农民的行动逻辑》，《天津社会科学》2006 年第 1 期。

[49] 贺雪峰：《论乡村治理内卷化》，《开放时代》2011年第2期。

[50] 贺雪峰：《熟人社会的行动逻辑》，《华中师范大学学报》2004年第1期。

[51] 贺雪峰：《论熟人社会的人情》，《南京师大学报》2011年第4期。

[52] 霍存福：《中国传统法文化的文化性状与文化追寻——情理法的发生、发展及其命运》，《法制与社会发展》2001年第3期。

[53] 侯猛：《社科法学的传统与挑战》，《法商研究》2014年第5期。

[54] 侯猛：《知识结构的塑造——当代中国司法研究的学术史考察》，《现代法学》2019年第4期。

[55] 侯猛：《中国律师分布不均衡的表现与影响——从北京刑事辩护市场切入》，《法学》2018年第3期。

[56] 侯高岚：《传统与超越：从比较优势到后发优势》，《中国社会科学院研究生院学报》2002年增刊。

[57] 何家弘：《刑事诉讼中证据调查的实证研究》，《中外法学》2012年第1期。

[58] 何家弘：《从侦查中心转向审判中心——中国刑事诉讼制度的改良》，《中国高校社会科学》2015年第3期。

[59] 何勤华：《法的移植与法的本土化》，《中国法学》2002年第3期。

[60] 黄光国：《人情与面子》，《经济社会体制比较》1985年第3期。

[61] 黄宗智：《中国的现代家庭：来自经济史和法律史的视角》，《开放时代》2011年第5期。

[62] 黄宗智：《认识中国——走向从实践出发的社会科学》，《中国社会科学》2005年第1期。

[63] 黄宗智：《连接经验与理论：建立中国的现代学术》，《开放时代》2007年第4期。

[64] 黄宗智：《道德与法律：中国的过去和现在》，《开放时代》2015年第1期。

[65] 黄薇：《移动背景下大学生网络创业途径的可行性研究》，《高校教育管理》2014年第3期。

[66] 黄薇：《律师在民族地区司法资源配置中的影响与贡献》，《西北民族大学学报》2019年第1期。

[67] 黄薇：《从礼俗社会迈向法理社会——边疆民族地区乡村振兴的必由之路》，《西北民族大学学报》2018年第5期。

[68] 胡建生：《道具在中外戏剧艺术中的运用》，《民族艺术研究》2001年第5期。

[69] 季卫东：《"当代法学名著译丛"评介（选登）》，《比较法研究》1994年第1期。

[70] 季卫东：《法治与选择》，《中外法学》1993年第4期。

[71] 季卫东：《法治中国的可能性——兼论对中国文化传统的解读和反思》，《战略与管理》2001年第5期。

[72] 姜小川：《我国司法目标的构成要素及相互关系》，《时代法学》2008年第6期。

[73] 姜同玲：《律师辩护词的修辞功能初探》，《广东外语外贸大学学报》2002年第3期。

[74] 蒋超：《通往依法自治之路——我国律师协会定位的检视与重塑》，《法制与社会发展》2018年第3期。

[75] 蒋志如等：《历史与文本中的中国公职律师》，《内蒙古师范大学学报（哲学社会科学版）》2019年第3期。

[76] 蒋元涛：《田野调查法述评——以〈私人生活的变革〉为例》，《中国多媒体与网络教学学报（中旬刊）》2018年第7期。

[77] 李启凤等:《戈夫曼"日常生活中的自我呈现"戏剧论思想解读》,《重庆科技学院学报(社会科学版)》2008 年第 10 期。

[78] 李奋飞:《论"表演性辩护"——中国律师法庭辩护功能的异化及其矫正》,《政法论坛》2015 年第 3 期。

[79] 李浩:《调解归调解,审判归审判:民事审判中的调审分离》,《中国法学》2013 年第 3 期。

[80] 黎千驹:《孔子的中庸之道及其当代价值研究》,《湘南学院学报》2019 年第 3 期。

[81] 廖国强:《清代云南少数民族之"汉化"与汉族之"夷化"》,《思想战线》2015 年第 2 期。

[82] 梁克:《社会关系多样化实现的创造性空间——对信任问题的社会学思考》,《社会学研究》2002 年第 3 期。

[83] 梁治平:《中国法律史上的民间法——兼论中国古代法律的多元格局》,《中国文化》1997 年第 Z1 期。

[84] 刘浩然:《社会科学比较研究方法:发展、类型与争论》,《国外社会科学》2018 年第 1 期。

[85] 刘思达等:《法律边疆地区的纠纷解决与职业系统》,《社会学研究》2010 年第 1 期。

[86] 刘思达:《法律移植与合法性冲突——现代性语境下的中国基层司法》,《社会学研究》2005 年第 3 期。

[87] 刘思达:《中国法律的形状》,《中外法学》2014 年第 4 期。

[88] 刘思达:《美国"法律与社会运动"的兴起与批判——兼议中国社科法学的未来走向》,《交大法学》2016 年第 1 期。

[89] 刘永强、乔闻钟:《民族地区法治与和谐社会建设的新探索——关于"北川模式"的调研与思考》,《西南科技大学学报》2007 年第 5 期。

[90] 刘永平：《如何界定和拓展非诉讼法律业务》，《科技信息》2010 年第 5 期。

[91] 刘中起、张广利：《新形势下多元化解社会矛盾的新型机制研究》，《学术探索》2009 年第 4 期。

[92] 刘霞：《多元社会的稳定逻辑——论转型期社会矛盾化解的协同治理机制构建》，《学术前沿》2013 年第 1 期。

[93] 刘昕：《宋代讼学与讼师的形成及其影响下的民间好讼风尚》，《昭阳学院学报（社会科学版）》2011 年第 12 期。

[94] 刘忠：《从公安中心到分工、配合、制约——历史与社会叙事内的刑事诉讼结构》，《法学家》2017 年第 8 期。

[95] 林毅夫：《后发优势与后发劣势——与杨小凯教授商榷》，《经济学（季刊）》2003 年第 2 卷第 4 期。

[96] 龙宗智：《英国对沉默权制度的改革以及给我们的启示》，《法学》2000 年第 2 期。

[97] 龙宗智：《关于深入司法改革若干问题的思考》，《中国法学》2013 年第 4 期。

[98] 龙宗智：《强制侦查的法律控制与司法审查》，《中国法学》2011 年第 12 期。

[99] 龙宗智：《论司法改革中的相对合理主义》，《中国社会科学》1999 年第 2 期。

[100] 龙宗智：《相对合理主义及其局限性》，《现代法学》2002 年第 8 期。

[101] 龙宗智：《"以审判为中心"的改革及其限度》，《中外法学》2015 年第 4 期。

[102] 龙宗智：《评贺卫方〈复转军人进法院〉一文》，《法学》1998 年第 6 期。

[103] 龙宗智:《庭审实质化的路径和方法》,《法学研究》2015 年第 5 期。

[104] 龙宗智:《监察与司法协调衔接的法规范分析》,《政治与法律》2018 年第 1 期。

[105] 卢晖临、李雪:《如何走出个案——从个案研究到扩展个案研究》,《中国社会科学》2007 年第 1 期。

[106] 卢荣荣、徐昕:《中国司法建设三十年:1978—2008》,《法治论坛》2012 年第 2 期。

[107] 卢德平:《从索绪尔到戈夫曼——符号学的转折》,《当代外语研究》2013 年第 9 期。

[108] 罗灿:《基层法律服务所化解纠纷的路径研究——以"枫桥经验"为视角》,《辽宁公安司法管理干部学院学报》2018 年第 5 期。

[109] 罗尔男:《我国律师自治问题研究》,《四川行政学院学报》2008 年第 4 期。

[110] 马大正:《中国古代的边疆政策与边疆治理》,《西域研究》2002 年第 4 期。

[111] 马前进:《刑事个案侦查思维中的回溯推理》,《政法学刊》2016 年第 3 期。

[112] 马作武:《为讼师辩护——兼与梁治平先生商榷》,《比较法研究》1997 年第 3 期。

[113] 马长山:《智能互联网时代的法律变革》,《法学研究》2018 年第 4 期。

[114] 马长山:《从国家构建到共建共享的法治转型》,《法学研究》2017 年第 3 期。

[115] 牟军:《刑事侦讯:一种权力的表达》,《法学研究》2010 年第 5 期。

[116] 牟军：《刑事案卷：文本的规范与程序的控制》，《西南民族大学学报》2017 年第 3 期。

[117] 牟军：《刑事大要案审判：属性、目标及其限度》，《西南民族大学学报》2019 年第 4 期。

[118] 穆华桂：《论化解社会矛盾的法治化途径》，《湖北行政学院学报》2015 年第 3 期。

[119] 庞朴：《"中庸"平议》，《中国社会科学》1980 年第 1 期。

[120] 彭泗清：《信任的建立机制：关系运作与法治手段》，《社会学研究》1999 年第 2 期。

[121] 彭兆荣：《人类学仪式研究评述》，《民族研究》2002 年第 2 期。

[122] 彭利元：《走出扶手椅，迈向田野——马林诺夫斯基语境论发展评析》，《外国与外语教学》2008 年第 9 期。

[123] 彭中礼：《论社会矛盾化解的法治方式》，《中南大学学报（社会科学版）》2014 年第 1 期。

[124] 彭程等：《人情还是信息——社会网络与工资决定》，《世界经济文汇》2016 年第 5 期。

[125] 彭卫民：《在程序与实体之间：新时期中国司法正义的整体构建》，《社会科学家》2019 年第 4 期。

[126] 戚建刚：《论群体性事件的行政法治理模式——从压制型到回应型的转变》，《当代法学》2013 年第 2 期。

[127] 邱志红：《从"讼师"到"律师"——从翻译看近代中国社会对律师的认知》，《近代史研究》2011 年第 3 期。

[128] 邱兴隆等：《审前程序中的律师权利及其保障与实现》，《法学杂志》2017 年第 8 期。

[129] 强舸：《制度环境与治理需要如何塑造中国官场的酒文化——基于县域官员饮酒行为的实证研究》，《社会学研究》2019年第4期。

[130] 强世功：《权力的组织网络与法律的治理化——马锡五审判方式与中国法律的新传统》，《北大法律评论》2000年第2期。

[131] 冉井富：《律师地区分布的非均衡性——一个描述和解释》，《法哲学与法社会学论丛》2007年第1期。

[132] 沈爱民等：《检查业务考评体系演进轨迹的梳理与思考》，《北京政法职业学院学报》2014年第3期。

[133] 宋丽娜：《熟人社会的性质》，《中国农业大学学报》2009年第2期。

[134] 孙海波：《"同案同判"：并非虚构的法治神话》，《法学家》2019年第5期。

[135] 舒国滢：《从司法的广场化到司法的剧场化——一个符号学的视角》，《政法论坛》1999年第3期。

[136] 石伟：《少数民族法制建设研究的现状与反思——透过学术论著的审视》，《社会中的法理》2014年第1卷。

[137] 苏力：《乡土社会中的法律人》，《法制与社会发展》2001年第2期。

[138] 苏力：《法律规避和法律多元》，《中外法学》1993年第6期。

[139] 苏力：《判决书的背后》，《法学研究》2001年第3期。

[140] 孙长永：《刑事诉讼法学研究方法之反思》，《法学研究》2012年第5期。

[141] 汤维建：《"智慧法院"让司法更公正、更高效》，《人民论坛》2017年第4期。

[142] 唐正芒等：《习近平创新观探析》，《探索》2016年第1期。

[143] 唐皇凤：《中国式维稳：困境与超越》，《武汉大学学报（哲学社会科学版）》2012 年第 5 期。

[144] 田毅鹏等：《"后单位社会"基层社会治理及运行机制研究》，《学术研究》2015 年第 2 期。

[145] 王聪：《调判分离还是调判结合：再论法院调解的中国图景——为"调判结合"辩护》，《河北法学》2019 年第 9 期。

[146] 王海涛：《南诏佛教文化的源与流》，《南诏文化论》1999 年第 4 期。

[147] 王丽珠：《南诏时期大理地区的民族和民族关系》，《西南民族学院学报（哲学社会科学版）》1991 年第 5 期。

[148] 王伦刚等：《从实体问责到程序之治——中国法院错案追究制运行的实证考察》，《法学家》2016 年第 2 期。

[149] 王启梁：《法律是什么？——一个安排秩序的分类体系》，《现代法学》2004 年第 8 期。

[150] 王启梁：《进入隐秘与获得整体：法律人类学的认识论》，《江苏社会科学》2017 年第 2 期。

[151] 王启梁：《不信任背景下的权利意识生长》，《中国法律评论》2016 年第 2 期。

[152] 王启梁等：《法官如何调解？》，《当代法学》2010 年第 5 期。

[153] 王轶楠等：《中西方面子研究综述》，《心理科学》2005 年第 2 期。

[154] 王夏昊：《从法教义学到法理学——兼论法理学的特性、作用与功能局限》，《华东政法大学学报》2019 年第 3 期。

[155] 王如铁等：《诉讼成本论》，《法商研究》1995 年第 6 期。

[156] 王辉、张为波：《中国社会组织参与社会管理的功能与限制》，《西南民族大学学报》2014 年第 7 期。

[157] 王师:《论如何保护律师在司法活动中的人身权利》,《理论界》2007年第11期。

[158] 王亚新:《农村法律服务问题实证研究（一）》,《法制与社会发展》2006年第3期。

[159] 王迎龙:《论刑事法律援助的中国模式——刑事辩护"全覆盖"之实现径路》,《中国刑事法杂志》2018年第2期。

[160] 魏晓娜:《审判中心视角下的有效辩护问题》,《当代法学》2017年第3期。

[161] 魏晓娜:《以审判为中心的刑事诉讼制度改革》,《法学研究》2015年第4期。

[162] 夏锦文:《区域法治发展的法理学思考——一个初步的研究构架》,《南京师范大学学报（社会科学版）》2014年第7期。

[163] 谢晖:《法人类学视角的法：静态与动态》,《政法论丛》2014年第3期。

[164] 谢鹏程:《理顺外部关系保证司法机关独立行使审判权》,《法学》1999年第5期。

[165] 项光勤:《戈夫曼的角色距离理论及其意义》,《学海》1998年第3期。

[166] 熊秋红:《新中国律师制度的发展历程及展望》,《中国法学》1999年第5期。

[167] 熊秋红:《有效辩护、无效辩护的国际标准和本土化思考》,《中国刑事法杂志》2014年第6期。

[168] 熊秋红:《刑事庭审实质化与审判方式改革》,《比较法研究》2016年第9期。

[169] 徐黎丽等:《"大一统"天下观对中国边疆治理的影响》,《国家行政学院学报》2015年第6期。

[170] 徐嘉瑞：《南诏初期宗教考》，《东方杂志》1949 年第 18 期。

[171] 徐猛：《社会治理现代化的科学内涵、价值取向及实现路径》，《学术探索》2014 年第 5 期。

[172] 徐清：《三重场域下中国法官离职类型探讨》，《法学》2018 年第 4 期。

[173] 徐清：《刑事诉讼中公检法三机关间的"共议格局"——一种组织社会学解读》，《山东大学学报》2017 年第 5 期。

[174] 徐清：《迈向"以主体为中心"的第三条道路——对基层司法制度研究的回顾与反思》，《云南民族大学学报》2015 年第 4 期。

[175] 徐昕等：《中国司法改革年度报告》，《政法论坛》2010 年第 3 期。

[176] 徐勇：《现代国家建构与农业财政的终结》，《华南师范大学学报（社会科学版）》2006 年第 2 期。

[177] 许可：《人工智能的算法黑箱与数据正义》，《社会科学报》2018 年第 1601 期。

[178] 许身健：《欧美律师职业伦理比较研究》，《国家检察官学院学报》2014 年第 1 期。

[179] 杨丽娟：《中国律师橘色"跳跃式"发展之质疑——以新一轮司法改革为背景》，《岭南学刊》2016 年第 6 期。

[180] 杨政业：《本主信仰——一个值得继续探讨的现实问题》，《大理民族研究》1989 年第 1 期。

[181] 杨光飞：《"杀熟"：转型期中国人际关系嬗变的一个面相》，《学术交流》2004 年第 5 期。

[182] 杨利：《酒文化及酒的精神文化价值探微》，《邵阳学院学报》2005 年第 2 期。

[183] 叶文振等：《当代中国离婚态势和原因分析》，《人口与经济》

1998 年第 3 期。

[184] 叶文振：《男女平等：一个多维的理论构建》，《东南学术》2004 年第 4 期。

[185] 应星：《"迎法入乡"与"接近正义"——对中国乡村"赤脚律师"的个案研究》，《政法论坛》2007 年第 1 期。

[186] 允春喜等：《城镇化时期农村纠纷化解中的"关系效应"研究》，《西南大学学报（社会科学版）》2016 年第 5 期。

[187] 喻安伦：《社会角色理论磋探》，《理论月刊》1998 年第 12 期。

[188] 于建嵘：《当前我国群体性事件的主要类型及其基本特征》，《中国政法大学学报》2009 年第 6 期。

[189] 余昊：《疑难案件的规则向度及其法律方法选择——基于赵春华案的分析》，《淮阴工学院学报》2018 年第 4 期。

[190] 岳岭：《姻缘难觅——中国农村人口性比例失调与"光棍"大军的形成》，《青年研究》1995 年第 1 期。

[191] 翟学伟：《人情、面子与权力的再生产》，《社会学研究》2004 年第 5 期。

[192] 翟学伟：《再论"差序格局"的贡献、局限与理论遗产》，《中国社会科学》2009 年第 3 期。

[193] 翟学伟：《信任的本质及其文化》，《社会》2014 年第 1 期。

[194] 张建伟：《审判中心主义的实质内涵与实现路径》，《中外法学》2015 年第 4 期。

[195] 张亭玉：《说谎行为及其识别的心理学研究》，《心理科学进展》2008 年第 4 期。

[196] 张晓辉、王秋俊：《论曼彻斯特学派对人类学的理论贡献》，《思想战线》2012 年第 6 期。

[197] 张旭:《佛教密宗在大理白族地区的兴起与衰落》,《南诏史论丛》1986 年第 6 期。

[198] 张丽艳:《1927—1937 年上海律师业发展论析》,《社会科学》2003 年第 6 期。

[199] 张志铭:《回眸和展望:百年中国律师的发展轨迹》,《国家检察官学院学报》2013 年第 1 期。

[200] 张青:《基层法官流失的图景及逻辑》,《清华法学》2018 年第 4 期。

[201] 张文显等:《法律职业共同体引论》,《法制与社会发展》2002 年第 6 期。

[202] 张富国:《迎接交叉科学时代的到来》,《长春师范学院学报》1995 年第 9 期。

[203] 张佩国:《乡村纠纷中国家法与民间法的互动——法律史和法律人类学相关研究评述》,《开放时代》2005 年第 2 期。

[204] 郑晓瑛:《交叉学科的重要性及其发展》,《北京大学学报(哲学社会科学版)》2007 年第 5 期。

[205] 郑飞莉:《新闻发言人的角色冲突与变革——以社会角色理论视角分析》,《青年记者》2014 年第 4 期。

[206] 赵骏:《中国法律实证研究的回归与超越》,《政法论坛》2013 年第 3 期。

[207] 赵晓峰:《公私观念与熟人社会》,《江海学刊》2014 年第 4 期。

[208] 赵晓峰:《公私观念与传统中国农民的行为逻辑》,《华中科技大学学报》2012 年第 3 期。

[209] 赵晓力:《基层司法的反司法理论?——评苏力〈送法下乡〉》,《社会学研究》2005 年第 2 期。

[210] 纵博:《最高人民法院巡回法庭的设立背景、功能及设计构

想》,《法律科学》2015 年第 2 期。

[211] 曾宪义:《关于中国传统调解制度的若干问题研究》,《中国法学》2009 年第 4 期。

[212] 祝华:《关于处理重大敏感案件的几点思考》,《山东审判》2013 年第 4 期。

[213] 周平:《我国的边疆和边疆治理》,《政治学研究》2008 年第 2 期。

[214] 周平:《论我国边疆治理的转型与重构》,《云南师范大学学报(哲学社会科学版)》2010 年第 2 期。

[215] 周平:《民族区域自治制度的内在逻辑》,《学术界》2019 年第 2 期。

[216] 左宁、胡鸿保:《"表演"的跨学科比较——试析戈夫曼、特纳及鲍曼的表演观》,《贵州大学学报(社会科学版)》2010 年第 3 期。

[217] 左卫民:《中国量刑程序改革:"误区与正道"》,《法学研究》2010 年第 7 期。

[218] 左卫民:《有效辩护还是有效果辩护?》,《法学评论》2019 年第 1 期。

[219] 左卫民:《效果与悖论:中国刑事辩护作用机制实证研究——以 S 省 D 县为例》,《政法论坛》2012 年第 2 期。

[220] 左卫民:《刑事辩护率:差异化及其经济因素分析——以四川省 2015—2016 年一审判决书为样本》,《法学研究》2019 年第 3 期。

[221] 左卫民:《实证研究:正在兴起的法学新范式》,《中国法律评论》2019 年第 6 期。

研究生论文

[1] 艾超:《辩护权研究》,武汉大学博士学位论文,2010 年。

[2] 林辉煌:《法治的权力网络——林乡派出所的警务改革与社会控制》,华中科技大学博士学位论文,2013年。

[3] 蒋保:《演说术与雅典的民主政治》,复旦大学博士学位论文,2005年。

[4] 宋丽娜:《人情的社会基础研究》,华中科技大学博士学位论文,2011年。

[5] 徐家力:《民国律师制度源流研究》,中国政法大学博士学位论文,2000年。

[6] 杨浩:《我国律师管理制度研究》,复旦大学博士学位论文,2008年。

[7] 尹茂国:《冲突与平衡:被追诉人权利保障研究》,吉林大学博士学位论文,2010年。

[8] 庄江山:《制度的哲学思考》,复旦大学博士学位论文,2007年。

(四)英文文献

[1] Austin, Sarat and William, Felstiner L. F., *Divorce Lawyers and Their Clients: Power and Meaning in the Legal Process*, New York: Oxford University Press, 1995.

[2] Bate, P., "Using the Culture Concept in An Organization Development Setting", *Journal of Applied Behavior Science*, vol.26, No.1, 1990.

[3] Cardozo, Benjamin Nathan, *The Nature of the Judicial Proce ss*, Andesite Press, 2015.

[4] Franklin, J.H., *Constitutionalism and Resistance in the Sixteenth Century: Three Treatises by Hotman, Bean and Mornay*, New York, Pegasus, 1969.

[5] Geertz, Clifford, *Agricultural Involution: The Process of Ecological*

Change in Indonesia, Berkeley CA: University of California Press, 1963.

[6] Gerschenkron, Alexander, *Economic Backwardness in Historical Perspective*, Harvard University Press, 1962.

[7] Goffman, Erving, *Presentation of Self in Everyday Life*, University of Edinburgh Press, 1959.

[8] Goffman, Erving, *On Fieldwork*: *Qualitative Research Methods*, Oxford: Blackwell Publishers Ltd., 2002.

[9] Goffman, Erving, "The Embarrassment and Social Organization", *The American Journal of Sociology*, 1956.

[10] Goffman, Erving, "The Neglected Situation", *American Anthropologist*, 1964.

[11] Johnstone, Steven, *Dispute and Democracy*: *The Consequence of Litigation in Ancient Athens*, Austin University of Texas Press, 1999.

[12] Lefebvre, Henri, *The Production of Space*, Trans., Donald Nicholson-Smith, Cambridge, Massachusetts, Basil Blackwell, 1991.

[13] Ievy, M., *Modernization and the Structure of Societies*: *A Stern for International Relations*, Princeton University Press, 1966.

[14] Olson, Walter K., *The Litigation Explosion*: *What Happened When America Unleashed the Lawsuit*, Truman Talley Books: Dutton, 1991.

[15] Walker, Samuel, *Popular Justice*: *A History of American Criminal Justice*, New York: Oxford University Press, 1980.

[16] Woodhouse, Diana, *The English Judges*, *Politics and Blanca of Power*, Dover Publications, 2005.

后　记

　　每一本书，都是作者对于社会生活的一次细致观察。这本书是综合运用了社会学和人类学的视角与方法，通过对诉讼律师实践角色的深入观察与描摹来透视我国基层司法运行状况的一次尝试。在我国的司法体系之中，诉讼律师这一群体扮演着十分重要又十分特殊的角色，其执业困境便犹如一面透视镜，能够照见我国基层司法运行过程，乃至于整个基层社会的若干复杂情况和现实问题。

　　写作初期，是基于对许多前人之作的总结，因而观察的重点也是律师在整个司法"权力"体系之中的位置与处境，但真正开始调研和写作之后，延展出来了另外一个重要的视角，即"乡土文化"视角。这也使得本书终于能够在浩瀚学术海洋之中，略微有所创新，稍稍迈出了一小步。

　　写作的过程比较辛苦，原因很多，而其中最重要的原因是在2017年，积极响应国家号召，生了二胎，得到了宝贵的小女儿。因而，本书的许多段落，许多文字都是在女儿睡着的间歇，争分夺秒抽空写出来的。

在写这本书之前，出版过几本长篇小说，因而，回头反思时，深以为，如果世界上有特别适合"作家"这一群体进一步深造的人文社会科学，那么，人类学和社会学会是比较好的选择。因为本质上，长篇小说展示的是人性与社会的冲突，而人类学的进路就是深入细致地观察一个人群，社会学的进路则能够帮助人们从社会结构的层面上来更加深入地、综合性地探寻问题的根源。我想，热爱写作的人，一定都很喜欢观察人群，特别是不同人群的互动过程所展示出来的社会现象。

最后，人生是一段又一段旅程，而作品是见证人生旅程最好的方式之一。没有留下任何一行文字，也能够幸福地走完一段旅程，而如果恰好留下了文字，特别是留下了一本书，这段时光无疑会更有光彩。感谢我的家人，以及每一位朋友和老师，在每一段旅程中，一如既往的呵护与支持！

责任编辑：陆丽云
封面设计：汪　莹

图书在版编目（CIP）数据

基层司法中的律师角色及其重构：以 Q 县执业律师为主要样本 / 黄薇 著. —北京：人民出版社，2023.6
ISBN 978－7－01－025500－2

I. ①基⋯　II. ①黄⋯　III. ①律师业务－研究－中国　IV. ① D926.5

中国国家版本馆 CIP 数据核字（2023）第 105182 号

基层司法中的律师角色及其重构
JICENG SIFA ZHONG DE LÜSHI JUESE JIQI CHONGGOU
——以 Q 县执业律师为主要样本

黄薇 著

人民出版社 出版发行
（100706　北京市东城区隆福寺街 99 号）

北京汇林印务有限公司印刷　新华书店经销

2023 年 6 月第 1 版　2023 年 6 月北京第 1 次印刷
开本：710 毫米 ×1000 毫米 1/16　印张：26.25
字数：270 千字
ISBN 978－7－01－025500－2　定价：118.00 元

邮购地址 100706　北京市东城区隆福寺街 99 号
人民东方图书销售中心　电话（010）65250042　65289539

版权所有·侵权必究
凡购买本社图书，如有印制质量问题，我社负责调换。
服务电话：（010）65250042